Enis Tiz

Der Fall Sürücü

WÜRZBURGER
RECHTSWISSENSCHAFTLICHE SCHRIFTEN

Herausgegeben
von der
Juristischen Fakultät der Universität Würzburg

Band 115

ERGON VERLAG

Nomos

Enis Tiz

Der Fall Sürücü

Ehrenmorde in Deutschland

ERGON VERLAG

Nomos

Zugl.: Würzburg, Univ., Diss., 2021

Bibliografische Information der Deutschen Nationalbibliothek:
Die Deutsche Nationalbibliothek verzeichnet diese Publikation in der
Deutschen Nationalbibliografie; detaillierte bibliografische Daten sind im Internet über
http://dnb.d-nb.de abrufbar.

Gedruckt auf alterungsbeständigem Papier.
Gesamtverantwortung für Druck und Herstellung
bei der Nomos Verlagsgesellschaft mbH & Co. KG.
Umschlaggestaltung: Jan von Hugo

www.ergon-verlag.de

ISSN 1432-0339
ISBN 978-3-95650-892-9 (Print)
ISBN 978-3-95650-893-6 (ePDF)

Für Almina

Vorwort

Die vorliegende Arbeit entstand während meiner Tätigkeit als wissenschaftlicher Mitarbeiter am Lehrstuhl für Strafrecht, Strafprozessrecht, Rechtstheorie, Informationsrecht und Rechtsinformatik. Sie wurde im Sommersemester 2021 von der Juristischen Fakultät der Julius-Maximilians-Universität Würzburg als Dissertation angenommen. Literatur und Rechtsprechung konnten bis November 2021 berücksichtigt werden.

Mein besonderer Dank gilt zunächst meinem verehrten Doktorvater Herrn Prof. Dr. Dr. *Eric Hilgendorf* für seine stets zuvorkommende Unterstützung seit Studienzeiten und hervorragende Betreuung während der Anfertigung der Dissertation. Herrn Prof. Dr. *Tobias Reinbacher* danke ich für die äußerst zügige Erstellung des Zweitgutachtens und für die überaus wertvollen Anregungen.

Zudem danke ich Herrn *Tobias Teuber* und Frau *Antonia Zierz* für die kritische Durchsicht des Manuskripts sowie für zahlreiche konstruktive Gespräche.

Großen Dank für die stete Unterstützung in jeder Phase meines Lebens und während der Promotion verdient meine Familie, insbesondere meine Eltern *Gülten* und *Orhan Tiz*. Ganz besonders danke ich von Herzen meiner Frau *Almina Tiz*, die mich immer aufopfernd und liebevoll in jeder Lebenslage unterstützt hat. Ihr widme ich diese Arbeit in inniger Verbundenheit.

Würzburg, im November 2021 *Enis Tiz*

Inhaltsübersicht

Inhaltsverzeichnis

Abkürzungsverzeichnis

a.A.	anderer Ansicht
Abs.	Absatz
a. F.	alte Fassung
AG	Amtsgericht
Alt.	Alternative
AnwBl	Anwaltsblatt
Art.	Artikel
AT	Allgemeiner Teil
Aufl.	Auflage
Az.	Aktenzeichen
BayVerf	Verfassung des Freistaates Bayern
Bd.	Band
BeckRS	Beck-Rechtsprechung
Begr.	Begründer
BerlSchulG	Schulgesetz für das Land Berlin
BGB	Bürgerliches Gesetzbuch
BGBl.	Bundesgesetzblatt
BGH	Bundesgerichtshof
BGHR	Systematische Sammlung der Entscheidungen des Bundesgerichtshofes
BJ	Betrifft Justiz
BT	Besonderer Teil
BT-Drs.	Bundestagsdrucksache
BVerfG	Bundesverfassungsgericht
BVerfGE	Entscheidungen des Bundesverfassungsgerichts
ca.	circa
bzw.	beziehungsweise
ders.	derselbe
dies.	dieselbe
djbZ	Zeitschrift des Deutschen Juristinnenbundes
DÖV	Die Öffentliche Verwaltung

EGMR	Europäischer Gerichtshof für Menschenrechte
e.V.	eingetragener Verein
f./ff.	folgende
Fn.	Fußnote
FPR	Familie Partnerschaft Recht
GA	Goltdammer's Archiv für Strafrecht
GG	Grundgesetz
Gr.	Gruppe
Hdb.	Handbuch
HRRS	Höchstrichterliche Rechtsprechung zum Strafrecht
Hrsg.	Herausgeber
i.V.m.	in Verbindung mit
JA	Juristische Ausbildung
JGG	Jugendgerichtsgesetz
JR	Juristische Rundschau
JSE	Zeitschrift Jura Studium & Examen
JURA	Juristische Ausbildung
JuS	Juristische Schulung
JZ	Juristenzeitung
Kap.	Kapitel
KJ	Kritische Justiz
krit.	kritisch
LG	Landgericht
LKV	Landes- und Kommunalverwaltung
MDR	Monatsschrift für deutsches Recht
MschrKrim	Monatsschrift für Kriminologie und Strafrechtsreform
m.w.N.	mit weiteren Nachweisen
NDV	Nachrichtendienst des Deutschen Vereins
NJ	Neue Justiz
NJW	Neue Juristische Wochenschrift
NK	Neue Kriminalpolitik
Nr.	Nummer
NStZ	Neue Zeitschrift für Strafrecht
NStZ-RR	NStZ-Rechtsprechungs-Report Strafrecht
NVwZ	Neue Zeitschrift für Verwaltungsrecht

NZA	Neue Zeitschrift für Arbeitsrecht
OLG	Oberlandesgericht
RdJB	Recht der Jugend und des Bildungswesens
Rn.	Randnummer
S.	Seite
sog.	Sogenannt(e, er, en)
StGB	Strafgesetzbuch
StGBÄndG	Änderung des Strafgesetzbuches
StV	Strafverteidiger
türk.	türkisch
Var.	Variante
vgl.	vergleiche
VStGB	Völkerstrafgesetzbuch
ZAR	Zeitschrift für Ausländerrecht und Ausländerpolitik
z.B.	zum Beispiel
ZEE	Zeitschrift für Evangelische Ethik
ZIS	Zeitschrift für Internationale Strafrechtsdogmatik
zit.	zitiert
ZRP	Zeitschrift für Rechtspolitik
ZStW	Zeitschrift für die gesamte Strafrechtswissenschaft

Einleitung

Wer sich mit den kulturellen Phänomenen Ehrenmord und Zwangsheirat näher befassen möchte, kommt nicht umhin, sich mit dem Fall Sürücü auseinanderzusetzen. Nahezu alle Ausführungen zu Ehrenmord oder Zwangsheirat beziehen sich auf den Fall Sürücü, der als Präzedenzfall für solche Taten in Deutschland herangezogen wird. Die Ermordung von Hatun Sürücü hinterließ viele Spuren, die unsere Gesellschaft bis heute beschäftigen. Eine junge Frau wird auf offener Straße von ihrem jüngeren Bruder durch drei Kopfschüsse „im Namen der Ehre“ hingerichtet, weil sie „wie eine Deutsche“ gelebt hat. Bis zu diesem Zeitpunkt ist eine solche Tat mitten in Deutschland nicht vorstellbar gewesen. Nach dem Fall Sürücü wird das Thema „Tötung im Namen der Ehre“ jedoch Gegenstand zahlreicher Debatten. Für die hiesige Gesellschaft ist es unverständlich, wie die teilweise in den eigenen Heimatländern der Täter überholten patriarchalischen Wertvorstellungen in Deutschland fortbestehen und Tötungsdelikte nach sich ziehen können. Viele befürchten deshalb eine verstärkte Herausbildung von Parallelgesellschaften, wofür der Fall Sürücü als Paradebeispiel herangezogen wird, weil die Familie in der deutschen Hauptstadt nach ihren heimatlichen Traditionen und Bräuchen lebte.

Das Leben vieler Bürgerinnen und Bürger mit Migrationsgeschichte wird nach dem Fall auf Aspekte wie Ehrenmord, Frauenunterdrückung, Kopftuch, Familienclans sowie Zwangsheirat reduziert. Dahingegen wird die ermordete Hatun Sürücü zur Leitfigur für den Kampf junger Frauen mit Migrationsgeschichte in Deutschland gegen die stagnierten patriarchalischen Wertvorstellungen ihrer Familien, welche ihrer Freiheit Einhalt gebieten. Immer mehr Fälle von geflüchteten Frauen, die eine Zwangsheirat oder einen Ehrenmord befürchten, werden publik. Nicht allen gelingt eine erfolgreiche Flucht, sodass sie regelmäßig ins Ausland verschleppt und anschließend gegen ihren Willen verheiratet oder getötet werden. Viele junge Frauen nehmen die Gefahren ungeachtet der drastischen Folgen für ihr Leib und Leben sowie ihr Selbstbestimmungsrecht der Freiheit willen billigend in Kauf. Dennoch ist ihnen bewusst, dass selbst eine erfolgreiche Flucht nicht automatisch zu einem freien und glücklichen Leben führt, sondern von ständiger Angst vor Entdeckung durch ihre Familie begleitet ist. Die Betroffenen sind auf sich gestellt und bekommen nicht die Unterstützung, welche sie dringend benötigen.

Eine gesonderte Statistik zu Ehrenmorden in Deutschland existiert bis heute nicht. Aus diesem Grund hat das Max-Planck-Institut Ehrenmorde in Deutschland im Zeitraum von 1996 bis 2005 auf Grundlage von Prozessakten und Medienberichten untersucht.[1] Von den untersuchten Fällen ließen sich 78 Delikte als Ehrenmord einstufen.[2] Auf einer Internetseite werden jährlich Ehrenmorde in Deutschland dokumentiert, wobei die Abgrenzung zur einer Intimpartnertötung nicht immer ersichtlich ist, weil weitere Informationen nicht bekanntgegeben werden.[3] Grundsätzlich wird die Dunkelziffer von Ehrenmorden hoch eingeschätzt, da viele Taten von den Behörden nicht nachvollzogen werden können. Meistens werden Polizeibedienstete im Rahmen ihrer Untersuchungen mit einer „Mauern des Schweigens" konfrontiert und können somit die Tathintergründe nicht eruieren. Ehrenmorde sind ein fester Bestandteil des Kriminalitätsgeschehens in Deutschland und aus unserer Gesellschaft nicht mehr wegzudenken. Viele Taten haben ihren Ursprung außerhalb Deutschlands und es gibt regelmäßig mehrere Tatbeteiligte. Unerlässlich ist, Ehrenmorde in Deutschland durch präventive Maßnahmen zu unterbinden. Hierfür ist es zunächst erforderlich, dass in der Gesellschaft ein Unrechtsbewusstsein für Gewalt im Namen der Ehre entsteht. In einer pluralisierten Gesellschaft ist es notwendig, dass grundlegende Werte existieren, die von allen Bürgerinnen und Bürgern unabhängig von ihrer Herkunft bzw. religiösen oder weltanschaulichen Prägung gelebt und akzeptiert werden. Dies lässt sich durch gezielte Integrationsmaßnahmen erreichen, indem beispielsweise in Schulen Ethik als Regelfach eingeführt wird, um elementare Werte zu vermitteln und eine dialogische Gesprächskultur zu entwickeln.[4]

Die Diskussionen zum Thema Ehrenmord in Deutschland sind weitläufig. Bereits bei der Bezeichnung einer Tat als „Ehrenmord" herrscht Uneinigkeit. Teilweise wird der Begriff Ehrenmord grundsätzlich abgelehnt oder in Anführungszeichen gesetzt, um der damit verbundenen positiven Konnotation entgegenzuwirken. Darüber hinaus drängt sich für viele zunächst die Frage auf, wessen Ehre bei einem Ehrenmord betroffen ist.[5] Die Ehre der Männer bzw. die Familienehre sind nach den Vorstellungen der Beteiligten die wichtigsten Güter, die es zu verteidigen gilt. Aus der Sicht

---

1 *Oberwittler/Kasselt*, Ehrenmorde in Deutschland 1996-2005, 2011.

2 *Oberwittler/Kasselt*, Ehrenmorde in Deutschland 1996-2005, S. 75.

3 www.ehrenmord.de (21.11.2021).

4 *Hilgendorf*, in: Kirste/Sprenger (Hrsg.), Menschliche Existenz und Würde im Rechtsstaat, S. 132.

5 *Fischer*, Politische und andere „Ehrenmorde", in: Spiegel Online vom 07.06.2019.

der Betroffenen wird ihre Ehre durch das Verhalten der weiblichen Familienangehörigen beschädigt, wenn sie beispielsweise vorehelichen sexuellen Kontakt haben. Nach diesem Ehrenkodex kann die Tötung der Frau die Familienehre wiederherstellen. Dies ist aus der Sicht der Beteiligten auch zwingend notwendig, um vom sozialen Umfeld nicht als unehrenhaft diskreditiert zu werden.[6] Mithin haben Ehrenmorde die hiesige Gesellschaft in Kontakt mit traditionellen Wertesystemen gebracht und den Ehrbegriff in den Fokus gerückt, indem beispielsweise das in Deutschland überholte Konzept der Familienehre relevant geworden ist. Letztlich ist es notwendig dem ohnehin schwer bestimmbaren Ehrbegriff Konturen zu setzen.

Ehrenmorde sind kein spezifisches Problem einer bestimmten Glaubensrichtung, auch wenn sich viele Täter und Beteiligte in Deutschland zum islamischen Glauben bekennen. In Deutschland werden Ehrenmorde häufig von Tätern mit türkischem Migrationsgeschichte begangen und wirken sich auf die gesamte Gesellschaft aus, da integrationswillige Frauen, die sich von den aufgezwungenen Wertvorstellungen lösen wollen, öffentlich getötet werden, um weitere Frauen von diesem Vorhaben abzuschrecken.[7] Für ein gedeihliches Miteinander ist es erforderlich, dass sich Vertreter aus allen Glaubens- und Kulturgemeinschaften diesem Problem widmen und gemeinsam Gegenmaßnahmen entwickeln. In vielen Fällen legitimieren Täter einen Ehrenmord, indem sie sich auf ihre Kultur oder Religion berufen. Häufig kennen sie jedoch die religiösen Vorschriften nicht oder leben in ihrem Alltag nicht den traditionellen Wertvorstellungen entsprechend. Vielmehr wollen sie die Emanzipation der weiblichen Familienangehörigen verhindern, weil sie dadurch ihre männliche Dominanz bedroht sehen, über welche sie sich regelmäßig definieren.

Aus juristischer Sicht ergibt sich die Frage, ob die Tat als Mord oder Totschlag einzustufen ist. Die Bezeichnung des kulturellen Phänomens als Ehrenmord suggeriert zwar bereits eine rechtliche Würdigung der Tat als Mord im Sinne des § 211 StGB. Dennoch ist im Einzelfall zu prüfen, ob der konkrete Ehrenmord rechtlich als Mord aus sonst niedrigen Beweggründen nach § 211 Abs. 2 Gr. 1 Var. 4 StGB zu qualifizieren ist und daher eine lebenslange Freiheitsstrafe nach sich zieht. Zu untersuchen ist hierbei, ob bzw. inwieweit sich die abweichenden kulturellen Wertvorstellungen des Täters auf die rechtliche Beurteilung auswirken.[8] Der Täter wird seinen

---

6 *Schiffauer*, Die Gewalt der Ehre, S. 65 ff.; *Rüttgers*, NDV 2017, 305 (307 f.).

7 *Elyafi-Schulz*, Das Phänomen des „Ehrenmordes", S. 42 ff.

8 Zur Strafbarkeit von Ehrenmorden aus dem Schrifttum unter anderem: *Baumeister*, Ehrenmorde, 2007; *Burmeister*, Die schuldangemessene Bewertung von Ehren-

Beweggrund regelmäßig nicht als niedrig bewerten, während dies nach der hiesigen Wertvorstellung durchaus der Fall ist. Ehrenmorde können und sollten auch nicht isoliert betrachtet werden. Meistens gehen Ehrenmorde aus Zwangsverheiratungen hervor, wovon sich die Frau lösen will oder im Vorfeld die Flucht ergreift. Daher ist es erforderlich, sich näher mit dem kulturellen Phänomen der Zwangsheirat zu befassen, welches nach der Einführung des § 237 StGB ausdrücklich pönalisiert wird und nicht nur einen schweren Fall der Nötigung darstellt. Ehrenmorde sind des Weiteren mit Partnertötungsfällen vergleichbar, die in Deutschland statistisch einen großen Anteil von Tötungsdelikten einnehmen.[9] Bei einer Partnertötung (sog. *Intimzid*) tötet meistens der ehemalige Intimpartner seine Ex-Partnerin aus Gefühlsregungen wie Eifersucht, Wut, Rache oder vermeintlicher Ausweglosigkeit. Im Kern werden die Täter bei beiden Taten von der Maxime „wenn ich sie nicht habe, soll sie keiner haben“[10] geleitet, die einen vermeintlichen Besitzanspruch über die Frau markiert. Deshalb wirkt sich die tatsächliche wie rechtliche Gegenüberstellung beider Taten auf die rechtliche Würdigung von Tötungsdelikten aus, die sich hauptsächlich gegen Frauen richten (sog. *Femizid*).

In der vorliegenden Arbeit orientieren sich die Ausführungen zu den angesprochenen Rechtsproblemen hauptsächlich am Fall Sürücü. Zunächst werden die Hintergründe zum Fall näher beleuchtet, welche zum größten Teil an das Sachbuch der beiden Journalisten *Deiß* und *Goll* „Ehrenmord. Ein deutsches Schicksal“[11] angelehnt sind. Zu Ehrenmorden gibt es bereits zahlreiche Werke, die empirische, soziologische, psychologische, aber auch rechtliche Probleme thematisieren. Die Besonderheit dieser Arbeit ist indes, dass Ehrenmorde nicht nur isoliert beleuchtet, sondern auch ähnliche sowie kausale Delikte in die Ausführungen miteinbezogen werden. Zudem werden präventive Maßnahmen aufgezeigt, die in einer pluralisierten Gesellschaft notwendig sind.

---

morden im deutschen Strafrecht, 2011; *Erbil*, Toleranz für Ehrenmörder?, 2008; *Pohlreich*, „Ehrenmorde“ im Wandel des Strafrechts, 2009; *Valerius*, Kultur und Strafrecht, 2011, S. 66 ff.

9 Vgl. *Bundeskriminalamt*, Partnerschaftsgewalt 2019, S. 3.

10 *Kudlich*, JA 2019, 794 (794).

11 *Deiß/Goll*, Ehrenmord. Ein deutsches Schicksal, 2011.

Teil 1: Der Fall Sürücü

Kapitel 1: Hintergründe zum Fall

I. Tathergang[12]

Am Abend des 07. Februar 2005 besuchte der achtzehnjährige Ayhan Sürücü seine ältere Schwester Hatun in ihrer Wohnung in Berlin-Tempelhof. Die Geschwister hatten seit längerem Streit. Anlass der Streitigkeiten war Hatuns westlicher Lebensstil, mit dem Ayhan nicht einverstanden war. Ayhan wollte an seiner Kultur festhalten und akzeptierte die Lebenseinstellung der deutschen Gesellschaft nicht. Hatun hingegen hatte deutsche Freunde, ging gerne tanzen, rauchte und trank Alkohol in der Öffentlichkeit. Sie wollte von ihrer Familie nicht zur Ehe oder zum Tragen eines Kopftuchs gezwungen werden. Ihr Lebensstil wurde von Ayhan als Kränkung der Familienehre, welche für ihn über die sexuelle Integrität der Frauen bemessen wird, empfunden. Ayhan befürchtete, dass Hatun durch ihren Lebensstil ein schlechtes Vorbild für seine jüngeren Schwestern sein könnte, sodass er unbedingt den Kontakt zwischen Hatun und ihrer Familie unterbinden wollte. Ferner befürchtete er, dass Hatun ihren Sohn, den sie seit ihrer Trennung von ihrem Ehemann allein großzog, nicht traditionell und religiös erziehen wird.

Dennoch besuchte er Hatun regelmäßig, um Zeit mit seinem Neffen zu verbringen. Am besagten Abend verließ Ayhan die Wohnung und lief zusammen mit Hatun zur Bushaltestelle, während ihr fünfjähriger Sohn im Bett lag und schlief. Bis zur Bushaltestelle stritten die Geschwister und machten sich gegenseitig Vorwürfe. Plötzlich zog Ayhan eine Pistole aus seiner Jackentasche, die er bis zu diesem Zeitpunkt verborgen mit sich geführt hatte und bedrohte seine Schwester. Er fragte Hatun, ob sie ihre Sünden bereue und schoss ihr anschließend aus kürzester Distanz dreimal in den Kopf. Wenige Augenblicke später starb Hatun. Ayhan floh vom Tatort, ohne nach seinem Neffen zu sehen.

Beim vorliegenden Sachverhalt handelt es sich nicht um einen hypothetischen Fall einer juristischen Prüfungsarbeit. Vielmehr handelt es sich um einen realen Fall mitten in Deutschland, der eine große Bandbreite an Dis-

12 Zum Tathergang: *Deiß/Goll*, Ehrenmord. Ein deutsches Schicksal, S. 9 ff.

kursen in der Gesellschaft auslöste. Dieser stark verkürzte Sachverhalt soll in der vorliegenden Arbeit als Grundlage für die weiteren Ausführungen dienen. Dafür ist es zunächst unerlässlich, sich die Hintergründe zum Fall zu vergegenwärtigen.

II. Die Familie Sürücü

Die folgenden Informationen zum Fall Sürücü basieren hauptsächlich auf dem Sachbuch „Ehrenmord. Ein deutsches Schicksal“ von *Deiß* und *Goll*. Die Journalisten befragten hierzu den Mörder sowie Freunde und Bekannte, die sowohl Hatun als auch der Familie nahestanden. Das Buch ist im Jahre 2011, sechs Jahre nach der Tat, erschienen und ist bis heute die umfangreichste journalistische Aufarbeitung des Falles.

1. Das Leben der Familie in Berlin

Für das Verständnis des Falles ist es wichtig, sich mit der kurdischstämmigen Familie Sürücü näher zu befassen. Dafür soll das Verhalten der Familie vor und nach dem Fall, die Familienhierarchie, das Verständnis der Geschlechterrollen sowie die Situation in der Heimat näher betrachtet werden. Zunächst werden die Lebensumstände der Familie in Berlin skizziert und anschließend der Lebenswandel von Hatun Sürücü dargestellt.

Vater Kerem Sürücü kam erstmals 1971 als Gastarbeiter nach Deutschland. Er arbeitete vorläufig als Gärtnergehilfe, später als Hilfsarbeiter in einer Großbäckerei. Seine Frau Hanim kam sieben Jahre später nach Deutschland. Sie kümmerte sich hauptsächlich um den Haushalt sowie die gemeinsamen Kinder und sprach kaum Deutsch. Beide stammen ursprünglich aus einem Dorf in der ostanatolischen – und bis heute noch sehr konservativen – Provinz Erzurum. Hatun Sürücü wuchs gemeinsam mit fünf Brüdern und drei Schwestern in Berlin-Kreuzberg auf. Bis auf die beiden ältesten Söhne wurden alle Kinder in Deutschland geboren. Die Familie Sürücü lebte lange Zeit in einer etwa hundert Quadratmeter großen Vierzimmerwohnung.[13] Ihr soziales Umfeld beschränkte sich auf die unmittelbare Nähe zur Wohnung. Hauptsächlich kauften sie im sog. „Türkenmarkt“ ein, in dem ausschließlich türkische Händler ihr Obst und Gemüse anbieten. Die Männer besuchten häufig die kurdische Moschee im

---

13 *Deiß/Goll*, Ehrenmord. Ein deutsches Schicksal, S. 14.

Nachbarhaus, welche nicht viel größer als eine Wohnung ist. Im Wohnhaus der Sürücüs befand sich ein türkischer Metzger, der ausschließlich *halal*[14]-Fleisch verkauft und gegenüber ein türkischer Brautladen, welcher im Schaufenster die türkische Nationalflagge ausgehängt hat.[15] Bei einem Besuch von Nichtfamilienangehörigen hielten sich Frauen und Männer in getrennten Zimmern auf. Die Frauen trugen überwiegend Kopftuch und verhielten sich reserviert, vermieden also Kontakt zu fremden Männern.[16] Außerhalb von Schule oder Arbeit war der Kontakt der Familienangehörigen zu Deutschen rar.[17] Insgesamt lebte die Familie Sürücü in der deutschen Hauptstadt innerhalb der Sitten und Gebräuche ihres Heimatlandes. Mithin war die Familie Sürücü, wie viele andere Familien auch, in Deutschland nie wirklich angekommen.[18]

2. Hatun Sürücü

a) Die Ehe in Istanbul

Von ihren Freunden und Bekannten wurde Hatun Sürücü *Aynur*[19] genannt. Im Sommer 1997 – im Alter von sechzehn Jahren – verreiste sie mit ihrem Vater in den Schulferien in die Türkei. Dort stellte er ihr ihren neun Jahre älteren Cousin Ismail vor, den sie kaum kannte und ehelichen sollte. Die Ehe wurde mit den Verwandten aus Istanbul bereits im Vorfeld unabhängig vom zukünftigen Brautpaar arrangiert. Wenige Wochen später fand die Verlobung statt und nach einem Jahr wurde die *Imam-Ehe*[20] vollzogen. Die standesamtliche Ehe wurde von den Familien für nicht notwendig erachtet, sodass diese überhaupt nicht stattgefunden hat. Hatun hatte zu dieser Zeit gerade mal die achte Klasse des Gymnasiums beendet.

---

14 Nach islamischem Ritus geschächtetes Fleisch. Dabei muss das Tier im Namen Gottes geschächtet werden.

15 *Deiß/Goll*, Ehrenmord. Ein deutsches Schicksal, S. 14 f.

16 *Deiß/Goll*, Ehrenmord. Ein deutsches Schicksal, S. 14.

17 *Deiß/Goll*, Ehrenmord. Ein deutsches Schicksal, S. 19.

18 Vgl. *Deiß/Goll*, Ehrenmord. Ein deutsches Schicksal, S. 251 f.

19 Türk. = so hell leuchtend wie der Mond.

20 Bei einer Imam-Ehe wird das Brautpaar im Beisein von mindestens zwei Zeugen von einem Imam getraut. Im Gegensatz zur standesamtlichen Trauung ist die Imam-Ehe für viele Beteiligten verbindlicher, vgl. hierfür *Yerlikaya*, Zwangsehen, S. 46.

Ihr Vater nahm sie von der Schule, da Hatun künftig mit ihrem Ehemann in Istanbul leben soll.[21]

b) Rückkehr nach Berlin

Hatuns Leben in Istanbul verlief nicht so wie von den Familien erhofft; nach einem Jahr ertrug sie ihre Ehe mit Ismail sowie das Zusammenleben mit seinen Familienangehörigen nicht mehr und floh zurück nach Berlin.[22] Sie beklagte sich über ihren strapaziösen Alltag in Istanbul und wurde daraufhin von ihrer Familie aufgenommen. Für ihre Familie war die Situation besonders problematisch, da Hatun durch ihre unangekündigte Flucht aus ihrer Ehe die Familie Sürücü in Verruf gebracht hatte, indem sie schwanger und ohne Ehemann wieder in Berlin lebte. Dieser Umstand gefährdete die Ehre der Familie.[23] Am 08. Mai 1999 brachte Hatun ihren Sohn Can zur Welt.[24] Zunächst lebten sie gemeinsam in der elterlichen Vierzimmerwohnung, welche jedoch nicht groß genug war, da Hatun zusammen mit ihrem Sohn und ihren drei Schwestern ein Zimmer teilen musste.[25]

c) Hatuns Weg zur Freiheit

Seit ihrer Rückkehr aus Istanbul weigerte sich Hatun immer stärker nach den strengen Regeln ihrer Familie zu leben, sodass sich die Konflikte zuspitzten. Sie wollte ihren Schulabschluss nachholen und einen Beruf erlernen. Um dies zu ermöglichen, suchte sie Unterstützung beim Jugendamt. Mit dessen Hilfe zog sie zunächst in ein Wohnheim für minderjährige Mütter und bestand ein Jahr später die Fremdenprüfung zum Erwerb des erweiterten Hauptschulabschlusses. Im Anschluss bezog sie eine Zweizimmerwohnung in Berlin-Tempelhof.[26]

Sie legte das Kopftuch ab, schminkte sich, trug modische Kleider, ging aus, machte ihren Führerschein, traf sich mit Freunden, trank Alkohol,

---

21 *Deiß/Goll*, Ehrenmord. Ein deutsches Schicksal, S. 15 f.
22 *Deiß/Goll*, Ehrenmord. Ein deutsches Schicksal, S. 16.
23 *Deiß/Goll*, Ehrenmord. Ein deutsches Schicksal, S. 16.
24 *Deiß/Goll*, Ehrenmord. Ein deutsches Schicksal, S. 16.
25 *Deiß/Goll*, Ehrenmord. Ein deutsches Schicksal, S. 54.
26 *Deiß/Goll*, Ehrenmord. Ein deutsches Schicksal, S. 16 f.

verabredete sich mit jungen Männern und lebte somit dem Standard junger Frauen in Deutschland entsprechend. Zudem suchte sie sich ihre Freunde selbst aus, lebte frei und unabhängig, ohne jede Entscheidung ihrer Familie gegenüber rechtfertigen zu wollen.[27] Hatuns Freunde, Betreuer und ihre Ausbilder schätzten sie als eine sehr disziplinierte junge Frau, die als alleinerziehende Mutter mehr Verantwortung übernehmen musste als andere junge Frauen in ihrem Alter. Sie ging offen und freundlich auf fremde Personen zu und wollte stets neue Kontakte knüpfen. Denn sie wollte sich nicht länger aufgrund ihrer Familie und der ihr aufgedrängten Lebensweise von der Gesellschaft isolieren, sondern ein Teil davon werden. Schließlich war sie auf der Suche nach ihrem Platz in der Gesellschaft, der über die Grenze der elterlichen Wohnung hinausgeht.[28]

Hatun war die Erziehung ihres Sohnes besonders wichtig. Sie brachte ihm nur Deutsch bei, da sie wollte, dass er sich gut integriert.[29] Trotz ihrer schwierigen Lebenssituation wuchs ihr Sohn mit sehr viel Liebe auf und ging oft mit anderen Kindern spielen.[30] Sein Onkel Ayhan nahm ihn mehrfach mit ins Schwimmbad und versuchte, viel Zeit mit ihm zu verbringen.[31] Hatun wollte indes nicht, dass ihr Sohn von den patriarchalischen Wertvorstellungen ihrer Familie beeinflusst wird. Dennoch ließ Hatun ihren Sohn gelegentlich bei ihren Eltern übernachten, weil sie trotz der Streitigkeiten die Nähe zu ihrer Familie suchte.[32]

Die neugewonnene Freiheit wirkte sich nicht nur positiv auf ihr Leben aus. Das Verhältnis zur Familie verschlechterte sich proportional zum Wandel ihres Lebensstils. Je freier und selbstbewusster sie lebte, desto schlechter wurde das Verhältnis zur Familie.[33] Zudem nahmen die Alltagsprobleme als alleinerziehende Mutter stets zu und beeinträchtigten ihren Geisteszustand. Sie musste unter anderem eine neue Wohnung beziehen, einen Minderjährigen ernähren sowie erziehen und der ständige Streit mit ihrer Familie setzten sie unter enormen Druck. Auch kam Hatun finanziell mit der staatlichen Unterstützung nicht aus. Ihre Probleme führten zu Depressionen und lösten Hoffnungslosigkeit aus.[34] Das Jugendamt besuchte Hatun in ihrer Wohnung, um festzustellen, ob sie ihren Aufgaben als

---

27 *Deiß/Goll*, Ehrenmord. Ein deutsches Schicksal, S. 17.
28 *Deiß/Goll*, Ehrenmord. Ein deutsches Schicksal, S. 57 ff.
29 *Deiß/Goll*, Ehrenmord. Ein deutsches Schicksal, S. 65.
30 *Deiß/Goll*, Ehrenmord. Ein deutsches Schicksal, S. 57.
31 *Deiß/Goll*, Ehrenmord. Ein deutsches Schicksal, S. 90.
32 *Deiß/Goll*, Ehrenmord. Ein deutsches Schicksal, S. 65 ff.
33 *Deiß/Goll*, Ehrenmord. Ein deutsches Schicksal, S. 58.
34 *Deiß/Goll*, Ehrenmord. Ein deutsches Schicksal, S. 58 f.

alleinerziehende Mutter eigenverantwortlich nachkommen kann. Die Betreuer stellten fest, dass sie eine sehr liebevolle Beziehung zu ihrem Sohn hat und die Wohnung nicht negativ auffällt.[35] Dies ist nicht selbstverständlich, da die Erziehung vieler junger Frauen in patriarchalischen Familien nicht darauf ausgelegt ist, ein selbstständiges Leben zu führen. Vielmehr werden sie auf das Leben als Hausfrau und Mutter vorbereitet, die sich um die Kinder kümmert und ein zurückgezogenes Leben führt.

Ungeachtet ihrer Probleme wurde Hatun mit der Zeit selbstsicherer und zielstrebiger.[36] Im Jahr 2001 begann sie eine Ausbildung zur Elektroinstallateurin, welche für viele Personen (insbesondere aus patriarchalischen Kreisen) einen klassischen „Männerberuf" darstellt.[37] Besonderen Wert legte sie darauf, ihren männlichen Kollegen in der Auszubildenden-Gruppe in nichts nachzustehen.[38] Die begonnene Ausbildung und ein geregelter Tagesablauf halfen Hatun zunächst in ihrer schwierigen Lage. Nach einer langen Partnerschaft mit einem Deutschen, der sie schließlich aufgrund ihrer familiären Probleme verließ, hatte sie mehrere kürzere Bekanntschaften.[39] Ihre Familie hatte sie in dieser Zeit nie unterstützt.[40] Vielmehr beeinflusste der ständige Streit mit ihrer Familie ihren Geisteszustand und führte zu Depressionen. Deshalb wurde Hatun ein stationärer Aufenthalt in einer psychiatrischen Klinik empfohlen, den sie jedoch ablehnte, um nicht von ihrem Sohn getrennt zu werden. Daraufhin begann sie eine bis zum Tod anhaltende Gesprächstherapie.[41]

d) Die gescheiterte Flucht

Anfang 2004 stabilisierte sich Hatuns Situation zunächst. Um an einer Bildungsreise teilzunehmen, wollte sie ihren Sohn bei ihren Eltern für zwei Wochen zur Betreuung geben.[42] Dadurch wollte sie auch die Beziehung zur Familie verbessern.[43] Ihre Annäherungsversuche stießen indes auf strikte Ablehnung. Zusätzlich stieg das Spannungsverhältnis mit jeder Be-

35 *Deiß/Goll*, Ehrenmord. Ein deutsches Schicksal, S. 57.
36 *Deiß/Goll*, Ehrenmord. Ein deutsches Schicksal, S. 57.
37 *Deiß/Goll*, Ehrenmord. Ein deutsches Schicksal, S. 61.
38 *Deiß/Goll*, Ehrenmord. Ein deutsches Schicksal, S. 61.
39 *Deiß/Goll*, Ehrenmord. Ein deutsches Schicksal, S. 65 f.
40 *Deiß/Goll*, Ehrenmord. Ein deutsches Schicksal, S. 66 f.
41 *Deiß/Goll*, Ehrenmord. Ein deutsches Schicksal, S. 68 f.
42 *Deiß/Goll*, Ehrenmord. Ein deutsches Schicksal, S. 72.
43 *Deiß/Goll*, Ehrenmord. Ein deutsches Schicksal, S. 30.

gegnung. Sie wurde von ihren Brüdern am Telefon beleidigt und bedroht, sodass sie sich entschlossen hatte, ihre Brüder bei der Polizei anzuzeigen.[44] Die Beamten unternahmen jedoch nichts, da nach ihrer Ansicht zu diesem Zeitpunkt keine konkrete Gefahr vorlag.[45] Schließlich nahm sie an der geplanten Bildungsreise nicht teil und schrieb eine Entschuldigung an ihre Betreuerin. Unter anderem schrieb sie, dass ihr die Sicherheit ihres Sohnes und ihre eigene Sicherheit sehr wichtig seien.[46] Die Journalisten *Deiß* und *Goll* interpretierten das Entschuldigungsschreiben als einen Hilferuf von Hatun, der nicht als solcher aufgefasst wurde.[47]

Im Sommer 2004 fragte Hatun ihre Betreuerin, ob diese ihren Sohn bei sich für den Fall aufnehmen könne, dass ihr etwas zustoße. Zudem erwähnte sie, dass sie sich verfolgt fühle und daher einige Tage verschwinden müsse. Hatun brachte der Betreuerin gegenüber zum Ausdruck, dass ihr Sohn unter keinen Umständen bei ihrer Familie aufwachsen soll. Die Betreuerin realisierte indes nicht, dass Hatun tatsächlich Angst um ihr Leben hatte.[48] Durch ihre sprunghafte und theatralische Art wurden ihre Aussagen nicht immer ernst genommen.[49] Hatun traute sich mittlerweile nicht mehr aus ihrer Wohnung und gelangte erneut in finanzielle Nöte. Aufgrund ihrer Mietschulden drohte ihr eine Räumungsklage, die im letzten Moment von der sozialen Wohnhilfe durch Zahlung abgewendet werden konnte.[50] Am 03. März 2005 sollte ihre mündliche Gesellenprüfung stattfinden. Danach wollte sie gemeinsam mit ihrer besten Freundin in eine fremde Stadt ziehen, um sich von ihrer Familie unbemerkt zu distanzieren. Denn ihr Alltag war nunmehr von ständiger Angst um Leib und Leben geprägt. Durch die Flucht wollte sie gemeinsam mit ihrem Sohn ein sicheres und selbstbestimmtes Leben führen. Am 08. Februar 2005 – circa vier Wochen vor ihrer Gesellenprüfung – erschien Hatun nicht bei der Ausbildungsstätte. Am Abend zuvor schoss Ayhan ihr auf offener Straße dreimal in den Kopf.[51]

---

44 *Deiß/Goll*, Ehrenmord. Ein deutsches Schicksal, S. 72 f.
45 *Deiß/Goll*, Ehrenmord. Ein deutsches Schicksal, S. 32.
46 *Deiß/Goll*, Ehrenmord. Ein deutsches Schicksal, S. 72.
47 *Deiß/Goll*, Ehrenmord. Ein deutsches Schicksal, S. 72 ff.
48 *Deiß/Goll*, Ehrenmord. Ein deutsches Schicksal, S. 73 f.
49 *Deiß/Goll*, Ehrenmord. Ein deutsches Schicksal, S. 77.
50 *Deiß/Goll*, Ehrenmord. Ein deutsches Schicksal, S. 75 ff.
51 *Deiß/Goll*, Ehrenmord. Ein deutsches Schicksal, S. 76 f.

e) Hatuns Beerdigung

Hatuns Beerdigung erfolgte streng nach islamischem Ritus, sodass sie bis zu ihrer Beerdigung von den Sitten und Traditionen ihrer Familie verfolgt wurde.[52] Ihre Betreuerinnen, Auszubildenden und die gesamte Ausbildungsklasse gingen gemeinsam zur Beerdigung. Zur Hatuns Beerdigung sagte ihre Betreuerin *Sabine Schiechel*: *„Es war genau das, was Hatun nicht gewollt hatte. Da stand dieser Männerclan als geschlossener Block, die Frauen verschüchtert dahinter. Hatun ist losgezogen in ein eigenes Leben, hat versucht, sich von bestimmten Vorgaben, von den männlichen Familienmitgliedern zu befreien. Und ist genau mit diesen Vorgaben beerdigt geworden. Als ich diese Männer gesehen habe, den Vater, der sie ans Grab getragen hat, obwohl die Schuldfrage ja zu diesem Zeitpunkt noch völlig offen war und im Raum stand, dass es ein Ehrenmord mit traditionellem Hintergrund war, habe ich gedacht: Das ist so absurd. Mir fällt es schwer, das in Worte zu kleiden, aber ich glaube, Hatun so von dieser Welt zu schicken, das war wie eine zweite Ermordung.“*[53] Viele junge Frauen, die sich entschließen, ein selbstbestimmtes Leben zu führen, erfahren das gleiche Schicksal, wenn ihre Flucht scheitert. Die aus ihrer Sicht abtrünnige Frau zu beerdigen, ist für viele Familien ein milderes Übel, als durch ihr Verhalten einen Ehrverlust hinnehmen zu müssen. Auch nach drei Jahren bezahlte die Familie Hatuns Beerdigungskosten nicht, sodass die Kosten durch Spenden beglichen wurden. Ihr Grab wird heute noch von ihren Freundinnen gepflegt.[54]

3. Ayhan Sürücü

Zur Tatzeit war Ayhan Sürücü achtzehn Jahre alt. Am 13. April 2006 wurde er wegen Mordes zu einer Jugendstrafe von neun Jahren und drei Monaten verurteilt. Als Motive nannte er den westlichen Lebensstil seiner Schwester, die Sorge um die Entwicklung seines Neffen sowie die Wiederherstellung der Familienehre.[55] Das Gericht musste sich im Verfahren mit zahlreichen erörterungsbedürftigen Punkten befassen. Unter anderem damit, wie ein achtzehnjähriger, der in Deutschland geboren und aufgewachsen ist, seine eigene Schwester im Namen der Ehre ermorden konnte.

---

52 *Deiß/Goll*, Ehrenmord. Ein deutsches Schicksal, S. 85.
53 *Deiß/Goll*, Ehrenmord. Ein deutsches Schicksal, S. 81.
54 *Deiß/Goll*, Ehrenmord. Ein deutsches Schicksal, S. 83.
55 *Deiß/Goll*, Ehrenmord. Ein deutsches Schicksal, S. 38 ff.

Zudem stellte sich die Frage, ob die Familie den Auftrag erteilte und ihn als Täter aussuchte, um eine mildere Strafe zu erreichen, oder ob Ayhan die Tat eigenständig ausführte.

a) Zur Person

Obwohl Ayhan in Berlin-Kreuzberg aufwuchs, lernte er seinen ersten deutschen Freund im Gefängnis kennen, da er vorher keinen Kontakt zu Deutschen hatte. Nach eigener Aussage hätten sie sich gegenseitig gemieden.[56] In seiner Grundschule hatten fast achtzig Prozent seiner Mitschülerinnen und Mitschüler eine Migrationsgeschichte. Im Jahr 2003 schaffte Ayhan seinen Realschulabschluss ohne größere Schwierigkeiten; seine Lehrerinnen und Lehrer schätzten den respektvollen und höflichen Schüler.[57] Auch Freunde und Bekannte lobten ihn als einen sozial kompetenten und ehrgeizigen jungen Mann.[58] Auffällig sei Ayhan erst in religiösen Diskussionsrunden mit Lehrern und Mitschülern gewesen. Zur Rolle der Frau im Islam habe er immer auf Grundlage von Koransuren argumentiert, die er vermutlich von einem Imam gelernt hatte. Nach dem Anschlag vom 11. September 2001 machte Ayhan in der Schule die Juden und Ungläubigen für den Terroranschlag verantwortlich.[59] Gegenüber den Journalisten *Deiß* und *Goll* charakterisierte sich Ayhan Sürücü durch folgendes Zitat: *„In erster Linie bin ich Moslem. Als Deutscher fühle ich mich überhaupt nicht. Ich bin türkischer Staatsbürger kurdischer Abstammung. Das war schon immer so.“*[60]

b) Ayhans Rolle innerhalb der Familie

Die Familie Sürücü war sehr zersplittert. Vater Kerem verbrachte die meiste Zeit in Istanbul, um seine Krankheit auszukurieren, Mutter Hanim lebte mit ihren Kindern in Berlin und sprach kaum Deutsch.[61] Einer der beiden älteren Söhne saß wegen eines Drogendelikts im Gefängnis, der

56 *Deiß/Goll*, Ehrenmord. Ein deutsches Schicksal, S. 19 f.
57 *Deiß/Goll*, Ehrenmord. Ein deutsches Schicksal, S. 20 f.
58 *Deiß/Goll*, Ehrenmord. Ein deutsches Schicksal, S. 35.
59 *Deiß/Goll*, Ehrenmord. Ein deutsches Schicksal, S. 21.
60 *Deiß/Goll*, Ehrenmord. Ein deutsches Schicksal, S. 223.
61 *Deiß/Goll*, Ehrenmord. Ein deutsches Schicksal, S. 14 und 22 ff.

andere studierte in Köln Jura. Mit ihnen hatte Ayhan aufgrund des hohen Altersunterschiedes nicht viel gemeinsam und daher kaum Kontakt.[62] Vielmehr fühlte er sich zu seinen anderen beiden älteren Brüdern Alpaslan und Mutlu verbunden. Mutlu war im Gegensatz zu Alpaslan ein sehr gläubiger Mensch und somit in erster Linie Ayhans religiöses Vorbild.[63] Beide lebten nicht mehr bei ihren Eltern, daher war Ayhan der einzige Mann, dem seiner Ansicht nach die Rolle des Familienoberhaupts zukam.[64] Dem Gerichtsmediziner beschrieb Ayhan Sürücü seine Rolle innerhalb der Familie wie folgt: *„Da meine Brüder alle verheiratet waren und inzwischen in einer eigenen Wohnung ihr eigenes Leben führten, hatten die zu Hause nichts zu sagen. Vor allem nicht bei mir. Meine großen Brüder haben sich nicht an den Koran gehalten. Haben ein eigenes Leben außerhalb der Familie gelebt. Es hat mich gefreut, dass das in letzter Zeit anders wurde. Besonders Mutlu hat sich sehr geändert. Er hält sich jetzt auch strikt an bestimmte Regeln. Das hat mich gefreut.“*[65] Ayhan gab seiner Mutter die männliche Unterstützung, die sie, seiner Auffassung nach brauchte, wachte über seine Schwestern und versuchte diese dahingehend zu reglementieren, dass sie ihr Leben nach der Tradition sowie Religion orientieren. Solange die Schwestern Kopftuch und längere Kleidung trugen – und somit dem traditionellen Bild einer kurdischen Tochter entsprachen – hatte Ayhan nichts an ihnen zu beanstanden.[66] Ayhan beanspruchte für sich eine Rolle, die ihm ein großes Selbstwertgefühl und gesellschaftliche Anerkennung versprach, bürdete sich aber zugleich eine große Last auf.[67] Wenn er nicht zu Hause war, rief er regelmäßig seine Mutter und Schwestern an, um sich nach ihrem Wohlergehen zu erkundigen.[68] Zu seiner Selbsteinschätzung schrieb die Jugendgerichtshelferin in einem internen Bericht: *„Ich habe nicht den Eindruck, dass Ayhan innerhalb seiner familiären Bindungen eigenständig handeln konnte. Er war noch sehr um Anerkennung durch den Vater bemüht. Möglicherweise lag der Tat ein solches Motiv zugrunde. Auch in der Übernahme erzieherischer Aufgaben gegenüber den jüngeren Schwestern sehe ich eine Überforderungssituation, die entwicklungshemmend gewirkt haben könnte.“*[69] Ayhans Situation

---

62 *Deiß/Goll*, Ehrenmord. Ein deutsches Schicksal, S. 23.
63 *Deiß/Goll*, Ehrenmord. Ein deutsches Schicksal, S. 24.
64 *Deiß/Goll*, Ehrenmord. Ein deutsches Schicksal, S. 23 f.
65 *Deiß/Goll*, Ehrenmord. Ein deutsches Schicksal, S. 24.
66 *Deiß/Goll*, Ehrenmord. Ein deutsches Schicksal, S. 24 f.
67 *Deiß/Goll*, Ehrenmord. Ein deutsches Schicksal, S. 24 ff.
68 *Deiß/Goll*, Ehrenmord. Ein deutsches Schicksal, S. 25.
69 *Deiß/Goll*, Ehrenmord. Ein deutsches Schicksal, S. 26.

überforderte ihn, sodass er vergaß, dass er selbst noch ein Jugendlicher gewesen ist, der zum Teil auf Hilfe und Unterstützung angewiesen war.[70]

c) Seine Beziehung zu Hatun

Für Ayhan war es essenziell, dass Hatun kein schlechtes Vorbild für die anderen Schwestern darstellte, da er sich für ihre Erziehung verantwortlich fühlte.[71] Auf die Frage der Journalisten, wie denn ein junger Mann mit guten Umgangsformen zu einem kaltblütigen Mörder werden konnte, antwortete Ayhan: „*Ihr Lebensstil und die Angewohnheiten, die sie hatte, die haben mich gestört, und das wollte ich verändern. Ich bin damit nicht klargekommen, ich konnte das damals einfach nicht tolerieren. […] Ihre Drogenabhängigkeit war ein Punkt, der mich gestört hat, oder das Nachtleben, das waren Sachen, die mich dazu bewegt haben.*“[72] Ayhan wusste auf die Nachfrage zur vermeintlichen Drogenabhängigkeit seiner Schwester nichts Näheres zu berichten. Von keiner anderen befragten Person wurde Hatuns vermeintliche Drogenabhängigkeit bestätigt.[73] Den beiden Journalisten fiel auf, dass Ayhan im gesamten Interview den Namen von Hatun nie aussprach.[74] Zu seiner Beziehung zu Hatun sagte Ayhan lediglich, dass sie ihn einmal nicht zum Geburtstag ihres Sohnes eingeladen hatte und dies ihn sehr kränkte.[75] Darüber hinaus hatte es ihn gestört, dass Hatun innerhalb der Familie immer wieder Streitereien auslöste. Hatun störte durch ihren Lebensstil den Familienfrieden. Je mehr Diskussionen sich innerhalb der Familie wegen Hatun entwickelten, desto mehr Hass verspürte Ayhan ihr gegenüber und machte sie für die Streitereien verantwortlich.[76] Auch hatte sich Hatun ihm als Familienoberhaupt nie untergeordnet und ihm somit nicht die erwünschte Anerkennung gezollt. In dieser Hinsicht fehlte Ayhan der Respekt und die Bestätigung seiner Rolle. Zudem hatte ihn die Tatsache wütend gemacht, dass er in den geführten Diskussionen über Hatuns Lebenswandel von den Eltern nicht mit einbezogen wurde.[77]

---

70 *Deiß/Goll*, Ehrenmord. Ein deutsches Schicksal, S. 24 ff.
71 *Deiß/Goll*, Ehrenmord. Ein deutsches Schicksal, S. 26.
72 *Deiß/Goll*, Ehrenmord. Ein deutsches Schicksal, S. 27.
73 *Deiß/Goll*, Ehrenmord. Ein deutsches Schicksal, S. 27.
74 *Deiß/Goll*, Ehrenmord. Ein deutsches Schicksal, S. 27.
75 *Deiß/Goll*, Ehrenmord. Ein deutsches Schicksal, S. 28.
76 *Deiß/Goll*, Ehrenmord. Ein deutsches Schicksal, S. 29.
77 *Deiß/Goll*, Ehrenmord. Ein deutsches Schicksal, S. 29.

Durch die Tat versprach er sich Anerkennung und Beachtung durch die Familie, die ihm seiner Auffassung nach aufgrund seiner Rolle gebühre.[78]

d) Ayhans Beweggründe

Wie bereits erwähnt, versuchte Ayhan streng nach kurdischer Tradition und nach den Regeln des Islams zu leben. Als Stellvertreter des Vaters wollte er, dass seine Schwestern die gleiche Lebensweise pflegten. Auf die Frage der Journalisten, wie Ayhan zum Entschluss kam, dass seine Schwester sterben musste, gab Ayhan mehrere Gründe an. Er hatte immer großen Wert auf Respekt gelegt, Hatun hingegen sei durch ihre Lebensweise respektlos gewesen.[79] Darüber hinaus sei sie sehr freizügig und offen im Hinblick auf Kontakt zu Fremden gewesen, da sie mehrere Beziehungen mit Männern hatte.[80] Ihre Annäherungsversuche zur Familie hätten ihn zudem stets provoziert, weil sie dadurch den Familienfrieden störte.[81] Einmal hatte er sie mit einem fremden Mann auf der Straße getroffen, worauf Hatun ihm erklärte, dass es sich um einen Arbeitskollegen handele. Ayhan glaubte Hatun nicht und fühlte sich belogen sowie gekränkt.[82] Den Journalisten zufolge war die beschriebene Situation jedoch für einen traditionellen kurdischen Mann, wie Ayhan, ein Affront, da er seine Schwester mit einem fremden Mann ohne plausible Erklärung in der Öffentlichkeit gesehen hatte.[83] Es ist daher nicht auszuschließen, dass Ayhan handgreiflich geworden wäre, wenn Hatun die Person als ihren Freund vorgestellt hätte.

Für ihn hatte die Familienehre höchste Priorität, die von seiner Schwester verletzt wurde. Die Familienehre bemaß sich für ihn nach der sexuellen Integrität der Frauen. Nach seiner Ansicht bestimmte die ostanatolische Tradition die Lebensweise der in Deutschland lebenden Schwestern.[84] Innerhalb dieser Grenzen hatten sie ihr Leben zu führen. Am Tatabend hatte Hatun zu ihm gesagt, dass sie mit jedem schlafe, mit dem sie wolle. Dies gehe ihn nichts an. Ayhan hatte daraufhin die Fassung verloren und drei Schüsse auf ihren Kopf aus unmittelbarer Nähe abgegeben. Die Tat hatte

78 *Deiß/Goll*, Ehrenmord. Ein deutsches Schicksal, S. 29.
79 *Deiß/Goll*, Ehrenmord. Ein deutsches Schicksal, S. 26.
80 *Deiß/Goll*, Ehrenmord. Ein deutsches Schicksal, S. 27.
81 *Deiß/Goll*, Ehrenmord. Ein deutsches Schicksal, S. 30.
82 *Deiß/Goll*, Ehrenmord. Ein deutsches Schicksal, S. 31.
83 *Deiß/Goll*, Ehrenmord. Ein deutsches Schicksal, S. 31.
84 *Deiß/Goll*, Ehrenmord. Ein deutsches Schicksal, S. 31.

er nicht konkret geplant, aber schon länger zur Durchführung eine Waffe gekauft, um in einem günstigen Moment handeln zu können.[85] Er hatte zumindest seinen Neffen vor einem unzüchtigen Leben bewahren wollen; ein Leben, welches nicht die Regeln des Korans befolgt.[86]

Ayhan Sürücü ermordete somit seine eigene Schwester, weil sie nicht nach den Regeln der Religion sowie nach der Sitte und Tradition der Familie lebte. Sie ließ sich nicht unterdrücken und erkannte somit Ayhan nicht als Familienoberhaupt an. Ayhan konnte ihre Lebensweise weder akzeptieren noch tolerieren, da er ihren Lebensstil als Verletzung der Familienehre interpretierte. Deshalb kam er zum Entschluss, dass der Tod besser als ein unehrenhaftes Leben für sie ist.[87]

Kapitel 2: Das Urteil

I. Das erstinstanzliche Urteil

Das Landgericht Berlin verurteilte Ayhan Sürücü am 13. April 2006 wegen Mordes an seiner Schwester zu einer Jugendstrafe von neun Jahren und drei Monaten. Ayhan war zur Tatzeit achtzehn Jahre und zehn Monate alt und damit ein Heranwachsender im Sinne des § 1 Abs. 2 JGG. Das Jugendstrafrecht kam insbesondere aufgrund des Gutachtens der Jugendamtsmitarbeiterin zur Anwendung, die eine „Entwicklungsverzögerung" bei Ayhan diagnostizierte.[88] Seine beiden Brüder Alpaslan und Mutlu Sürücü wurden wegen Beihilfe zur vorsätzlichen Ermordung mitangeklagt, schließlich aus Mangel an Beweisen freigesprochen. Von einer erwiesenen Beteiligung konnte sich das Landgericht nicht überzeugen.[89] Die beiden Brüder gerieten unter anderem wegen einer Zeugenaussage von Melek[90] in Verdacht.[91]

Ayhan teilte seiner Freundin Melek Ende Januar 2005 mit, dass er Hatun töten wolle. Zudem wollte er Melek ehelichen und mit ihr gemeinsam seinen Neffen großziehen. Die zu dieser Zeit streng islamisch orientierte

85 *Deiß/Goll*, Ehrenmord. Ein deutsches Schicksal, S. 38.
86 *Deiß/Goll*, Ehrenmord. Ein deutsches Schicksal, S. 39.
87 *Deiß/Goll*, Ehrenmord. Ein deutsches Schicksal, S. 38 f.
88 *Deiß/Goll*, Ehrenmord. Ein deutsches Schicksal, S. 26.
89 LG Berlin Az. (518) 1 Kap Js 285/05 KLs (39/05) (unveröffentlicht).
90 Sie befindet sich bis heute im Zeugenschutzprogramm, sodass ihr vollständiger Name nicht bekannt ist.
91 BGH 5 StR 31/07, Rn. 13.

Melek billigte Ayhans Vorhaben uneingeschränkt.[92] Nach der Tat wurde Melek polizeilich vernommen und verschaffte Ayhan zunächst durch falsche Angaben ein Alibi. Erst in einer weiteren Vernehmung nannte sie den Polizeibeamten gegenüber Ayhan als Täter. Nach ihrer Aussage habe Mutlu Ayhan die Waffe organisiert, nachdem die Tat von Mutlus Glaubensbrüdern legitimiert wurde. Alpaslan habe Ayhan am Tatabend zu Hatuns Wohnung begleitet und in der Nähe gewartet, sei jedoch vor Tatausführung weggelaufen.[93] Ayhan bestätigte Meleks Aussage bei seiner Vernehmung. Diese Angaben habe er Melek aber nur mitgeteilt, damit sie sich beruhige und ihn nicht an seinem Vorhaben hindere. Er habe gewusst, dass Melek zu dieser Zeit die Legitimation seitens Mutlus Glaubensbrüder wichtig gewesen sei. Nur aus diesem Grund habe er die beiden Brüder als Tatbeteiligte ihr gegenüber angegeben.[94] Das Landgericht Berlin war nicht von einer bewiesenen Beteiligung der Brüder auf Grundlage von Meleks Zeugenaussage überzeugt und sprach somit die Brüder frei. Gegen das erstinstanzliche Urteil erhob die Staatsanwaltschaft Revision.

II. Entscheidung des Bundesgerichtshofs

Am 28. August 2007 hob der Bundesgerichtshof das erstinstanzliche Urteil auf Revision der Staatsanwaltschaft hin wegen rechtsfehlerhafter Beweiswürdigung auf.[95] Unter anderem habe das Landgericht die Tatbeteiligung der Brüder nur auf Meleks Zeugenaussage beschränkt. Nicht ausreichend berücksichtigt habe das Gericht jedoch die Tatsache, dass Ayhan ihre Aussage in seiner Vernehmung bestätigt. Der gleichzeitige inhaltliche Widerruf seiner damaligen Angaben in der Hauptverhandlung würde seine Vernehmung als gewichtiges Beweismittel für die Tatbeteiligung seiner Brüder nicht entwerten.[96] Entscheidend sei, ob Ayhan die Brüder wahrheitswidrig oder wahrheitsgemäß belastet habe. Das Landgericht habe dies nicht sorgfältig geprüft, da sich die gesamte Beweiswürdigung nur an Meleks Aussage orientierte.[97] Nach dem Bundesgerichtshof überprüfte das Landgericht Ayhans Aussage, dass er seine Brüder nur zur Beruhigung

92 BGH 5 StR 31/07, Rn. 8.
93 BGH 5 StR 31/07, Rn. 13.
94 *Deiß/Goll*, Ehrenmord. Ein deutsches Schicksal, S. 36.
95 BGH 5 StR 31/07.
96 BGH 5 StR 31/07, Rn. 24.
97 BGH 5 StR 31/07, Rn. 25.

Meleks belastet habe, nicht stichhaltig. Es hätte sich die Frage stellen müssen, warum Ayhan seine Aussage nicht auf die Billigung der Glaubensbrüder beschränkt habe, denn dies hätte für sein angegebenes Motiv ausgereicht. Eine darüber hinausgehende Involvierung von Alpaslan wäre nicht notwendig gewesen.[98] Überdies sei nicht ersichtlich, warum Ayhan gerade seine beiden älteren Brüder zur Beruhigung von Melek vorgebracht habe. Er hätte beispielsweise den Vater als Familienoberhaupt benennen können.[99] Somit wurde das Urteil zur neuen Verhandlung und Entscheidung an das Landgericht zurückgewiesen. Allerdings hatten sich die beiden Brüder in der Zwischenzeit in die Türkei abgesetzt, sodass eine neue Verhandlung nicht stattfinden konnte.

Im Juni 2015 erhob die türkische Staatsanwaltschaft Klage gegen die beiden Brüder. Die damalige Hauptbelastungszeugin Melek konnte aber nicht erneut angehört werden, da sie sich seit dem erstinstanzlichen Urteil in Deutschland im Zeugenschutzprogramm befindet und nicht mehr auffindbar ist. Das Gericht sprach die beiden Brüder in Istanbul am 30. Mai 2017 aufgrund mangelnder Beweise von allen Anklagepunkten frei.[100]

---

98 BGH 5 StR 31/07, Rn. 30.

99 BGH 5 StR 31/07, Rn. 31.

100 *Haneke/Hermann*, Freispruch im Mordprozess für Brüder von Hatun Sürücü, in: Frankfurter Allgemeine vom 30.05.2017.

Teil 2: Ausgewählte strafrechtliche Probleme

Rechtskonflikte mit interkulturellem Hintergrund beschäftigen unsere Gesellschaft nicht erst seit dem Fall Sürücü. Die Probleme spitzten sich zuletzt durch die sog. Asylkrise zu. Sowohl der Gesetzgeber als auch die Gesellschaft werden zunehmend mit neuen Herausforderungen konfrontiert, die mit der fortschreitenden Pluralisierung der Gesellschaft einhergehen. Der Fall Sürücü ist der bekannteste Ehrenmord in Deutschland.[101] Dabei handelt es sich seit dem 07. Februar 2005 nicht um einen Einzelfall.[102] Im Folgenden sollen ausgewählte strafrechtliche Problemfelder beleuchtet werden, die im Zusammenhang mit Ehrenmorden stehen und sich hauptsächlich am Fall Sürücü orientieren.

Kapitel 1: Der strafrechtliche Ehrbegriff

Zunächst soll der strafrechtliche Ehrbegriff im Zusammenhang mit der kulturellen Pluralisierung der hiesigen Gesellschaft näher betrachtet werden. Das plakativ zentrale Element eines Ehrenmordes ist das spezifische Ehrverständnis des Täters, welches mit dem hier befindlichen konfligiert. Das Ehrverständnis von Ayhan Sürücü ist dabei stellvertretend für viele Heranwachsende in Deutschland mit türkischem Hintergrund zu verstehen.[103]

I. Ehre in der deutschen Strafrechtsdogmatik

Ehre ist in der deutschen Strafrechtsdogmatik ein personales Rechtsgut, welches durch die §§ 185 ff. StGB geschützt wird.[104] Der Bedeutungsinhalt des Ehrbegriffs ist jedoch stark umstritten. Daher existieren zahlreiche Ehrbegriffe, welche aber nicht immer eindeutig voneinander unterschie-

101 *Deiß/Goll*, Ehrenmord. Ein deutsches Schicksal, S. 7.

102 Für weitere Fälle vgl.: *Çakir-Ceylan*, Gewalt im Namen der Ehre, S. 229 ff.

103 *Deiß/Goll*, Ehrenmord. Ein deutsches Schicksal, S. 238 f.

104 *Fischer*, StGB, Vor §§ 185-200 StGB Rn. 2; *Merz*, Strafrechtlicher Ehrenschutz und Meinungsfreiheit, S. 3 f.

den werden können, da die verschiedenen Ansätze miteinander vermengt werden.[105] Das Spektrum der unterschiedlichen Ansätze zur Bestimmung des strafrechtlichen Ehrbegriffs ist zwar nicht rein akademischer Natur, für die strafrechtliche Beurteilung des Einzelfalls regelmäßig auch nicht maßgeblich.[106] Darüber hinaus ist die kriminalpolitische Bedeutung des Ehrschutzes tendenziell rückläufig, da Beleidigungen zwar gemeinhin vorkommen, die Anzeigebereitschaft jedoch im Hinblick auf die damit einhergehenden (prozessualen) Risiken gering ist.[107] Zum Teil wurde dies auch auf die untergeordnete Bedeutung der Ehre in der gegenwärtigen Gesellschaft zurückgeführt, sodass damit Stimmen einhergingen, welche für die Abschaffung des strafrechtlichen Ehrschutzes plädierten.[108] Das spezifische Ehrverständnis der Täter ist jedoch konstitutiv für einen Ehrenmord. Bevor aber die divergierenden Ehrvorstellungen der Täter näher untersucht werden, sollen die Ehrbegriffe in der deutschen Strafrechtsdogmatik aufgezeigt werden.

1. Normativer Ehrbegriff

Der *normative Ehrbegriff* spricht dem Einzelnen einen verdienten Achtungsanspruch zu, der dem Menschen aufgrund seiner Menschenwürde aus Art. 1 GG zukommt (sog. *innere Ehre*).[109] Dem Ehrbegriff sollen durch Auslegung von Normen und Orientierung an Wertmaßstäben feste Konturen gegeben werden, sodass die Ehre nicht auf einen bestimmten Ruf in der Gesellschaft oder soziale Wertschätzung zurückzuführen ist, sondern vielmehr jedem Menschen aufgrund seines Menschseins zusteht.[110] Deshalb ist die Ehre nach dem normativen Ehrbegriff ein nicht disponibler Aspekt personaler Würde, welche dem Menschen auch bei Vorliegen elementarer Unzulänglichkeiten zukommt. Demnach ist die Ehre unab-

---

105 BeckOK StGB/*Valerius*, § 185 Rn. 2.1.

106 *Fischer*, StGB, Vor §§ 185-200 Rn. 2; MüKoStGB/*Regge/Pegel*, Vor § 185 Rn. 17; BeckOK StGB/*Valerius*, § 185 Rn. 2.

107 *Fischer*, StGB, Vor §§ 185-200 Rn. 6.

108 *Kubiciel/Winter*, ZStW 2001, 305 ff.

109 *Kindhäuser/Hilgendorf*, LPK-StGB, Vor §§ 185-200 Rn. 2; Sch/Sch/*Eisele/Schittenhelm*, Vor §§ 185 ff. Rn. 1; *Hirsch*, Ehre und Beleidigung, S. 14 ff.; *Kindhäuser/Schramm*, BT I, § 22 Rn. 3; *Rengier*, BT II, § 28 Rn. 2; *Hilgendorf*, JZ 2009, 139 (142).

110 Vgl. *Hilgendorf*, in: Hdb. des Strafrechts Bd. 4, § 12 Rn. 17; BeckOK StGB/*Valerius*, § 185 Rn. 2.1.

hängig von sozialen Anerkennungsverhältnissen und kann nicht durch sittliche oder intellektuelle Mängel einer Person gemindert werden.[111] Letztlich resultiert der normative Ehrbegriff aus dem Grundgedanken der Gleichheit der Menschen, sodass die Ehre grundsätzlich bei jedem Menschen im gleichen Maße vorhanden sein muss. Daher ist die Ehre nicht steigerungsfähig, kann indes durch Ehrmängel gemindert werden, die aber nur durch den Ehrträger selbst verursacht werden können.[112]

An einem rein normativen Verständnis des Ehrbegriffs wird jedoch kritisiert, dass der Ehrschutz nur einen Aspekt der Menschenwürde betreffe, die von §§ 185 ff. StGB sanktionierten Achtungssprüche teilweise aber deutlich darüber hinausgehen.[113] Zudem ist nicht hinreichend geklärt, wie Ehrverletzungen durch Handlungen anderer möglich sein können und aus welchem Grund sie bestraft werden.[114] In diesem Zusammenhang ist auch nicht ersichtlich, durch welche Handlungen der Ehrträger selbst seine Ehre mindern kann. Deshalb ist ein rein normativer Ansatz zur Bestimmung des Ehrbegriffs für die Auslegung der in §§ 185 ff. StGB geschützten Ehre im Hinblick auf Inhalt und Umfang nicht zielführend. Denn aus den genannten Gründen sind die Vertreter dazu angehalten, zur Bestimmung der Ehre auf nicht-normative Quellen zu rekurrieren.[115]

2. Faktischer Ehrbegriff

Der *faktische Ehrbegriff* umfasst sowohl den „guten Ruf" in der Gesellschaft als auch das subjektive Ehrgefühl des Ehrträgers (sog. *äußere Ehre*). Dieser auf empirisch überprüfbare Bewertungskriterien abstellende Ehrbegriff wird heute in seiner reinen Form kaum noch vertreten.[116] Dagegen spricht nicht zuletzt der Umstand, dass der Umfang des Rechtsguts nicht bestimmbar ist, weil das subjektive Ehrgefühl unverhältnismäßig hoch, der tatsächliche Ruf dagegen dem nicht entsprechend oder schlecht sein kann.[117] Aus diesem Grund wird der faktische Ehrbegriff normativ be-

---

111 *Fischer*, StGB, § 185 Rn. 3.

112 *Hilgendorf*, in: Hdb. des Strafrechts Bd. 4, § 12 Rn. 17; LK-*Hilgendorf*, Vor §§ 185 ff. Rn. 3 und Rn. 5.

113 LK-*Hilgendorf*, Vor §§ 185 ff. Rn. 5.

114 NK-*Zaczyk*, Vor §§ 185 ff. Rn. 5.

115 LK-*Hilgendorf*, Vor §§ 185 ff. Rn. 4.

116 *Hilgendorf*, in: Hdb. des Strafrechts Bd. 4, § 12 Rn. 18; BeckOK StGB/*Valerius*, § 185 Rn. 2.1; NK-*Zaczyk*, Vor §§ 185 ff. Rn. 4.

117 Sch/Sch/*Eisele/Schittenhelm*, Vor §§ 185 ff. Rn. 1; NK-*Zaczyk*, Vor §§ 185 ff. Rn. 4.

grenzt, da die Vertreter dem subjektiven Empfinden des Einzelnen nur bei einer „begründeten Achtung vor sich selbst" rechtliche Bedeutung beimessen. Somit ist für die strafrechtliche Ehrverletzung im Rahmen des faktischen Ehrbegriffs der personale Geltungswert, also die innere Ehre, entscheidend.[118]

3. Normativ-faktischer Ehrbegriff

Gegenwärtig hat sich für die Bestimmung des Ehrbegriffs eine Mischung normativer und empirischer Elemente durchgesetzt.[119] Die Rechtsprechung vertritt den sog. *normativ-faktischen Ehrbegriff* (auch *dualistischer Ehrbegriff* genannt). Dieser umfasst zum einen die innere Ehre, welche dem Menschen als Träger geistiger und sittlicher Werte zukommt, sowie zum anderen die äußere Ehre, welche das Ansehen und den guten Ruf der Person in der Gesellschaft schützt.[120] Nach der Leitentscheidung des Bundesgerichtshofs ist die wesentliche Grundlage der inneren Ehre und damit Kern der Ehrenhaftigkeit des Menschen die ihm unverlierbar von Geburt an zuteil gewordene Personenwürde, deren Unantastbarkeit in Art. 1 GG normiert ist und den Staat zu Achtung und Schutz verpflichtet. Aus § 185 StGB ergibt sich daher der strafbewehrte Rechtsanspruch, dass weder die innere Ehre noch der gute äußere Ruf geringschätzig beurteilt oder missachtet werden dürfen.[121] Der in dieser Entscheidung zugrunde gelegte Ehrbegriff wird zum Teil lediglich normativ eingestuft, sodass auch im Hinblick auf neuere Entscheidungen die Rechtsprechung nicht konsequent an dem normativ-faktischem Ehrbegriff festhält.[122]

Jedenfalls entspricht die Differenzierung und zugleich Berücksichtigung der inneren und äußeren Ehre der Gesetzessystematik der §§ 185 ff. StGB.[123] Die *innere Ehre* bzw. der verdiente Achtungsanspruch ist Angriffsobjekt der einfachen Beleidigung gemäß § 185 StGB, weil tatbestandlich eine ehrenrührige Tatsachenbehauptung gegenüber dem Betroffenen abge-

118 LK-*Hilgendorf*, Vor §§ 185 ff. Rn. 6.
119 *Fischer*, StGB, Vor §§ 185-200 Rn. 4.
120 *Fischer*, StGB, Vor §§ 185-200 Rn. 4; *Kindhäuser/Hilgendorf*, LPK-StGB, Vor §§ 185-200 Rn. 1; BeckOK StGB/*Valerius* § 185 Rn. 2; *Kindhäuser/Schramm*, BT I, § 22 Rn. 3; *Merz*, Strafrechtlicher Ehrenschutz und Meinungsfreiheit, S. 5.
121 BGHSt 11, 67, 70 f. = BGH NJW 1958, 228 (228); LK-*Hilgendorf*, Vor §§ 185 ff. Rn. 7.
122 Vgl. LK-*Hilgendorf*, Vor §§ 185 ff. Rn. 8; NK-*Zaczyk*, Vor §§ 185 ff. Rn. 7.
123 BeckOK StGB/*Valerius*, § 185 Rn. 2.

geben werden muss oder die Missachtung durch Werturteile geäußert werden kann. Dahingegen ist der gute Ruf, also die *äußere Ehre*, Gegenstand der üblen Nachrede (§ 186 StGB) und der Verleumdung (§ 187 StGB).[124]

4. Weitere Ehrbegriffe

a) Ehre als personaler und sozialer Geltungswert

Teilweise wird auf Grundlage des normativen Ehrbegriffs die *Theorie vom personalen und sozialen Geltungswert der Ehre* vertreten. Aus dem normativen Grundsatz sei aus der Personenwürde ein personaler Geltungswert der Ehre abzuleiten, welcher um die Komponente des sozialen Geltungswertes zu ergänzen sei. Denn nach dem normativen Verständnis gehe der Ehrschutz über den Kernbereich des personalen Geltungswertes hinaus.[125] Der Geltungswert des Einzelnen bestimmt sich nach dieser Auffassung nicht nur nach seiner Personenwürde, sondern auch nach seinem Verhalten im sozial-gesellschaftlichen Bereich, also dem Achtungsanspruch des Einzelnen.[126] Mithin ist das Rechtsgut der personalen Ehre als Aspekt der Personenwürde nach dem personalen sowie sozialen Geltungswert als solcher unverletzlich und kann nur durch das Verhalten des Ehrträgers selbst gemindert werden. Lediglich der aus dem jeweiligen Geltungswert resultierende verdiente Achtungsanspruch ist demnach verletzbar.[127]

Problematisch an diesem Ehrbegriff ist indes, dass der soziale Geltungswert weitreichender als der personale Geltungswert ist. Der soziale Geltungswert ist auf die jeweilige herrschende Sozialmoral zurückzuführen und ist daher historisch wie gesellschaftlich wandelbar. Das Strafrecht schützt jedoch nicht alle Achtungsansprüche wie beispielsweise Regeln einfacher Höflichkeiten, die lediglich sozial sanktioniert werden. Daher ist es erforderlich, dass sich der soziale Geltungswert auf gesellschaftlich unverzichtbare Achtungsansprüche begrenzt.[128] Im Ergebnis ist die Theorie vom personalen und sozialen Geltungswert mit dem normativ-faktischen

124 LK-*Hilgendorf*, Vor §§ 185 ff. Rn. 7.
125 MüKoStGB/*Regge/Pegel*, Vor § 185 Rn. 24 f.
126 BeckOK StGB/*Valerius*, § 185 Rn. 2.1.
127 MüKoStGB/*Regge/Pegel*, Vor § 185 Rn. 27.
128 LK-*Hilgendorf*, Vor §§ 185 ff. Rn. 22.

Ehrbegriff vergleichbar.[129] Zumal auch der normativ-faktische Ehrbegriff die Personenwürde und den Achtungsanspruch inkludiert.

b) Interpersonaler Ehrbegriff

Die Anerkennung des Einzelnen durch andere Personen ist für den *interpersonalen Ehrbegriff* kennzeichnend, welche von der Würde des Menschen gefordert und aus seiner Selbstständigkeit als Person begründet wird.[130] Durch das Abstellen auf die Anerkennung des Einzelnen in zwischenmenschlichen Beziehungen kann somit eine Ehrverletzung nur dann vorliegen, wenn die Anerkennung grundlos versagt wird.[131] Der interpersonale Ehrbegriff setzt an der Kritik des normativen Ehrbegriffs an, welcher eine Ehrverletzung nicht hinreichend konkretisiert. Danach verletzt eine Beleidigung nicht die Ehre selbst, sondern den aus ihr resultierenden Achtungsanspruch. Durch die hauptsächliche Anknüpfung des Ehrbegriffs auf die Personenwürde wird der interpersonale Ehrbegriff unter anderem deshalb kritisiert, weil durch ihn eine Ehre von Kollektiven nicht begründet werden kann. Gemäß § 194 Abs. 3 und Abs. 4 StGB hält der Gesetzgeber jedoch bestimmte Institutionen für beleidigungsfähig.[132]

c) Sozialer Ehrbegriff

Nach dem *sozialen Ehrbegriff* ist Ehre die *„zugunsten einer Person angebrachte Zurechnung als verdienstlich“*[133], sodass eine Ehrverletzung nicht nur die Rechte des Betroffenen, sondern auch das öffentliche Interesse tangiert. Der soziale Ehrbegriff ist für die Beleidigungstatbestände wenig ergiebig, da er keine sachliche Abgrenzung zum Schutzbereich offeriert.[134] Nach dieser Ansicht sollen die §§ 185 ff. StGB nicht nur das Individualrechtsgut der Ehre schützen, sondern auch das spezifisch öffentliche Interesse anzutreffender Informationen.[135]

---

129 LK-*Hilgendorf*, Vor §§ 185 ff. Rn. 21.
130 NK-*Zaczyk*, Vor §§ 185 ff. Rn. 1 m.w.N.
131 NK-*Zaczyk*, Vor §§ 185 ff. Rn. 1.
132 Sch/Sch/*Eisele*/*Schittenhelm*, Vor §§ 185 ff. Rn. 1; zustimmend MüKoStGB/*Regge*/*Pegel*, Vor § 185 Rn. 34.
133 *Jakobs*, in: FS Jescheck, S. 639.
134 MüKoStGB/*Regge*/*Pegel*, Vor § 185 Rn. 37; NK-*Zaczyk*, Vor §§ 185 ff. Rn. 6.
135 *Jakobs*, in: FS Maiwald, S. 373 ff.

d) Funktionaler Ehrbegriff

Der *funktionale Ehrbegriff* stellt die Kommunikationsfähigkeit des Menschen in den Mittelpunkt. Demnach ist Ehre die Fähigkeit des Menschen, den normativen Erwartungen gerecht zu werden, denen er gerecht werden muss, um als ebenbürtiger Partner von Kommunikationen akzeptiert zu werden.[136] Der funktionale Ehrbegriff koppelt sich vom normativen Verständnis ab und rekurriert auf die Kommunikationsfähigkeit. Dies hat jedoch die zwingende Konsequenz, dass nicht alle Menschen die gleiche Ehre aufgrund ihres Menschseins innehaben. Deshalb besitzen nach diesem Verständnis zum Beispiel Menschen mit Behinderungen eine geringere Ehre.[137]

5. Zusammenfassung

Die Theorien zur Bestimmung des strafrechtlichen Ehrbegriffs werden aus unterschiedlichen Ansätzen entwickelt und sind nicht einheitlich. Die zu diskutierenden Probleme unterscheiden sich im Kern nicht evident. Der Diskurs erschwert sich jedoch erheblich durch die Fülle an Theorien und der unterschiedlichen Terminologie.[138] Viele Theorien ähneln sich im Ergebnis und sind für die strafrechtliche Würdigung im Einzelfall nicht entscheidend.[139] Zumal einzelne Theorien teilweise Aspekte anderer Theorien beinhalten bzw. modifizieren. In dieser Arbeit wird der normativ-faktische Ehrbegriff zugrunde gelegt, da dieser der Gesetzessystematik entspricht.

6. Träger der Ehre

Jeder einzelne Mensch ist kraft seines Personenseins Träger von Ehre, sodass es keinen Status der „Ehrenlosigkeit" gibt.[140] Zudem steht jedem Menschen auch dasselbe Maß an Ehre zu, welches nicht durch besondere Leistungen oder Handlungen gesteigert werden kann.[141] Somit sind alle

136 *Amelung*, Ehre als Kommunikationsvoraussetzung, S. 19 ff.
137 Zur Kritik: LK-*Hilgendorf*, Vor §§ 185 ff. Rn. 19; MüKoStGB/*Regge/Pegel*, Vor § 185 Rn. 36.
138 LK-*Hilgendorf*, Vor §§ 185 ff. Rn. 20; MüKoStGB/*Regge/Pegel*, Vor § 185 Rn. 17.
139 LK-*Hilgendorf*, Vor §§ 185 ff. Rn. 23; BeckOK StGB/*Valerius*, § 185 Rn. 2.
140 *Fischer*, StGB, Vor §§ 185-200 Rn. 8; LK-*Hilgendorf*, Vor § 185 Rn. 24.
141 BeckOK StGB/*Valerius*, § 185 Rn. 3.

lebenden natürlichen Menschen beleidigungsfähig.[142] Aus § 194 Abs. 3 und Abs. 4 StGB ergibt sich, dass neben natürlichen Personen auch Personengemeinschaften grundsätzlich beleidigungsfähig sind.[143] Personengemeinschaften sind beleidigungsfähig, wenn sie einen einheitlichen Willen bilden können, eine rechtlich anerkannte soziale Funktion erfüllen und von der Allgemeinheit abgrenzbar sind.[144] Hierzu zählt nach der überwiegenden Auffassung nicht die Familienehre, da es Familien an einer einheitlichen Willensbildung fehlt.[145] Lediglich einzelne Familienmitglieder können unter einer Kollektivbezeichnung beleidigt werden.[146] Für eine Beleidigung unter einer Kollektivbezeichnung ist indes erforderlich, dass der betroffene Personenkreis überschaubar ist und die zugehörigen Personen individualisierbar.[147] In der deutschen Strafrechtsdogmatik ist das Rechtsgut Ehre somit stark individualisiert. Dies ist darauf zurückzuführen, dass dem Individuum im deutschen bzw. abendländischen Kulturkreis ein höherer Stellenwert zukommt als beispielsweise im asiatischen Kulturkreis, welcher im Vergleich den Gemeinschaften eine dominierende Stellung zuschreibt.[148]

II. Wandel des Ehrbegriffs infolge der kulturellen Pluralisierung

Das Wort „Ehre“ hat im allgemeinen Sprachgebrauch viele Bedeutungen wie Ansehen, Ruf, Würde, Status oder Sittlichkeit.[149] Ehrvorstellungen

---

142 *Kindhäuser/Hilgendorf*, LPK-StGB, Vor §§ 185-200 Rn. 3.

143 LK-*Hilgendorf*, Vor §§ 185 ff. Rn. 27; *Kindhäuser/Hilgendorf*, LPK-StGB, Vor §§ 185-200 Rn. 4; BeckOK StGB/*Valerius*, § 185 Rn. 11; a.A. *Fischer*, StGB, Vor §§ 185-200 Rn. 12a; NK-*Zaczyk*, Vor §§ 185 ff. Rn. 12; *Hirsch*, Ehre und Beleidigung, S. 91 ff.

144 BGH NJW 1954, 1412 (1413); *Kindhäuser/Hilgendorf*, LPK-StGB, Vor §§ 185-200 Rn. 4; BeckOK StGB/*Valerius*, § 185 Rn. 12; *Rengier*, BT II, § 28 Rn. 10; *Hilgendorf*, JZ 2009, 139 (142).

145 BGH NJW 1954, 1412 (1413); *Fischer*, StGB, Vor §§ 185-200 Rn. 11a; LK-*Hilgendorf* Vor §§ 185 ff. Rn. 33; Lackner/Kühl/*Kühl*, Vor § 185 Rn. 5; BeckOK StGB/*Valerius*, § 185 Rn. 13; NK-*Zaczyk*, Vor §§ 185 ff. Rn. 13; *Rengier*, BT II, § 28 Rn. 11.

146 BeckOK StGB/*Valerius*, § 185 Rn. 13.

147 *Kindhäuser/Hilgendorf*, LPK-StGB, Vor §§ 185-200 Rn. 6; LK-*Hilgendorf*, Vor §§ 185 ff. Rn. 28.

148 *Nieke*, Interkulturelle Erziehung und Bildung, S. 167; *Foljanty/Lembke*, KJ 2014, 298 (304).

149 Beispiele nach: LK-*Hilgendorf*, Vor §§ 185 ff. Rn. 3; *Erbil*, Toleranz für Ehrenmörder?, S. 107.

sind eng mit „sozialen Normen" verknüpft, sodass derjenige Ehre besitzt, der die an ihn gerichteten und für ihn geltenden sozialen Normen erfüllt. Daraus ergibt sich zugleich ein Achtungsanspruch gegenüber anderen, der im Verletzungsfall sozial geahndet wird.[150] In der Vergangenheit verlor das Ehrverständnis in Deutschland zunehmend an Bedeutung. Als Relikt des 19. Jahrhunderts würde das Konzept der Ehre in der gesellschaftlichen Wirklichkeit keine Resonanz mehr finden.[151] Denn im 19. Jahrhundert war die Ehre in Deutschland hauptsächlich ein Statusfaktor.[152] Zudem wird gegenwärtig die Ehre gemeinhin nicht im Duell unter Einsatz des Lebens verteidigt.[153] Daher wurde teilweise die gänzliche Abschaffung des strafrechtlichen Ehrenschutzes vertreten.[154]

Das Ehrverständnis unterliegt einem gesellschaftlichen Wandel. Durch die kulturelle Pluralisierung entwickelte sich die bis noch in die 1970er Jahre beobachtende Homogenität zu einer zunehmenden Heterogenität der Ehrvorstellungen in der Gesellschaft.[155] Die jeweilige Kultur bestimmt den Ehrbegriff und ihre möglichen Verletzungsformen.[156] Ehrbegriffe sind in der Gesellschaft in vielen Bereichen zu finden, wie „Ehrenamt", „Ehrenwort", „Ehrenurkunde", „Berufsehre" oder „Ehrentor" im Fußball.[157] Ehre ist uns somit nicht fremd und in unterschiedlichen Gesellschaftsbereichen präsent.[158] Diese Präsenz führt indes nicht dazu, dass spezifische Ehrvorstellungen den Alltag des Einzelnen prägen. Die zunehmende Migration brachte aber einen gesellschaftlichen Wandel hervor, wodurch die hiesige Gesellschaft mit divergierenden Ehrvorstellungen konfrontiert wurde. Dies führte dazu, dass der Stellenwert von Ehrvorstellungen in Deutschland erneut in den Fokus rückte und daher diskutiert werden muss.[159]

Diese starke alltägliche Präsenz ist insbesondere bei Bürgern mit türkischer Migrationsgeschichte zu beobachten,[160] die noch heute an den kon-

---

150 *Hilgendorf*, in: Hdb. des Strafrechts Bd. 4, § 12 Rn. 2.

151 *Agel*, (Ehren-)Mord in Deutschland, S. 19 f.; *Erbil*, Toleranz für Ehrenmörder?, S. 108 ff.; *Valerius*, Kultur und Strafrecht, S. 124; *Hilgendorf*, JZ 2009, 139 (141).

152 *Bodendieck-Engels*, „Ehrenmord" vor deutschen Gerichten, S. 53.

153 Vgl. *Schlink*, NJW 2002, 537 (541).

154 *Kubicel/Winter*, ZStW 2001, 305 ff.

155 *Hilgendorf*, in: Hdb. des Strafrechts Bd. 4, § 12 Rn. 34.

156 LK-*Hilgendorf*, Vor §§ 185 ff. Rn. 1; *Erbil*, Toleranz für Ehrenmörder?, S. 109; *Valerius*, Kultur und Strafrecht, S. 124; *Yazgan*, Mord ohne Ehre, S. 23.

157 *Hilgendorf*, in: Hdb. des Strafrechts Bd. 4, § 12 Rn. 6.

158 A.A. *Çakıl*, Rehabilitierung des Ehrbegriffs, S. 7.

159 Bereits im Jahre 2009 zutreffend festgestellt, *Hilgendorf*, JZ 2009, 139 (141).

160 Ich beschränke meine Ausführungen auf die Bevölkerung mit türkischer Migrationsgeschichte in Deutschland, weil meine Eltern einen türkischen Migrati-

servativen Ehrvorstellungen der ersten Migrantengeneration festhalten. Danach umfasst die Ehre zunächst den guten Ruf einer Person, welcher durch eigenes oder fremdes Fehlverhalten verwirkt bzw. zerstört werden kann.[161] Dieser Aspekt der Ehre wird im Türkischen *Şeref* (= Ansehen) genannt. Gute Taten sowie eine positive Lebensweise erhöhen das Ansehen in der Gesellschaft, sodass sich *Şeref* mühsam erarbeitet werden muss.[162] *Şeref* ist von *Namus* (= Ehre im engeren Sinn) zu unterscheiden. *Namus* ist ein universeller Wert, der nicht durch Eigeninitiative gesteigert oder vermindert werden kann, jedoch für die beiden Geschlechter eine unterschiedliche Bedeutung mit sich bringt.[163] Die Männerehre impliziert zum einen das Ansehen in der Gesellschaft sowie Verantwortungsbewusstsein, Stärke und Zugehörigkeit zu bestimmten Gruppen. Zum anderen müssen Männer entschlossen sein, ihre Ehre nach der Maxime, leben und sterben für die Ehre, zu beschützen.[164] Im Extremfall führt diese Entschlossenheit zu einem Ehrenmord.[165] Für eine Frau bedeutet Ehre in diesem Sinne, dass sie bis zur Ehe ihre Jungfräulichkeit bewahrt, während der Ehe treu ist und grundsätzlich nicht durch ein sexuelles Fehlverhalten auffällt.[166] Das sexuelle Fehlverhalten wird dabei sehr weit ausgelegt.[167] Die Frauen müssen sich traditionell kleiden (das Tragen eines muslimischen Kopftuchs und längere Mäntel werden vorausgesetzt), den Kontakt zu fremden Männern möglichst meiden, in der Gesellschaft nicht extrovertiert auffallen, nicht rauchen und keinen Alkohol trinken.[168] Diese obligatorischen

---

onshintergrund haben. Die genannten Beispiele und Erläuterungen lassen sich teilweise aber auch auf italienische, syrische, afghanische, bosnische, serbische, albanische oder auch arabische Bevölkerungsgruppen mit Migrationsgeschichte übertragen.

161 *Hilgendorf*, JZ 2009, 139 (141 f.).

162 *Agel*, (Ehren-)Mord in Deutschland, S. 22; *Cöster*, Ehrenmord in Deutschland, S. 60; *Elyafi-Schulz*, Das Phänomen des „Ehrenmordes“, S. 85; *Kizilhan*, „Ehrenmorde“, S. 84 f.; *Toprak*, Unsere Ehre ist uns heilig, S. 21; *Yazgan*, Mord ohne Ehre, S. 29.

163 *Agel*, (Ehren-)Mord in Deutschland, S. 22; *Kizilhan*, „Ehrenmorde“, S. 81 f.; *Schiffauer*, Die Gewalt der Ehre, S. 74; *Toprak*, Unsere Ehre ist uns heilig, S. 22.

164 *Erbil*, Toleranz für Ehrenmörder?, S. 155 ff.; *Saric*, Ehre, Scham und Schande, S. 47; *Sütçü*, Zwangsheirat und Zwangsehe, S. 128; *Valerius*, Kultur und Strafrecht, S. 63.

165 LK-*Hilgendorf*, Vor §§ 185 ff. Rn. 38.

166 *Cöster*, Ehrenmord in Deutschland, S. 62; *Saric*, Ehre, Scham und Schande, S. 78; *Toprak*, Unsere Ehre ist uns heilig, S. 22.

167 Vgl. *Saric*, Ehre, Scham und Schande, S. 83; *Hilgendorf*, JZ 2009, 139 (142).

168 *Schiffauer*, Die Gewalt der Ehre, S. 75; *Sütçü*, Zwangsheirat und Zwangsehe, S. 131.

Vorgaben müssen die Männer kontrollieren, damit sie ihre eigene Ehre nicht gefährden. Denn die Ehre des Mannes definiert sich nach diesem spezifischen Ehrverständnis über die Ehre der Frau.[169]

Die Ehre der Frau ist nicht nur für die Ehre des Mannes relevant, sondern auch für die Familienehre. Die Familie hat nach den spezifischen Ehrvorstellungen ihre Ehre bzw. ihren guten Ruf in der Gesellschaft zu wahren, indem die männlichen Familienangehörigen über die Frauen wachen. Die Männer sollen verhindern, dass eine Frau durch ihr sexuelles Fehlverhalten die Familienehre verletzt, da der Verlust ihrer Reputation zur Ehrverletzung der gesamten Familie führt.[170] Grundsätzlich ist für eine Ehrverletzung der Familie bereits ein Gerücht in Bezug auf die Keuschheit der Frau ausreichend.[171] Denn die Familienehre ist ein symbolisches Kapital für die soziale Anerkennung in der Gesellschaft. Daher ist eine faktische Ehrverletzung nicht entscheidend, sondern die damit einhergehende Auswirkung auf das Ansehen der Familie innerhalb ihrer sozialen Gesellschaft.[172] Daraus folgt im Extremfall, dass eine gegen ihren Willen entjungferte Frau ihren Vergewaltiger heiraten muss, um die Familienehre zu bewahren.[173]

Hervorzuheben ist, dass die Beteiligten diese spezifischen Ehrvorstellungen nicht kritisch hinterfragen, sondern ohne Weiteres befolgen.[174] Daher entwickeln sich die stagnierten Ehrvorstellungen zu einem Dogma, welches keinem Diskurs zugänglich gemacht wird. Auf Nachfragen verweisen die Beteiligten überwiegend auf ihre Tradition oder antworten floskelhaft „das war schon immer so". Dies löst wiederum bei vielen innere Konflikte aus, insbesondere durch die Konfrontation mit einer anderen Sichtweise. Teilweise realisieren sie dann, dass sie sich selbst in diesen spezifischen Vorstellungen verstricken bzw. diese nicht ganz verstehen. Die spezifi-

---

169 *Saric*, Ehre, Scham und Schande, S. 47; *Sütçü*, Zwangsheirat und Zwangsehe, S. 128; *Yazıcı*, Jung, männlich, türkisch – gewalttätig?, S. 73; *Rüttgers*, NDV 2017, 305 (307 f.).

170 *Hildebrand*, Die Bekämpfung der Zwangsheirat in Deutschland, S. 83; *Schiffauer*, Die Gewalt der Ehre, S. 76; *Sütçü*, Zwangsheirat und Zwangsehe, S. 129; *Valerius*, Kultur und Strafrecht, S. 64.

171 *Erbil*, Toleranz für Ehrenmörder?, S. 120.

172 *Baumeister*, Ehrenmorde, S. 49; *Oberwittler/Kasselt*, Ehrenmorde in Deutschland 1996-2005, S. 16 f.; *Schiffauer*, Die Gewalt der Ehre, S. 65.

173 *Agel*, (Ehren-)Mord in Deutschland, S. 28; *Erbil*, Toleranz für Ehrenmörder?, S. 160; *Hildebrand*, Die Bekämpfung der Zwangsheirat in Deutschland, S. 85; *Kizilhan*, „Ehrenmorde", S. 35.

174 *Çakıl*, Rehabilitierung des Ehrbegriffs, S. 8; *Saric*, Ehre, Scham und Schande, S. 29 f.

schen Ehrvorstellungen von Ayhan Sürücü werden später stellvertretend aufzeigen, dass die Beteiligten sich dadurch in eine ausweglose Situation versetzen. Denn sie halten an Vorstellungen fest, von denen sie nicht immer absolut überzeugt sind, ihnen jedoch aufgrund gesellschaftlichen Drucks und in Ermangelung anderer Perspektiven keine andere Möglichkeit verbleibt. Sobald die Betroffenen von der Mehrheitsgesellschaft für ihre kulturspezifische Tat verurteilt werden, verweisen sie exkulpatorisch auf ihre unumgänglichen Ehrvorstellungen, welche sie „im Blut" haben.

Das kompromisslose Festhalten an den spezifischen Ehrvorstellungen führt insbesondere bei Jugendlichen zu einem Dilemma. Denn die Ehrvorstellungen sind nicht schriftlich fixiert und werden somit mündlich übertragen. Teilweise wird von Jugendlichen erwartet, dass sie mit zunehmendem Alter die Bedeutung der (Familien-)Ehre eigenständig erfassen. Es besteht jedoch faktisch keine Möglichkeit, sich tiefgründiger mit dem komplexen Ehrbegriff zu beschäftigen. Im Laufe der Erziehung wird von den Söhnen nach einer gewissen Zeit vorausgesetzt, dass sie ihre Schwestern reglementieren und beschützen. Es wird indes kein expliziter Handlungsauftrag erteilt, wenn sich die Schwestern möglicherweise nach Ansicht der Beteiligten nicht angemessen verhalten. Stattdessen wird dem Jugendlichen bei einem möglichen Fehlverhalten der Schwester aufgetragen, „dass er wisse, was zu tun sei".[175] Daraus resultiert eine große Unsicherheit bei den Heranwachsenden, sodass sie bei einer wahrgenommenen Grenzüberschreitung der Schwestern unterschiedlich reagieren bzw. zum Teil überreagieren.[176]

Des Weiteren ist zu untersuchen, ob der Wandel des Ehrbegriffs im Zuge der gesellschaftlichen Pluralisierung lediglich auf die hiesige Gesellschaft Auswirkungen haben kann. Umgekehrt besteht grundsätzlich die Möglichkeit, dass es zu einem Umbruch in den von patriarchalischen Ehrvorstellungen geprägten Gemeinschaften in Deutschland kommt. Denn der Ehrbegriff ist dynamisch und passt sich den gegebenen Lebensbedingungen an.[177] Daher könnte die Migration einen Wandel des Ehrbegriffs für die Migrantinnen und Migranten selbst nach sich ziehen. Die spezifischen Ehrvorstellungen sind auf Normen und Werte zurückzuführen, welche in der Heimat einer strengen sozialen Kontrolle unterworfen sind. Insbesondere in dörflichen Regionen werden Normen und Werte respektiert

175 Vgl. *Toprak*, Unsere Ehre ist uns heilig, S. 29.
176 *Toprak*, Unsere Ehre ist uns heilig, S. 29 f.; ferner *Saric*, Ehre, Scham und Schande, S. 31 ff.
177 *Toprak*, Unsere Ehre ist uns heilig, S. 37.

und ein Fehlverhalten wird kollektiv von der Gemeinschaft sanktioniert. Den Migrantinnen und Migranten der ersten Generation ist diese traditionelle Praxis noch aus der Heimat geläufig.[178] Eine soziale Kontrolle dieses Ausmaßes ist indes in einer Großstadt oder in Deutschland allgemein nicht möglich. Daher hat die erste Migrantengeneration der (Familien-)Ehre einen hohen Stellenwert zuteilwerden lassen, weil es für die Betroffenen einen kontrollierbaren Teil ihrer Tradition darstellte.[179]

Im Gegensatz zu den Migrantinnen und Migranten der ersten Generation rief der Generationenwechsel einen sozialen Wandel hervor. Insbesondere verlor die Ehre dadurch faktisch an Stellenwert. Für die erste Migrantengeneration ist es beispielsweise nicht ungewöhnlich, dass der Ehepartner bei der Eheschließung zum ersten Mal gesehen wird, weil die Familien die Ehe arrangierten. Im Gegensatz dazu ist es in der heutigen Zeit nicht unüblich, dass das Ehepaar zuvor mehrere Jahre liiert gewesen ist. Den Eltern ist es ausschließlich wichtig, dass die junge Frau nicht ihre Virginität verliert und die Beziehung von der Gesellschaft nicht wahrgenommen wird. Obwohl nach dem traditionellen Ehrverständnis eine voreheliche Beziehung per se eine Ehrverletzung zur Folge hat, wird dies von der älteren Generation nicht (mehr) kritisiert bzw. sanktioniert. Deshalb gilt, dass intern der geringe Stellenwert der Ehrvorstellungen akzeptiert und geduldet wird, nach außen jedoch weiterhin die traditionellen Maßstäbe maßgeblich sind.[180] Es besteht daher die Möglichkeit, dass durch weitere Generationenwechsel die Ehre zunehmend an Stellenwert verliert. Ein tatsächlicher Wandel auf gesellschaftlicher Ebene stagniert jedoch, solange der familiären Außendarstellung eine fundamentale Bedeutung zukommt sowie die Familienehre als soziales Kapital angesehen wird. Für viele Familien ist es obligatorisch, dass sie in der Öffentlichkeit als „ehrenhaft" respektiert werden.[181] Diese Grundhaltung ist in der jüngeren Migrantengeneration im gleichen Maße wie bereits in der ersten Migrantengeneration präsent.

---

178 *Toprak*, Unsere Ehre ist uns heilig, S. 37 f.

179 *Elyafi-Schulz*, Das Phänomen des „Ehrenmordes", S. 209; *Toprak*, Unsere Ehre ist uns heilig, S. 39; *Yerlikaya*, Zwangsehen, S. 83.

180 *Toprak*, Unsere Ehre ist uns heilig, S. 39; ferner *Schiffauer*, Die Gewalt der Ehre, S. 103 f.

181 *Saric*, Ehre, Scham und Schande, S. 78 f.; *Toprak*, Unsere Ehre ist uns heilig, S. 33.

Im Jahr 2018 wurde „*Ehrenmann/Ehrenfrau*" zum Jugendwort des Jahres gewählt.[182] Als Ehrenmann/Ehrenfrau wurde vor allem in den sozialen Medien eine Person bezeichnet, die vernünftig und zuverlässig ist. Ehrenmann/Ehrenfrau ist ein schillerndes Modewort, welches im alltäglichen Sprachgebrauch nicht einheitlich verwendet wird. So wird eine Person, die zu einem gesellschaftspolitischen Thema eine rationale Meinung vertritt, als Ehrenmann/Ehrenfrau markiert. Dabei kann es bereits ausreichend sein, sich an die gängigen sittlichen Gepflogenheiten zu halten, wie zum Beispiel zur Begrüßung die rechte Hand auszustrecken oder jemanden die Tür aufzuhalten. Auch kann bereits die Ausführung einer gesellschaftlich anerkannten guten Tat, etwa einer älteren Person in den öffentlichen Verkehrsmitteln den eigenen Sitzplatz anzubieten, zur Bezeichnung als Ehrenmann/Ehrenfrau führen. Modewörter spiegeln die gesellschaftliche Entwicklung wider, sodass der Begriff Ehrenmann/Ehrenfrau grundsätzlich zu begrüßen ist, da es ein gedeihliches Miteinander fördert.[183] Die genannten Beispiele verdeutlichen indes, dass die Betitelung als Ehrenmann/Ehrenfrau den guten Ruf und den daraus resultierenden Achtungsanspruch des Einzelnen aufzeigen. Abweichend vom (straf-)rechtlichen Ehrbegriff ist die Bezeichnung als Ehrenmann/Ehrenfrau jedoch nicht auf die Menschenwürde zurückzuführen. Der Ehrbegriff hat sich zwar dadurch verstärkt in die Alltagssprache etabliert. Der inflationäre Gebrauch eines Modewortes führt jedoch im Regelfall dazu, dass es aus der Mode kommt oder in Vergessenheit gelangt.[184] Die Bezeichnung als Ehrenmann/Ehrenfrau wird zudem nicht dazu führen, dass das Ehrverständnis in der Gesellschaft die Ehrvorstellungen der Bevölkerungsgruppe mit türkischem Hintergrund adaptiert und somit strikt zwischen einer Männer- sowie Frauenehre unterscheidet. Eine strikte Trennung von Männer- und Frauenehre ist gegenwärtig in Deutschland kaum noch vorstellbar und ohnehin mit den Grundwerten der Verfassung nicht vereinbar. Bereits im Jahr 2021 ist der Trend vergangen, insbesondere in den sozialen Medien ist die Bezeichnung als Ehrenmann/Ehrenfrau seltener geworden.

182 https://www.tagesspiegel.de/gesellschaft/panorama/deutsche-sprache-ehrenmann-ehrenfrau-ist-jugendwort-des-jahres-2018/23643756.html (21.11.2021).

183 Vgl. allgemein zu Modewörtern: *Walter*, Kleine Stilkunde für Juristen, S. 260.

184 *Walter*, Kleine Stilkunde für Juristen, S. 257 und S. 264.

III. Ehrenmord – eine Begriffsbestimmung

Der Fall Sürücü demonstrierte der deutschen Gesellschaft drastisch, dass ein spezifisches Ehrkonzept eine Tötung nach sich ziehen kann. Das kulturelle Phänomen der Ehrenmorde ist zu facettenreich, um eine eindeutige sowie allgemeingültige Definition zu nennen, welche zusätzlich kurz und prägnant ist.[185] Eine praktikable Definition ist nicht nur für Juristinnen und Juristen unerlässlich, welche sich mit Ehrenmorden befassen. Vielmehr ist es für alle Personen sowie Behörden, welche mit Ehrenmorden konfrontiert werden, unentbehrlich, das Phänomen zumindest in seinen Grundzügen zu kennen. Auf dieser Grundlage kann sowohl präventiv als auch repressiv ein sachgemäßer Umgang mit Ehrenmorden gewährleistet werden.

Eine taugliche Definition wurde bereits im Jahre 2011 von *Oberwittler* und *Kasselt* vorgelegt, welche im Folgenden näher erläutert wird. In einer empirischen Untersuchung des Freiburger Max-Planck-Instituts für ausländisches und internationales Strafrecht wurden alle Ehrenmorde in Deutschland im Zeitraum von 1996 bis 2005 auf Basis von Prozessakten und Medienberichten identifiziert und juristisch analysiert. Nach dieser Studie werden Ehrenmorde wie folgt definiert: *„Ehrenmorde sind vorsätzlich begangene versuchte oder vollendete Tötungsdelikte, die im Kontext patriarchalisch geprägter Familienverbände oder Gesellschaften vorrangig von Männern an Frauen verübt werden, um die aus Tätersicht verletzte Ehre der Familie oder des Mannes wiederherzustellen. Die Verletzung der Ehre erfolgt durch einen wahrgenommenen Verstoß einer Frau gegen auf die weibliche Sexualität bezogene Verhaltensnormen.“*[186]

Die vorgeschlagene Definition eignet sich aus folgenden Gründen für eine genauere Untersuchung des Phänomens. Zunächst inkludiert die Definition, dass auch Männer, die in der Regel für die Entehrung der Frau verantwortlich gemacht werden, Opfer von Ehrenmorden sein können. Auch diese Fälle sind als Ehrenmorde zu qualifizieren, die aber in Relation zur Tötung einer Frau bei Weitem nicht so häufig vorkommen.[187] Weiterhin kommen zudem Frauen als (Mit-)Täterinnen in Betracht, die bei der Vorbereitung bzw. Durchführung involviert sind oder die Tat

---

185 *Kasselt*, Ehre im Spiegel der Justiz, S. 22.

186 *Oberwittler/Kasselt*, Ehrenmorde in Deutschland 1996-2005, S. 23; so auch *Kasselt*, Ehre im Spiegel der Justiz, S. 22.

187 *Erbil*, Toleranz für Ehrenmörder?, S. 168; *Grünewald*, NStZ 2010, 1 (2).

veranlassen.[188] Ferner wird die Tatsache berücksichtigt, dass bereits eine wahrgenommene Ehrverletzung ausreichend ist. Denn ein sexuelles Fehlverhalten einer Frau wird nicht nur auf den Verlust ihrer Jungfräulichkeit reduziert, sondern sehr weit ausgelegt.[189] So kann bereits das Ablegen eines muslimischen Kopftuchs als sexuelles Fehlverhalten aufgefasst werden, da die Frau dadurch (vermeintlich) signalisiert, dass diese die Blicke von fremden Männern auf sich ziehen möchte.[190] Wenn etwa eine unverheiratete Frau auf der Straße mit einem unbekannten Mann gesehen wird, kann daraus ebenfalls ein sexuelles Fehlverhalten interpretiert werden. Diesem weitläufigen Ehrverständnis können nur schwer Konturen gesetzt werden, da Verhaltensnormen sowie Moralvorstellungen nicht schriftlich fixiert sind, sondern meistens mündlich übertragen und in der Gesellschaft dementsprechend praktiziert werden.[191]

Des Weiteren impliziert diese Definition Ehrenmorde, die sowohl gemeinsam von der Familie durchgeführt, unterstützt oder zumindest gebilligt werden, als auch von Einzeltätern.[192] Dies ist auch erforderlich, weil Ehrenmorde grundsätzlich zu differenzieren sind. Ein *Ehrenmord im engeren Sinne* liegt vor, wenn eine Frau durch ihre Blutsverwandten zur Wiederherstellung der Familienehre getötet wird. Hierunter fallen auch diejenigen Taten, die von der Familie der Frau an einem unerwünschten Intimpartner begangen werden. Dagegen ist ein *Ehrenmord im weiteren Sinne* anzunehmen, wenn eine Frau von ihrem (Ex-)Partner zur Wiederherstellung seiner Ehre getötet wird.[193] Beide Modalitäten werden zwar in der Definition nicht explizit unterschieden, würden aber die ohnehin ausführliche Definition weiter in die Länge ziehen, zumal beide Konstellationen in der allgemeinen Formulierung inkludiert sind. Die Hauptmerkmale eines Ehrenmordes und die unterschiedlichen Konstellationen werden von dieser Definition somit erfasst. Daher ist sie eine praktikable Arbeitsgrundlage für diejenigen, die sich mit einem Ehrenmord befassen (müssen).[194]

In dieser Arbeit wird die genannte Definition zur Bestimmung von Ehrenmorden zugrunde gelegt. Eine Abgrenzung zur Blutrache ist jedoch

---

188 *Oberwittler/Kasselt*, Ehrenmorde in Deutschland 1996-2005, S. 23.

189 *Sütçü*, Zwangsheirat und Zwangsehe, S. 131; *Hilgendorf*, JZ 2009, 139 (142).

190 Vgl. *Deiß/Goll*, Ehrenmord. Ein deutsches Schicksal, S. 112.

191 *Deiß/Goll*, Ehrenmord. Ein deutsches Schicksal, S. 31 f.; *Oberwittler/Kasselt*, Ehrenmorde in Deutschland 1996-2005, S. 15.

192 *Erbil*, Toleranz für Ehrenmörder?, S. 170; *Oberwittler/Kasselt*, Ehrenmorde in Deutschland 1996-2005, S. 23.

193 *Oberwittler/Kasselt*, MschrKrim 2014, 203 (206).

194 Krit. *Agel*, (Ehren-)Mord in Deutschland, S. 13.

notwendig, die nicht eindeutig aus der Definition hervorgeht. Die Blutrache wird häufig mit einem Ehrenmord gleichgesetzt, da beide Motive viele parallele Strukturen vorweisen. Dennoch handelt es sich um zwei Taten mit unterschiedlichen Auswirkungen, sodass nachfolgend die Unterschiede und Gemeinsamkeiten aufgezeigt werden.

1. Abgrenzung zur Blutrache

Die Quintessenz einer Blutrache ist, dem Ehrenmord entsprechend, die Wiederherstellung der verletzten (Familien-)Ehre.[195] Wenn ein Familienmitglied die Ehre einer anderen Familie, etwa durch vorehelichen sexuellen Kontakt zu einer weiblichen Familienangehörigen oder durch das Töten eines männlichen Familienmitglieds verletzt, wird diese Handlung durch eine Bluttat geahndet.[196] Bei einer drohenden Blutrache ist es möglich, die Ehre auch durch das Zahlen von Blutgeld oder öffentlichen Verzicht auf Rache wiederherzustellen. Im Gegensatz dazu besteht eine vergleichbare Schlichtungsmöglichkeit bei einem Ehrenmord grundsätzlich nicht.[197] Nur in seltenen Fällen können ein Ehrenmord oder eine Blutrache abgewendet werden, beispielsweise wenn nach einem vorehelichen sexuellen Kontakt oder einer Schwangerschaft eine schnelle Eheschließung folgt. Dies ist aber nur dann möglich, wenn dadurch die Reputation der Familie noch gewahrt werden kann, also der Ehrverlust in der Gesellschaft nicht wahrgenommen wurde.[198] Im Unterschied zur Blutrache werden Ehrenmorde von den eigenen Familienmitgliedern durchgeführt. Die Blutrache wird hingegen traditionell an Männern der verfeindeten Familie verübt.[199] Die Täter fassen die Blutrache nicht nur als ihr Recht, sondern auch als ihre Pflicht auf.[200] Eine Ehrverletzung, die durch eine Blutrachetötung gesühnt wird, führt meistens zu einer über mehrere Generationen andau-

---

195 *Kasselt*, Ehre im Spiegel der Justiz, S. 17; *Krais*, Blutrache und Strafrecht, S. 8.

196 *Baumeister*, Ehrenmorde, S. 23 ff.; *Krais*, Blutrache und Strafrecht, S. 5 f.

197 *Baumeister*, Ehrenmorde, S. 74; *Oberwittler/Kasselt*, Ehrenmorde in Deutschland 1996-2005, S. 19.

198 *Oberwittler/Kasselt*, Ehrenmorde in Deutschland 1996-2005, S. 17.

199 *Erbil*, Toleranz für Ehrenmörder?, S. 168; *Kasselt*, Ehre im Spiegel der Justiz, S. 18; *Krais*, Blutrache und Strafrecht, S. 10; *Oberwittler/Kasselt*, Ehrenmorde in Deutschland 1996-2005, S. 19 f.; *Valerius*, Kultur und Strafrecht, S. 63; *Kudlich/Tepe*, GA 2008, 92 (94).

200 *Krais*, Blutrache und Strafrecht, S. 5.

ernde Blutfehde.[201] Staatliche Sanktionen werden nicht als adäquate Sühne für die Ehrverletzung akzeptiert, sondern vielmehr als ein Hindernis zur Wiederherstellung der Familienehre erachtet.[202] Somit werden Täter, die aufgrund einer Tötung eines anderen Familienmitglieds im Gefängnis ihre Haftstrafe verbüßen, meistens nach ihrer Entlassung (teilweise bereits im Gefängnis) von der Familie getötet.[203] Die Blutrachetötung ist nicht territorial oder zeitlich begrenzt, sodass auch ein Verwandter aus einem anderen Land nach mehreren Jahren der vermeintlichen Ehrverletzung als potenzielles Opfer in Betracht kommen kann.[204] Der Anstifter befindet sich meistens im Ausland und befiehlt seinen Familienangehörigen in dem jeweiligen Land die Tat durchzuführen.[205]

Vor diesem Hintergrund ist es notwendig, Ehrenmorde von Blutrache zu unterscheiden. Denn wie sich gezeigt hat, sind die Auswirkungen der Taten für Leib und Leben vieler Menschen von unterschiedlichem Ausmaß. Nachdem eine Frau durch ihre Blutsverwandten zur Wiederherstellung der Familienehre getötet wird, folgt in der Regel keine weitere Tat. Nur selten kommt es zur Tötung oder Verletzung des Mannes, welcher für die Ehrverletzung der Familie mitverantwortlich gemacht wird, um ein Exempel zu statuieren und dadurch in der Gesellschaft die familiäre Stärke zu demonstrieren. In diesem Fall ist es nicht ausgeschlossen, dass der Ehrenmord in eine Blutrache übergeht, wenn der getötete Mann Angehöriger einer patriarchalischen Familie ist, die den Täter aus Rache tötet.[206] Im Gegensatz dazu ist bei einer Blutrache ein konträrer Verlauf zu beobachten. Die Blutrache ist meistens kausal für weitere Taten, welche weder zeitlich noch territorial begrenzt sind. Daher ist die genaue Differenzierung für die präventive Bekämpfung von weiteren Taten entscheidend. Damit die Blutrache im Einzelfall von einem Ehrenmord abgegrenzt werden kann, ist folgende Definition zu empfehlen. Die Blutrache ist die selbstauferlegte Pflicht des Täters, die verletzte Familienehre durch die Tötung des männlichen Verursachers der Ehrverletzung oder einer seiner

---

201 *Baumeister*, Ehrenmorde, S. 32 f.; *Oberwittler/Kasselt*, Ehrenmorde in Deutschland 1996-2005, S. 19.

202 *Baumeister*, Ehrenmorde, S. 40 f.; *Krais*, Blutrache und Strafrecht, S. 7 f.

203 *Baumeister*, Ehrenmorde, S. 40.

204 *Yazgan*, Mord ohne Ehre, S. 39.

205 Vgl. LG Ulm, Urteil vom 03.04.2019, Az. 21 Js 10854/17.

206 *Yazgan*, Mord ohne Ehre, S. 39 f.

männlichen Angehörigen, welche nicht dem eigenen Kollektiv angehören, wiederherzustellen.[207]

2. „Shame killings"

Überwiegend wird der Begriff „Ehrenmord" wegen seiner vermeintlich positiven Konnotation abgelehnt und als Euphemismus für einen brutalen Brauch angenommen. Demnach kann ein derartiges Verbrechen kein ehrenwertes Verhalten darstellen und weder dem Täter noch seiner Familie Achtung und Ansehen konzedieren.[208] Stattdessen wurde vom ehemaligen UN-Generalsekretär *Kofi Annan „shame killings"* („Schande-Morde") als alternativer Begriff vorgeschlagen.[209] An diesem Vorschlag wurde hingegen kritisiert, dass der Begriff „Schande-Morde" den Zusammenhang mit den traditionell-patriarchalischen Wertvorstellungen nicht ausreichend berücksichtige, auf den es gerade bei der Tat ankomme.[210] Daher konnte sich „shame killings" nicht durchsetzen, sodass der Begriff Ehrenmord heute gemeinhin verwendet wird.

Einige Autoren setzen den Begriff in Anführungszeichen, um dadurch dessen euphemistische Konnotation zurückzuweisen.[211] Der Begriff Ehrenmord wird in dieser Arbeit aus folgenden Gründen nicht in Anführungszeichen gesetzt: Der Begriff ist in der deutschen Gesellschaft spätestens nach dem Fall Sürücü publik geworden, da auch viele Integrationsdebat-

---

207 Vgl. zur Definition: *Krais*, Blutrache und Strafrecht, S. 12; *Oberwittler/Kasselt*, Ehrenmorde in Deutschland 1996-2005, S. 19.

208 SK-*Sinn*, § 211 Rn. 27; *Kasselt*, Ehre im Spiegel der Justiz, S. 9; *Valerius*, Kultur und Strafrecht, S. 65; *ders*, JZ 2008, 912 (913); *Greco*, ZIS 2014, 309; ferner: *Schorn*, Mord aus niedrigen Beweggründen bei fremden soziokulturellen Wertvorstellungen, S. 90, der den Begriff Ehrenmord nicht als Euphemismus qualifiziert, sondern als „deskriptiv-wertfrei gebildete[n] Oberbegriff." Jedoch präferiert er statt „Ehrenmord" den Oberbegriff „Tötungen aus abweichenden sozikulturellen Wertvorstellungen", um nicht das Ergebnis für die rechtliche Beurteilung der Tat vorwegzunehmen.

209 BT-Drs. 14/7457, S. 2; *Elyafi-Schulz*, Das Phänomen des „Ehrenmordes", S. 24; *Kasselt*, Ehre im Spiegel der Justiz, S. 9.

210 BT-Drs. 15/5826, S. 167.

211 Vgl. BT-Drs. 15/5826, S. 167; SK-*Sinn*, § 211 Rn. 27; *Elyafi-Schulz*, Das Phänomen des „Ehrenmordes", S. 24; *Pohlreich*, „Ehrenmorde" im Wandel des Strafrechts, S. 19; *Foljanty/Lembke*, KJ 2014, 298 ff.

ten zu diesem Thema geführt wurden.[212] Im Jahr 2009 stand der Begriff erstmals im Duden und wird wie folgt erläutert: *„Mord an einem (weiblichen) Familienmitglied, für den als Motiv die Wiederherstellung der Familienehre angegeben wird.*"[213] Überdies kann ein Mord keine positive Konnotation auslösen. Vielmehr wird durch den Begriff Ehrenmord, also ein Mord im Namen der Ehre, die besondere Verwerflichkeit der Tat manifestiert. Denn der Täter wägt ein Menschenleben mit seiner (Familien-)Ehre ab und entscheidet sich für die Tötung des Opfers. Bei einem Ehrenmord ist somit nicht an Ehre im Sinne eines ehrenwerten Verhaltens zu denken, sondern an die Assoziation des Täters, welcher von den traditionell-patriarchalischen Wertvorstellungen geprägt ist. Der Täter möchte seine eigene Ehre wiederherstellen und spricht dadurch hemmungslos dem Opfer das Lebensrecht ab. Mithin impliziert ein Ehrenmord somit nicht, dass dem Mord ein hehres Motiv beizumessen ist. Vielmehr ist es exemplarisch für eine besonders verwerfliche Tat, welche insbesondere in der deutschen Gesellschaft nicht nachvollziehbar ist.[214] Das spezifische Ehrverständnis der Ehrenmode verspricht dem Täter und der Familie soziale Anerkennung, wenn die Frau aufgrund des vermeintlich sexuellen Fehlverhaltens getötet bzw. öffentlich hingerichtet wird. Unter Berücksichtigung dieses Beweggrundes wird deutlich, dass ein Ehrenmord stets negativ konnotiert ist und nicht als Ehre im Sinne von „ehrenwerte Tat" zu verstehen ist. Der Begriff Ehrenmord ist vielmehr als Oxymoron zu verstehen, weil „Ehre" und „Mord" zwei sich widerstreitende Begriffe sind, die weder in einem Satz noch in einem Wort miteinander verknüpft werden können, ohne dass sie sich gegenseitig ausschließen würden. Aus diesem Grund stellt der Begriff Ehrenmord auf die Tatmotivation ab, ohne dabei eine Bewertung der Tat aus dieser Perspektive darzulegen.[215] Darüber hinaus werden im Englischen und im Türkischen Tötungen im Namen der Ehre *honour killings* bzw. *namus cinayetleri* genannt, sodass die Tat international gleich bezeichnet wird.[216]

---

212 *Cöster*, Ehrenmord in Deutschland, S. 111; *Pohlreich*, „Ehrenmorde" im Wandel des Strafrechts, S. 1.

213 https://www.duden.de/rechtschreibung/Ehrenmord (21.11.2021).

214 Vgl. auch *Cöster*, Ehrenmord in Deutschland, S. 275 f.

215 *Dienstbühl*, Ehrgewalt in Deutschland, S. 55.

216 So auch die Webseite zum Thema Ehrenmord, https://www.ehrenmord.de/faq/nennen.php (21.11.2021); Auch international konnten sich alternative Begriffe in öffentlichen und akademischen Debatten nicht durchsetzen, vgl. *Kasselt*, Ehre im Spiegel der Justiz, S. 9 f.

IV. Familienehre

Die Beleidigungsfähigkeit der Familie ist keine strafrechtsdogmatische Fragestellung in Deutschland, welche sich erst aufgrund der zunehmenden Pluralisierung in der Gesellschaft herauskristallisiert hat. Vielmehr wurde bereits in der Vergangenheit über den strafrechtlichen Schutz der Familienehre diskutiert.[217] Insbesondere zur Zeit des Nationalsozialismus wurde die Familie als beleidigungsfähiges Kollektiv akzeptiert, da die Gesellschaft (und somit auch die Juristen) sehr stark von einem kollektivistischen Denken geprägt waren.[218] „Der Angriff auf die Familienehre" wurde im Jahre 1959 von *Hans Christian Lieberknecht* in seiner gleichnamigen Dissertation ausführlich behandelt.[219] *Lieberknecht* stellt zunächst fest, dass die Familie einen einheitlichen Willen bilden kann und von der Allgemeinheit abgrenzbar ist.[220] Sodann untersucht er, ob die Familie eine von der Rechtsprechung geforderte rechtlich anerkannte soziale Funktion erfüllt. Dafür vergleicht er die Familie mit anderen Gemeinschaften, welche nach der Rechtsprechung eine soziale Funktion erfüllen und daher den strafrechtlichen Schutz erfahren. Auf dieser Grundlage vertritt er die Ansicht, dass auch die Familie im Vergleich zu anderen Gemeinschaften einen eigenen Ehrschutz verdient.[221] Denn gerade die Soziologie bezeichne die Familie als Prototyp einer Gemeinschaft.[222] Während die Handelsgesellschaften nicht als Gemeinschaft im soziologischen Sinne zu qualifizieren sind, sondern vielmehr als Gemeinschaft der wirtschaftlichen Interessen, erfüllt *Lieberknecht* zufolge die Familie als einzige Gemeinschaft die soziologischen Fundamente.[223] Folglich konstatiert *Lieberknecht*: *„Es ist nicht einzusehen, weshalb unter den vorhandenen Gemeinschaften die ursprünglichste, natürlichste und am festesten geschlossene, die Familie, keine eigene Ehre haben soll, während Gemeinschaften, die nur durch die Gemeinsamkeit wirtschaftlicher Interessen verbunden sind, Ehrenschutz genießen. […] Eine Ehre der Familie kann nicht von vornherein abgelehnt werden, weil die Abgrenzung der Einzel- und Kollektivbeleidigung von der typischen Gemeinschaftsbeleidigung Schwierigkeiten bereitet. Diese Schwierigkeiten müssen auch bei der Familie zu lösen*

217 *Lieberknecht*, Der Angriff auf die Familienehre, S. 3 m.w.N.
218 *Lieberknecht*, Der Angriff auf die Familienehre, S. 3.
219 *Lieberknecht*, Der Angriff auf die Familienehre, 1959.
220 *Lieberknecht*, Der Angriff auf die Familienehre, S. 44 ff.
221 *Lieberknecht*, Der Angriff auf die Familienehre, S. 50.
222 *Lieberknecht*, Der Angriff auf die Familienehre, S. 51.
223 *Lieberknecht*, Der Angriff auf die Familienehre, S. 50 f.

sein."[224] *Lieberknechts* Ansicht konnte sich nicht durchsetzen, da gegenwärtig ein gesonderter strafrechtlicher Schutz der Familienehre nicht berücksichtigt wird. Zudem ist diese Stellungnahme weitgehend vom politischen Denken seiner Zeit abhängig gewesen.[225] Zu untersuchen ist, ob heute im Zuge der Pluralisierung und der daraus resultierenden Herausforderungen der strafrechtliche Schutz der Familienehre einer differenzierten Betrachtung bedarf. Nach circa 70 Jahren könnten die Ausführungen *Lieberknechts* für die pluralisierte Gesellschaft an Bedeutung gewinnen.

Für viele Bevölkerungsgruppen mit Migrationsgeschichte ist die Familie als solche selbstverständlich beleidigungsfähig.[226] Das spezifische Ehrkonzept des Täters ist somit, wie bereits erwähnt, das zentrale Element für einen Ehrenmord.[227] Es stellt sich daher die Frage, ob die divergierenden Ehrvorstellungen der Bevölkerungsgruppe mit Migrationsgeschichte dahingehend berücksichtigt werden sollen, dass die Familienehre als strafrechtliches Schutzgut anerkannt wird.[228] De lege lata stellt der strafrechtliche Schutz der Familienehre eine absolute Ausnahme dar. Denn mangels Subjektivität der Familie bzw. einer einheitlichen Willensbildung, welche für die Beleidigungsfähigkeit von Kollektiven notwendig ist, sind Familien grundsätzlich nicht beleidigungsfähig.[229] Einzelne Personen einer Familie können lediglich unter einer Kollektivbezeichnung, wie beispielsweise die Familie XY, beleidigt werden.[230]

Die Familienehre könnte möglicherweise bei Streitigkeiten im Einzelfall berücksichtigt werden, indem ein gruppenspezifischer Maßstab angelegt wird, welches die spezifischen Ehrvorstellungen der Beteiligten inkludiert.[231] Insbesondere bei Beteiligten aus dem gleichen Kulturkreis können im Einzelfall die spezifischen Wertvorstellungen in Betracht gezogen werden und somit könnte das Konzept der Familienehre an strafrechtlicher

224 *Lieberknecht*, Der Angriff auf die Familienehre, S. 51.

225 So beschreibt er die Auffassung der Juristen, die sich mit dem Ehrschutz von Gemeinschaften beschäftigen, *Lieberknecht*, Der Angriff auf die Familienehre, S. 3.

226 *Hilgendorf*, in: Hdb. des Strafrechts Bd. 4, § 12 Rn. 34 f.

227 *Oberwittler/Kasselt*, Ehrenmorde in Deutschland 1996-2005, S. 15.

228 *Erbil*, Toleranz für Ehrenmörder?, S. 119; *Valerius*, Kultur und Strafrecht, S. 129.

229 *Fischer*, StGB, Vor §§ 185-200 Rn. 11a; LK-*Hilgendorf*, Vor §§ 185 ff. Rn. 33; *Hilgendorf*, in: Hdb. des Strafrechts Bd. 4, § 12 Rn. 35; *Valerius*, Kultur und Strafrecht, S. 127.

230 *Fischer*, StGB, Vor §§ 185-200 Rn. 11a; LK-*Hilgendorf*, Vor §§ 185 ff. Rn. 33; *Winter*, in: Tellenbach (Hrsg.), die Rolle der Ehre im Strafrecht, S. 124.

231 LK-*Hilgendorf*, Vor §§ 185 ff. Rn. 38.

Relevanz gewinnen.[232] Hiermit bestünde insbesondere die Möglichkeit, die Verübung von Selbstjustiz einzudämmen, da den Betroffenen durch die staatliche Strafe ein Ausgleich für das aus ihrer Sicht begangene Unrecht zugesprochen wird. Zudem würden die Beteiligten aus ihrer Sicht nicht ihre Freiheit riskieren, weil sie vom Staat wegen der begangenen Selbstjustiz bestraft werden, obwohl sie nach ihrer Auffassung „im Recht" gewesen sind. Dadurch besteht die Perspektive, Ehrenmorde zu unterbinden und das Vertrauen in den Rechtsstaat zu stärken bzw. zu ermöglichen.

Faktisch ist jedoch das Abstellen auf gruppenspezifische Wertvorstellungen im Einzelfall nicht realisierbar. Zunächst existieren auch innerhalb Angehöriger desselben Kulturkreises oder derselben Familie divergierende Wertvorstellungen, welche das Ansetzen eines gruppenspezifischen Maßstabs (vor Gericht) nicht ermöglicht.[233] Überdies wäre zu fragen, welcher Maßstab festzulegen ist, wenn Personen aus verschiedenen Kulturkreisen mit unterschiedlichem Ehrverständnis betroffen sind. Ein solches Vorgehen würde gegen die Einheit der Rechtsordnung verstoßen, wenn jeweils eine heterogene Auslegungsschablone zur Bestimmung des Ehrbegriffs aufgelegt wird.[234] Des Weiteren haben die spezifischen Ehrvorstellungen der Täter zur Folge, dass der Ehrverlust nicht offen kommuniziert wird. Für die Beteiligten ist dies unumgänglich, damit das soziale Umfeld den Ehrverlust nicht wahrnimmt. Das heißt, dass die Täter den strafrechtlichen Schutz für die verletzte Ehre nicht anstreben, um den Ehrverlust nicht noch weiter zu potenzieren. Darüber hinaus führt es nach den spezifischen Ehrvorstellungen zu einem weiteren Ehrverlust, wenn die männlichen Familienmitglieder nicht bereit sind, ihre Ehre eigenhändig wiederherzustellen. Hierfür übt das soziale Umfeld und vor allem die Familie stets Druck auf die Männer aus, sodass sie sich zur Tathandlung gedrängt fühlen. Daher ist die Tötung der Frau für den Täter eine vermeintlich unausweichliche Konsequenz, um nicht von seinem sozialen Umfeld verachtet bzw. ausgestoßen zu werden.[235]

Letztlich spricht die vom Täter durch einen Ehrenmord beabsichtigte Folge gegen die Berücksichtigung der spezifischen Ehrvorstellungen im Einzelfall. Die Opfer werden von den Tätern nicht selten in der Öffentlichkeit hingerichtet, damit die Gesellschaft die wiederhergestellte Ehre

---

232 *Valerius*, Kultur und Strafrecht, S. 129.

233 *Erbil*, Toleranz für Ehrenmörder?, S. 121.

234 *Valerius*, Kultur und Strafrecht, S. 130.

235 *Agel*, (Ehren-)Mord in Deutschland, S. 35 f.; *Oberwittler/Kasselt*, Ehrenmorde in Deutschland 1996-2005, S. 18.

wahrnimmt und gleichzeitig andere Frauen vor vermeintlich unsittlichen Handlungen abgeschreckt werden.[236] Der Täter möchte der (patriarchalischen) Gesellschaft signalisieren, dass er bereit ist, die verlorene Ehre um jeden Preis wiederherzustellen.[237] Das Opfer wird daher für das eigene Ansehen in dem sozialen Umfeld instrumentalisiert, indem der Täter dem Opfer durch den vermeintlich verursachten Ehrverlust jegliches Lebensrecht abspricht. Somit kann Selbstjustiz in Form eines Ehrenmordes durch das Anlegen eines gruppenspezifischen Maßstabs vor Gericht faktisch nicht verhindert werden. Für die Beteiligten können staatliche Sanktionen die Ehre nicht wiederherstellen, sondern eher mindern. Mithin ist der Schutz der Familienehre nicht opportun, um Ehrenmorde zu verhindern. Für die hier befindliche Rechtsgemeinschaft ist es nicht nachvollziehbar, dass auch eine Vergewaltigung, welche auch von Männern aus der eigenen Familie verübt werden, zu einem Ehrenmord führen kann. Denn die Frau ist auf der einen Seite Opfer eines sexuellen Übergriffs und auf der anderen Seite das Opfer, welches aufgrund der Vergewaltigung getötet wird, um die Familienehre wiederherzustellen.[238] Dieser Umstand resultiert gerade aus den spezifischen Ehrvorstellungen. Daher sollte die Familienehre nicht als Rechtsgut anerkannt werden, welches durch §§ 185 ff. StGB geschützt wird.

V. Grenzen des Ehrschutzes

Ehrvorstellungen der Gesellschaft unterliegen einem Wandel und bestimmen sich nach der jeweiligen Kultur.[239] Die Ehre ist im Vergleich zu Rechtsgütern wie Freiheit, Leben oder Eigentum stark individualisiert. Die inhaltliche Ausgestaltung bestimmt sich nach der Kultur der Rechtsgemeinschaft. Um die Grenzen des Ehrschutzes in der hiesigen Rechtsgemeinschaft aufzeigen zu können, bedarf der dynamische Ehrbegriff einer differenzierten Betrachtung. Zunächst kann sich der Ehrbegriff innerhalb ein und derselben Kultur wandeln. Dies zeigt sich durch den Stellenwert der Ehre in Deutschland ab den 1970er Jahren, der im Alltag

---

236 *Erbil*, Toleranz für Ehrenmörder?, S. 209; *Oberwittler/Kasselt*, Ehrenmorde in Deutschland 1996-2005, S. 18.

237 *Çakıl*, Rehabilitierung des Ehrbegriffs, S. 26; *Elyafi-Schulz*, Das Phänomen des „Ehrenmordes“, S. 75.

238 *Oberwittler/Kasselt*, Ehrenmorde in Deutschland 1996-2005, S. 17.

239 *Erbil*, Toleranz für Ehrenmörder?, S. 109 f.

eine zunehmend untergeordnete Bedeutung eingenommen hat. Dieser Wandel ist nicht auf die gesellschaftliche Pluralisierung zurückzuführen, sondern durch die Entwicklung im Konsens der Mehrheitsgesellschaft. Zum Beispiel ist der Ehrbegriff durch das Jugendwort des Jahres „Ehrenmann/Ehrenfrau“ im Alltag präsent geworden. Dadurch hat sich weder die Ehrvorstellung der deutschen Gesellschaft verändert noch hat sie die bereits durchlaufene Entwicklung aufgehoben. Vielmehr hat sich die Ehrvorstellung gemeinhin graduell im Einverständnis gewandelt. So zieht eine Beleidigung kein unausweichliches Duellieren um Leben und Tod mehr nach sich, sondern wird entweder ignoriert oder durch eine andere unkonventionelle Beleidigung bzw. Bemerkung pariert.

Von diesem Wandel der Ehrvorstellungen ist eine Veränderung infolge der Pluralisierung der Gesellschaft zu unterscheiden. Durch die zunehmende Pluralisierung befinden sich in der Gesellschaft divergierende Ehrvorstellungen, welche keinen generellen Wandel der Ehrvorstellungen der Rechtsgemeinschaft bewirken. Vielmehr können in einer freiheitlich-demokratischen Grundordnung auch grundsätzlich divergierende Ehrvorstellungen nebeneinander existieren. Problematisch wird es erst dann, wenn spezifische Ehrvorstellung verfassungsrechtlich geschützte Güter eines Dritten gefährden. Hierfür sind Ehrenmorde exemplarisch, weil die spezifischen Ehrvorstellungen die Tötung einer Frau legitimieren, um dadurch die vermeintlich verletzte Ehre wiederherzustellen. Grundsätzlich kann nach unserer Rechtsordnung ein Angriff auf die Ehre verteidigt werden.[240] Indem der Bedeutungsinhalt der Ehre in einer pluralisierten Gesellschaft unterschiedlich ausgelegt wird, ist es erforderlich, die Grenzen des Ehrschutzes aufzuzeigen. Bei einem Ehrenmord scheint die Grenze des Ehrschutzes ohne größere Schwierigkeiten bestimmbar, weil das Rechtsgut Leben einer Abwägung mit der Ehre in jeder Hinsicht überwiegt. Dieses Abwägungsergebnis fällt jedoch nicht immer ohne Probleme eindeutig aus.

Vor diesem Hintergrund ist es vorzugswürdig, den Inhalt und Umfang des strafrechtlichen Rechtsguts Ehre durch die Fiktion eines *homogenen Ehrbegriffs* zu präzisieren.[241] Insbesondere nach dem normativ-faktischen Ehrbegriff steht kulturunabhängig jeder Person aufgrund der Menschenwürde ein Achtungsanspruch mit grundsätzlich gleichem Inhalt und Um-

---

240 Vgl. beispielsweise § 34 Satz 1 StGB.

241 LK-*Hilgendorf*, Vor §§ 185 ff. Rn. 38; *ders.*, in: Hdb. des Strafrechts Bd. 4, § 12 Rn. 22; *Valerius*, Kultur und Strafrecht, S. 130.

fang zu.[242] Divergierende Ehrvorstellungen, welche von den Vorstellungen der Rechtsgemeinschaft abweichen, können insoweit berücksichtigt werden, wenn diese nicht mit den wesentlichen Vorgaben der freiheitlich-demokratischen Grundordnung konfligieren.[243] Das Konzept der Familienehre bzw. das spezifische Ehrverständnis der Beteiligten mit patriarchalischen Wertvorstellungen impliziert, dass den Geschlechtern nur aufgrund ihres Geschlechts ein unterschiedlicher Achtungsanspruch zukommt. Die Frauenehre wird der Familie bzw. dem Ehemann zugeordnet, sodass einer Frau kein selbstständiger Achtungswert zugesprochen wird. Somit drückt dieses Ehrverständnis eine starke Dominanz der Männerehre im Vergleich zur Frauenehre aus.[244] Dadurch wird die Frau nur aufgrund ihres Geschlechts diskriminiert, sodass ein Verstoß gegen die Vorgaben der freiheitlich-demokratischen Grundordnung vorliegt.[245] Divergierende Ehrvorstellungen erfahren jedoch nur dann den Schutz der Rechtsordnung, solange diese nicht eklatant gegen die Grundwerte der Verfassung verstoßen und somit die freiheitlich-demokratische Grundordnung gefährden. Durch die Fiktion eines homogenen Ehrbegriffs entsteht deshalb im Gegensatz zum Anlegen eines gruppenspezifischen Maßstabs im Einzelfall kein Verstoß gegen die Einheit der Rechtsordnung.

VI. Die Ehrvorstellung von Ayhan Sürücü

Die Ehrvorstellungen von Ayhan Sürücü zeigen stellvertretend, wie die spezifischen Ehrvorstellungen den Alltag von vielen Bürgern mit türkischer Migrationsgeschichte prägen. Für ihn hatte die Verteidigung der Familienehre, welche er an der sexuellen Integrität der Frauen bestimmte, höchste Priorität. Deshalb entschied er, wie sich seine Schwestern in der Öffentlichkeit kleiden und verhalten sollten. Dazu äußerte sich Ayhan gegenüber den Journalisten wie folgt: „*Hinter dem Begriff Ehre stand immer in Klammern gesetzt ‚meine Mutter‘ oder ‚meine Schwester‘ oder ‚meine Frau‘, was auch immer. Sie darf nicht so sein, sie darf nicht dies machen, sie darf nicht jenes machen.*“[246] Ayhan habe dieses Ehrverständnis nicht von der

242 LK-*Hilgendorf*, Vor §§ 185 ff. Rn. 38.
243 LK-*Hilgendorf*, Vor §§ 185 ff. Rn. 38; *ders.*, in: Hdb. des Strafrechts Bd. 4, § 12 Rn. 22.
244 *Valerius*, Kultur und Strafrecht, S. 130.
245 *Valerius*, Kultur und Strafrecht, S. 130.
246 *Deiß/Goll*, Ehrenmord. Ein deutsches Schicksal, S. 31.

Familie gelernt, sondern vom sozialen Umfeld.[247] Zudem habe er vor der Tat Bücher über die Familienehre gelesen und mit vielen Personen über das Thema „Töten zur Wiederherstellung der Familienehre“ gesprochen, nicht aber mit seiner Familie.[248] Für ihn und seine Freunde sei es von zu Hause aus üblich, dass Männer auf die Straße und Frauen in die Wohnung gehören.[249] Seine ersten Erfahrungen mit Frauen machte er früh und war zudem wenige Monate mit einer Deutschen liiert.[250] Für Ayhan und viele andere, die seine Ehrvorstellungen teilen, sind wechselnde Beziehungen zu fremden Frauen selbstverständlich, während sie ihren eigenen Schwestern diese Option von vornherein verwehren.[251] Deshalb entzieht sich dieses paradoxe Ehrverständnis jeder rationaler Grundlage, weil es willkürlich nach der eigenen Präferenz ausgelegt wird.

Wer seine eigene Ehre nach der Reputation der weiblichen Familienmitglieder definiert und diese um jeden Preis verteidigen möchte, müsste zwangsläufig die Ehre der anderen Familien respektieren und deshalb selbst keine voreheliche Beziehung mit einer Frau eingehen. Ansonsten suggeriert die Auslegung dieser spezifischen Ehrvorstellung, dass fremde Frauen oder gar Familien keine schützenswerte Ehre haben. Für die Männer ist es lediglich wichtig, dass ihre weiblichen Familienangehörigen als „rein und unberührt“ gelten, damit sie die Familienehre nicht verletzen.[252] Deshalb bestimmen sie über die Lebensweise der Schwestern. Diese inkonsistente Ehrvorstellung brachte Ayhans bester Freund Ilhan durch das folgende Zitat pointiert zum Ausdruck: *„Stell dir vor du hast eine Schwester, die das Kopftuch trägt. Alles ist schön für dich, so, wie du das willst. Auf einmal legt sie es ab, und sie ist ein ganz anderer Mensch. Das ist ein Schock für das Leben. Und das hat Ayhan eben so ein bisschen gestört.“*[253] Viele Männer mit türkischer Migrationsgeschichte würden heute dieser Aussage uneingeschränkt beipflichten. Sie selbst dürfen sexuellen Kontakt mit unterschiedlichen Frauen haben und somit nach ihrer Ehrvorstellung die Ehre eines anderen Mannes oder Familie verletzen; ihren eigenen weiblichen Familienangehörigen untersagen sie jedoch den Kontakt zu fremden Männern, um selbst keinen vermeintlichen Ehrverlust zu erleiden. Ob dieses Ehrverständnis wiederrum als ehrenhaft einzustufen ist, soll an dieser Stelle nicht weiter

---

247 *Deiß/Goll*, Ehrenmord. Ein deutsches Schicksal, S. 31 f.
248 *Deiß/Goll*, Ehrenmord. Ein deutsches Schicksal, S. 41.
249 *Deiß/Goll*, Ehrenmord. Ein deutsches Schicksal, S. 235.
250 *Deiß/Goll*, Ehrenmord. Ein deutsches Schicksal, S. 238.
251 *Deiß/Goll*, Ehrenmord. Ein deutsches Schicksal, S. 239.
252 *Deiß/Goll*, Ehrenmord. Ein deutsches Schicksal, S. 238.
253 *Deiß/Goll*, Ehrenmord. Ein deutsches Schicksal, S. 239.

erörtert werden. Jedenfalls scheint dieser eklatante Widerspruch den Beteiligten selbst nicht einzuleuchten.

VII. Zusammenfassung

Das Wort Ehre hat im allgemeinen Sprachgebrauch viele Bedeutungen, wie Ansehen, Ruf, Würde, Status oder Sittlichkeit. Aus der Ehre ergibt sich ein Achtungsanspruch des Einzelnen gegenüber anderen, der im Verletzungsfall sozial geahndet wird. Daher ist die Ehre ein personales Rechtsgut, welches durch die §§ 185 ff. StGB geschützt wird. Praktische Probleme bei der Bestimmung des strafrechtlichen Ehrbegriffs gibt es aber aufgrund der Vielzahl an unterschiedlichen Theorien zuhauf. Regelmäßig wird der normativ-faktische Ehrbegriff zugrunde gelegt, weil dieser der Gesetzessystematik am ehesten entspricht. Dieser umfasst zum einen die innere Ehre, welche dem Menschen als Träger geistiger sowie sittlicher Werte zukommt, sowie zum anderen die äußere Ehre, welche das Ansehen und den guten Ruf der Person in der Gesellschaft schützt. Träger der Ehre ist jeder einzelne Mensch kraft seines Personenseins, sodass es keinen Status der Ehrenlosigkeit gibt. Des Weiteren sind auch Personengemeinschaften beleidigungsfähig, wenn sie einen einheitlichen Willen bilden können, eine rechtlich anerkannte soziale Funktion erfüllen sowie von der Allgemeinheit abgrenzbar sind. Die Familie kann als Kollektiv regelmäßig keinen einheitlichen Willen bilden, sodass die Familienehre nicht durch die §§ 185 ff. StGB geschützt wird. Einzelne Familienmitglieder können lediglich unter einer Kollektivbezeichnung beleidigt werden.

Die jeweilige Kultur bestimmt den Ehrbegriff und ihre möglichen Verletzungsformen, sodass das Ehrverständnis einem gesellschaftlichen Wandel unterliegt. Die Heterogenität der Ehrvorstellungen in der heutigen Gesellschaft ist insbesondere auf die kulturelle Pluralisierung zurückzuführen. Ein Ehrenmord resultiert aus einer patriarchalischen Ehrvorstellung, in der zwischen der Männer- und Frauenehre differenziert wird. Demnach bemisst sich die Ehre der Frau nach ihrer sexuellen Integrität, welche sehr weit ausgelegt und von männlichen Familienangehörigen reglementiert wird. Dagegen umfasst die Männerehre das gesellschaftliche Ansehen und ist von der Frauenehre abhängig, da der Verlust ihrer Reputation zur Ehrverletzung des Mannes bzw. der gesamten Familie führt. Dieses Ehrverständnis ist vor allem bei Personen mit türkischer Migrationsgeschichte vorstellig und führte dazu, dass das Ehrkonzept, welches in der hiesigen Gesellschaft zunehmend an Bedeutung verlor, erneut in den Fokus rückte.

Die Konfrontation mit divergierenden Ehrvorstellungen bewirkte jedoch keinen Wandel in der Mehrheitsgesellschaft. Vielmehr bestehen dadurch in der Gesellschaft divergierende Ehrvorstellungen nebeneinander. Besonders problematisch ist dabei, dass Angriffe auf Leib und Leben durch die spezifischen Ehrvorstellungen legitimiert werden. Deshalb ist es erforderlich, die Grenzen des Ehrschutzes durch die Fiktion eines homogenen Ehrbegriffs aufzuzeigen. Dadurch können divergierende Ehrvorstellungen, die von den Vorstellungen der Rechtsgemeinschaft abweichen, berücksichtigt werden, solange sie nicht im eklatanten Widerspruch mit den wesentlichen Vorgaben der freiheitlich-demokratischen Grundordnung stehen. Somit ist die Familienehre kein schützenswertes Rechtsgut, weil dieser der Gedanke zugrunde liegt, dass Männern und Frauen aufgrund ihres Geschlechts ein unterschiedlicher Achtungsanspruch zustehen.

Oberwittler und Kasselt zufolge sind Ehrenmorde *„vorsätzlich begangene versuchte oder vollendete Tötungsdelikte, die im Kontext patriarchalisch geprägter Familienverbände oder Gesellschaften vorrangig von Männern an Frauen verübt werden, um die aus Tätersicht verletzte Ehre der Familie oder des Mannes wiederherzustellen. Die Verletzung der Ehre erfolgt durch einen wahrgenommenen Verstoß einer Frau gegen auf die weibliche Sexualität bezogene Verhaltensnormen.“*[254] Ein Ehrenmord im engeren Sinne liegt vor, wenn eine Frau durch ihre Blutsverwandten zur Wiederherstellung der Familienehre getötet wird. Wenn eine Frau von ihrem (Ex-)Partner zur Wiederherstellung seiner Ehre getötet wird, liegt ein Ehrenmord im weiteren Sinne vor. In beiden Fällen sollte die Tat weiterhin als Ehrenmord bezeichnet werden, da dieser Bezeichnung keine positive Konnotation innewohnt. Für unsere Rechtsgemeinschaft impliziert ein Ehrenmord kein ehrenwertes Verhalten, sondern verdeutlicht die besondere Verwerflichkeit der Tat.

Teilweise wird nicht präzise genug zwischen Ehrenmord und Blutrache unterschieden. Im Gegensatz zu einem Ehrenmord kann die Blutrache eine über mehrere Generationen anhaltende Blutfehde zur Folge haben. Die Blutrache ist die selbstauferlegte Pflicht des Täters, die verletzte Familienehre durch die Tötung des männlichen Verursachers der Ehrverletzung oder einer seiner männlichen Angehörigen, welche nicht dem eigenen Kollektiv angehören, wiederherzustellen.

---

254 *Oberwittler/Kasselt*, Ehrenmorde in Deutschland 1996-2005, S. 23.

Kapitel 2: Strafrechtliche Bewertung von Ehrenmorden

Bis zu diesem Zeitpunkt wurde der Inhalt sowie Umfang der Ehre als Rechtsgut besprochen und diskutiert, ob bzw. inwieweit divergierende Ehrvorstellungen als Rechtsgut in der hiesigen Rechtsgemeinschaft berücksichtigt werden können. Besonders problematisch sind dabei Fälle, in denen sich Täter der Ehre als Legitimation für eine Rechtsgutsverletzung Dritter bedienen. Schließlich führt Gewalt im Namen der Ehre zu Taten wie Ehrenmord, Blutrache oder Zwangsheirat, welche auf die spezifischen Ehrvorstellungen des Täters zurückzuführen sind. Deshalb ist es notwendig, den spezifischen Ehrvorstellungen als Rechtfertigung für eine Rechtsgutsverletzung Schranken zu setzen und zu untersuchen, ob bzw. wie diese im Rahmen der strafrechtlichen Würdigung zu berücksichtigen sind.

Die Tötung des Opfers zur Wiederherstellung der (Familien-)Ehre ist nach überwiegender Ansicht als Mord aus sonst niedrigen Beweggründen zu qualifizieren.[255] Dahingegen ist die Tat nach den Wertvorstellungen des Täters nachvollziehbar sowie geboten und somit sittlich nicht auf tiefster Stufe stehend. Aus diesem Grund ist zunächst zu untersuchen, inwieweit die spezifischen Wertvorstellungen des Täters im Rahmen der Auslegung der niedrigen Beweggründe berücksichtigt werden können. Darüber hinaus ist die Tötung des Intimpartners ein fester Bestandteil des Kriminalitätsgeschehens in Deutschland und weist parallele Strukturen zu einem Ehrenmord auf. Zum Teil können die Grenzen zwischen einer Intimpartnertötung und einem Ehrenmord fließend sein, sodass die Abgrenzung im Einzelfall schwierig ist. Daher ergibt sich zudem die Frage, ob beide Taten grundlegend in ihrer rechtlichen Würdigung zu unterscheiden sind. Denn in der aktuellen Rechtsprechung ist dahingehend ein signifikanter Unterschied zu verzeichnen. Schließlich werden die einschlägigen Mordmerkmale im Fall Sürücü aufgezeigt.

---

255 *Fischer*, StGB, § 211 Rn. 29 ff.; MüKoStGB/*Schneider*, § 211 Rn. 108 f.; *Çakir-Ceylan*, Gewalt im Namen der Ehre, S. 227; *Erbil*, Toleranz für Ehrenmörder?, S. 167 ff.; *Pohlreich*, „Ehrenmorde" im Wandel des Strafrechts, S. 212 ff.; *Valerius*, Kultur und Strafrecht, S. 67.

I. Ehrenmorde in der deutschen Strafrechtsdogmatik

1. Niedrige Beweggründe im Sinne des § 211 Abs. 2 Gr. 1 Var. 4 StGB

Dem Mordmerkmal der sonst niedrigen Beweggründe kommt rechtspraktisch eine große Bedeutung zu, da es als Generalklausel für nicht näher spezifizierte höchststrafwürdige Tötungsdelikte fungiert.[256] Zur Konkretisierung der niedrigen Beweggründe wurden von der Literatur Leitprinzipien generiert, um den „unbestimmten Begriff"[257] der niedrigen Beweggründe zu stilisieren.[258] Auf ein leitendes Prinzip rekurriert die Rechtsprechung jedoch nicht, sondern bewertet den jeweiligen Einzelfall unter Zugrundelegung der jeweiligen Leitprinzipien.[259] In § 211 Abs. 2 Gr. 1 StGB hat der Gesetzgeber die Merkmale Mordlust, zur Befriedigung des Geschlechtstriebs und Habgier als konkretisierende niedrige Beweggründe festgelegt.[260] Tatmotive, die analog zu den drei ersten Mordmerkmalen sind, weisen einen gleichen Strafwürdigkeitsgehalt auf und rechtfertigen deshalb die Strafbarkeit aus sonst niedrigen Beweggründen.[261] Nach gefestigter Rechtsprechung liegen sonst niedrige Beweggründe vor, wenn sie nach allgemein sittlicher Wertung auf tiefster Stufe stehen und deshalb besonders verachtenswert sind. Dabei muss die Tat in deutlich weitreichenderem Maße als bei einem Totschlag verachtenswert sein, sodass eine Gesamtwürdigung aller äußeren und inneren für die Handlungstriebe des Täters maßgeblichen Faktoren, sowie Umstände der Tat, der Lebensverhältnisse des Täters und seiner Persönlichkeit zu erfolgen hat.[262] Gefühlsregungen wie Eifersucht, Hass, Rache oder Wut sind nicht per se als sonst niedrige Beweggründe einzustufen. Vielmehr kommt es für die Beurteilung im Einzelfall darauf an, ob diese Gefühle Ausdruck einer niedrigen Gesinnung des Täters sind, also menschlich nicht (mehr) verständ-

---

256 MüKoStGB/*Schneider*, § 211 Rn. 70.

257 BGH NJW 1952, 1026; BeckOK StGB/*Eschelbach*, § 211 Rn. 29.2.

258 Zu den Leitprinzipien im Überblick vgl. MüKoStGB/*Schneider*, § 211 Rn. 73 ff.

259 *Mitsch*, in: Hdb. des Strafrechts Bd. 4, § 1 Rn. 24; MüKoStGB/*Schneider*, § 211 Rn. 73.

260 BeckOK StGB/*Eschelbach*, § 211 Rn. 30; *Mitsch*, in: Hdb. des Strafrechts Bd. 4, § 1 Rn. 25; MüKoStGB/*Schneider*, § 211 Rn. 48; *Kretschmer*, in: FS Fischer, S. 420; *Schütz*, JA 2007, 23 (25); *Valerius*, JZ 2008, 912 (916).

261 *Mitsch*, in: Hdb. des Strafrechts Bd. 4, § 1 Rn. 25; *Eisele*, BT I, Rn. 89.

262 BGHSt 47, 128 (130); BGH NStZ 2004, 34 (34); 2018, 527 (527); 2019, 82 (83); BeckOK StGB/*Eschelbach*, § 211 Rn. 30; *Fischer*, StGB, § 211 Rn. 14a f.; MüKoStGB/*Schneider*, § 211 Rn. 70; *Rengier*, BT II, § 4 Rn. 29 f.; *Kindhäuser/Schramm*, BT I, § 2 Rn. 17 f.

lich.[263] Nach dem Bundesgerichtshof ist ein Motiv nicht als sonst niedriger Beweggrund einzustufen, wenn es ungeachtet der Verwerflichkeit, die jeder vorsätzlichen und rechtswidrigen Tötung innewohnt, nicht jeglichen nachvollziehbaren Grund entbehrt.[264] Deshalb ist die Feststellung, dass der Täter dem Opfer das Lebensrecht abgesprochen hat, es vernichten wollte und sich damit zur Selbstjustiz aufgeschwungen hat, für die Annahme eines sonst niedrigen Beweggrundes per se nicht ausreichend. Dadurch wird keine klare Abgrenzung zum vorsätzlichen Tötungsdelikt geschaffen, da ein besonderer Tötungsbeweggrund fehlt, der für das Mordmerkmal der sonst niedrigen Beweggründe erforderlich ist.[265] Somit ist im Einzelfall eine Gesamtwürdigung für die Beurteilung der niedrigen Beweggründe erforderlich.[266] Ein sonst niedriger Beweggrund soll des Weiteren gegeben sein, wenn ein eklatantes Missverhältnis zwischen Anlass und Tat gegeben ist.[267] Ein eklatantes Missverhältnis liegt unter anderem bei Tötungen eines Menschen als Ausgleich für eine Ehrverletzung vor.[268] Deshalb sind grundsätzlich egoistische Tatmotive als sonst niedrige Beweggründe zu qualifizieren, altruistische Motive hingegen nicht.[269]

Auf subjektiver Tatseite ist für die Bewertung der sonst niedrigen Beweggründe erforderlich, dass sich der Täter bei Begehung der Tat der Umstände bewusst ist, welche seine Beweggründe für die Rechtsgemeinschaft als niedrig erscheinen lassen.[270] Unerheblich ist indes, ob der Täter seine eigenen Beweggründe (rechtlich) als niedrig bewertet.[271] Vielmehr muss

---

263 BGHR StGB § 211 Abs. 2 niedrige Beweggründe 23; BGH NStZ 2019, 204 (205); *Fischer*, StGB, § 211 Rn. 14c; *Eisele*, BT I, Rn. 90; *Wessels/Hettinger/Engländer*, BT I, Rn. 49; *Kühl*, JuS 2010, 1041 (1044).

264 BGH NStZ 2019, 204 (205).

265 BGH NStZ-RR 2020, 142 (143); *Fischer*, StGB, § 211 Rn. 18; MüKoStGB/*Schneider*, § 211 Rn. 72.

266 BeckOK StGB/*Eschelbach*, § 211 Rn. 30; *Fischer*, StGB, § 211 Rn. 15; *Krey/Hellmann/Heinrich*, BT I, Rn. 43.

267 *Fischer*, StGB, § 211 Rn. 17 f.; *Mitsch*, in: Hdb. des Strafrechts Bd. 4, § 1 Rn. 24; MüKoStGB/*Schneider*, § 211 Rn. 74; *Krey/Hellmann/Heinrich*, BT I, Rn. 43; *Heise/Tiz*, famos 2019, S. 2.

268 *Nehm*, in: FS Eser, S. 425; *Steffen*, Strafrecht in einer multikulturellen Gesellschaft, S. 216.

269 BeckOK StGB/*Eschelbach*, § 211 Rn. 33.

270 BGHSt 47, 128 (133); BGHR StGB § 211 Abs. 2 niedrige Beweggründe 29; BeckOK StGB/*Eschelbach*, § 211 Rn. 34; MüKoStGB/*Schneider*, § 211 Rn. 115; *Fischer*, StGB, § 211 Rn. 16.

271 MüKoStGB/*Schneider*, § 211 Rn. 115; BeckOK StGB/*Eschelbach*, § 211 Rn. 34; LK-*Rissing-van Saan/Zimmermann*, § 211 Rn. 82; *Valerius*, Kultur und Strafrecht, S. 78.

der Täter seine Beweggründe gedanklich beherrschen und willensmäßig steuern können, wenn gefühlsmäßige oder triebhafte Regungen bei der Tatbegehung von Bedeutung sind.[272] Im Einzelfall ist auf die Motivation des Täters zum Zeitpunkt der mit Tötungsvorsatz begangenen Handlung abzustellen.[273] Der Täter wird nur selten von einzelnen Antrieben geleitet, sodass regelmäßig Motivbündel vorliegen.[274] Bei einem Motivbündel hat das Tatgericht das beherrschende Motiv festzustellen und gleichzeitig zu untersuchen, ob das bewusstseinsdominante Motiv als sonst niedriger Beweggrund einzustufen ist.[275] Bei einer Gefühlsregung, welche auf eine längere Auseinandersetzung des Täters mit dem Opfer zurückzuführen ist, kann die Festlegung des bewusstseinsdominierenden Tatmotivs schwierig sein.[276] Denn durch einen Rückschluss von äußeren Faktoren auf die innere Motivation des Täters besteht generell die Gefahr, dass die innere Einstellung des Täters nicht zutreffend erfasst werden kann.[277] Auch bei einem Ehrenmord ist das Zusammentreffen verschiedener Motive nicht unüblich, sodass die Feststellung, ob das bewusstseinsdominante Motiv als sonst niedriger Beweggrund einzustufen ist, ebenfalls im Einzelfall einer gründlichen Erörterung bedarf. Nicht selten tötet der Täter das Opfer zur Wiederherstellung der Familienehre aufgrund intensiven Drängens Dritter und nicht infolge seines eigenen Entschlusses. Dieser Umstand muss im Rahmen der Bewertung berücksichtigt werden.[278]

Die hier nur in Grundzügen skizzierten Grundlagen zur Bestimmung der sonst niedrigen Beweggründe verdeutlichen, dass die Bewertung der Motivgeneralklausel im Einzelfall nicht eindeutig bestimmbar ist und sich festgesetzten Auslegungsvorgaben entzieht. Daher ist zur Auslegung der sonst niedrigen Beweggründe umfangreiche Kasuistik entstanden, welche von der Rechtsprechung des Bundesgerichtshofs geprägt ist.[279] In diesem

---

272 BGHR StGB § 211 Abs. 2 niedrige Beweggründe 2 und 6; BGH NStZ 2012, 691 (692); BeckOK StGB/*Eschelbach*, § 211 Rn. 34; *Fischer*, StGB, § 211 Rn. 16; LK-*Rissing-van Saan/Zimmermann*, § 211 Rn. 82; MüKoStGB/*Schneider*, § 211 Rn. 115; *Steffen*, Strafrecht in einer multikulturellen Gesellschaft, S. 216; *Valerius*, Kultur und Strafrecht, S. 79; *Heise/Tiz*, famos 2019, S. 3.

273 BeckOK StGB/*Eschelbach*, § 211 Rn. 34.

274 MüKoStGB/*Schneider*, § 211 Rn. 83; *Heise/Tiz*, famos 2019, S. 3.

275 BeckOK StGB/*Eschelbach*, § 211 Rn. 32; MüKoStGB/*Schneider*, § 211 Rn. 83; *Eisele*, BT I, Rn. 91; *Wessels/Hettinger/Engländer*, BT I, Rn. 51; *Valerius*, JZ 2008, 912 (916); *Foljanty/Lembke*, KJ 2014, 298 (299 f.).

276 BeckOK StGB/*Eschelbach*, § 211 Rn. 31.

277 *Votteler*, Das Mordmerkmal der „sonst niedrigen Beweggründe“, S. 90.

278 *Valerius*, JZ 2008, 912 (916).

279 *Altvater*, NStZ 2002, 20 (23); *Kühl*, JuS, 2010, 1041 (1043).

Zusammenhang konstatiert *Eser*, dass die Bestimmung der Motivgeneralklausel sich zwar nicht jeder Rationalisierung, wohl aber einer verbindlichen Generalisierung entzieht.[280] Vor diesem Hintergrund plädieren einige Autoren für eine Streichung des Merkmals oder schlagen eine grundsätzliche Reformierung der Tötungsdelikte vor.[281] Hierzu wurden zwar bereits mehrere Referentenentwürfe erarbeitet, jedoch ist es bisher zu keinem konkreten Gesetzesvorhaben gekommen.[282] Jedenfalls erhob das Bundesverfassungsgericht im Hinblick auf die Bestimmtheit des Mordmerkmals keine Einwände.[283]

2. Sonst niedrige Beweggründe bei abweichenden Wertvorstellungen

Ferner ist zu untersuchen, ob bzw. inwieweit abweichende kulturelle Wertvorstellungen bei der Auslegung des Mordmerkmals der sonst niedrigen Beweggründe berücksichtigt werden können.[284] Nach der mittlerweile gefestigten Rechtsprechung des Bundesgerichtshofs ist der Maßstab für die Bewertung eines Beweggrundes den Vorstellungen der Rechtsgemeinschaft der Bundesrepublik Deutschland und nicht den Anschauungen einer Volksgruppe, welche die sittlichen und rechtlichen Werte dieser Rechtsgemeinschaft nicht anerkennt, zu entnehmen.[285] Durch das Abstellen auf allgemein sittliche Werte scheiden grundsätzlich gruppenspezifische Werturteile bei der Bewertung von niedrigen Beweggründen aus.[286] Ob ein Beweggrund des Täters niedrig ist, ist ein Werturteil, welches der Richter für die Gesellschaft fällt.[287] Dem Tatrichter steht ein Beurteilungs-

280 *Eser*, Gutachten D zum 53. Deutschen Juristentag, S. 41.

281 *Grünewald*, Das vorsätzliche Tötungsdelikt, S. 89 f. m.w.N.

282 *Eser*, Gutachten D zum 53. Deutschen Juristentag, S. 19 ff.; *Grünewald*, Reform der Tötungsdelikte, S. 1 ff.; *dies.*, AnwBl 2016, 608 ff.; *Deckers/Fischer/König/Bernsmann*, NStZ 2014, 9 (9 ff.); Bundesministerium der Justiz und für Verbraucherschutz (Hrsg.), Abschlussbericht der Expertengruppe zur Reform der Tötungsdelikte, 2015.

283 BVerfGE 54, 100 (112).

284 *Saliger*, StV 2003, 21 (22); ferner *Valerius*, JZ 2008, 912 (914).

285 BGH NJW 1995, 602 (602); NStZ 2002, 369 (370); NJW 2006, 1008 (1011); NStZ 2018, 92 (93); NStZ 2019, 206 (207); ferner *Fischer*, StGB, § 211 Rn. 29; *Burmeister*, Die schuldangemessene Bewertung von Ehrenmorden im deutschen Strafrecht, S. 78; *Valerius*, Kultur und Strafrecht, S. 80.

286 *Kühl*, JuS 2010, 1041.

287 A/W/H/H/*Hilgendorf*, BT, § 2 Rn. 69; *Mitsch*, in: Hdb. des Strafrechts Bd. 4, § 1 Rn. 24.

spielraum zu, welcher durch das Revisionsgericht durch eine eigene Erwägung nicht ausgefüllt werden kann.[288] Dabei stellt die Rechtsprechung auf allgemeine Wert- und Sittenvorstellungen ab.[289] Damit sind jene Vorstellungen gemeint, welche in der Rechtsgemeinschaft als sittlich verbindlich anerkannt sind.[290]

Ein sonst niedriger Beweggrund wird regelmäßig deshalb angenommen, wenn sich der Täter aufgrund eines bestimmten Verständnisses von Familienehre als „Vollstrecker" eines von ihm bzw. seiner Familie gefällten Todesurteils über die Rechtsordnung und einen anderen Menschen erhebt. Dies stuft die Tat als besonders verwerflich und sozial rücksichtslos ein, vor allem wenn allein ein Ehrenkodex handlungsbestimmend ist.[291] Somit stellt nach der höchstrichterlichen Rechtsprechung die Tötung des Opfers zur Wiederherstellung der Ehre objektiv einen sonst niedrigen Beweggrund dar.[292] Die fremdkulturellen Prägungen des Täters können nach der Rechtsprechung und der Literatur im subjektiven Tatbestand des Mordmerkmals berücksichtigt werden.[293] Der subjektive Tatbestand ist dann zu problematisieren, wenn der Täter in seiner heimatlichen Kultur derart verhaftet gewesen ist, dass er den Unwertgehalt seines Handelns nicht erkennen konnte. Grundsätzlich geht die Rechtsprechung davon aus, dass der Täter sich bei einem Ehrenmord der Verwerflichkeit seiner Motivation nach der Bewertung der deutschen Rechtsgemeinschaft bewusst ist.[294]

In der Vergangenheit hat der Bundesgerichtshof indes abweichende kulturelle Vorstellungen des Täters bei der Auslegung der sonst niedrigen

---

288 *Fischer*, StGB, § 211 Rn. 15a; LK-*Rissing-van Saan/Zimmermann*, § 211 Rn. 92; SK-*Sinn*, § 211 Rn. 22; krit. BeckOK StGB/*Eschelbach*, § 211 Rn. 30.

289 *Kühl*, JuS 2010, 1041; *Bosch*, JURA 2015, 803.

290 BeckOK StGB/*Eschelbach*, § 211 Rn. 29.1.

291 Vgl. *Foljanty/Lembke*, KJ 2014, 298 (299), welche verschiedene veröffentlichte und unveröffentlichte Urteile zu Tötungen aufgrund einer spezifischen Ehrvorstellung auswerten.

292 *Krey/Hellmann/Heinrich*, BT I, Rn. 53; *Oberwittler/Kasselt*, Ehrenmorde in Deutschland 1996-2005, S. 45.

293 *Pohlreich*, „Ehrenmorde" im Wandel des Strafrechts, S. 225; *Schorn*, Mord aus niedrigen Beweggründen bei fremden soziokulturellen Wertvorstellungen, S. 239; *Steffen*, Strafrecht in einer multikulturellen Gesellschaft, S. 220; *Wessels/Hettinger/Engländer*, BT I, Rn. 50.

294 MüKoStGB/*Schneider*, § 211 Rn. 113; *Votteler*, Das Mordmerkmal der „sonst niedrigen Beweggründe", S. 194; *Foljanty/Lembke*, KJ 2014, 298 (300).

Beweggründe nicht einheitlich berücksichtigt.[295] In den ersten Entscheidungen des Bundesgerichtshofs zu kulturell geprägten Tötungsdelikten wurden die Beweggründe des Täters nicht als niedrig bewertet. Denn die Annahme eines niedrigen Beweggrundes setze das Bewusstsein des Täters von diesen Beweggründen voraus, ohne dass er sie selbst zu bewerten brauche. Jedoch müsse der Täter zur Vornahme einer solchen Wertung überhaupt imstande sein, sodass Persönlichkeitsmängel grundsätzlich die Wertungsfähigkeit aufheben würden. Dies gelte vor allem bei Ausländern, welche sich noch im Stadium kultureller Anpassung befinden würden. Somit hat die Rechtsprechung zunächst fremdkulturelle Wertvorstellungen bei der Wertungsfähigkeit des ausländischen Täters berücksichtigt; gleichzeitig wurde diese Fähigkeit den Tätern aufgrund von Persönlichkeitsmängeln abgesprochen.[296]

Von dieser Judikatur distanzierte sich der Bundesgerichtshof im Jahre 1979.[297] Der Bundesgerichtshof befasste sich zum ersten Mal mit einem Tötungsdelikt, welches zur Wiederherstellung der Familienehre begangen wurde.[298] Ein türkischer Student weigerte sich die Schwester des Täters zu ehelichen, nachdem er sie geschwängert hatte. Der Vater der Tochter sah sich dadurch in seiner Ehre verletzt sowie dem Spott seiner Landsleute ausgesetzt. Daher drängte er seinen zur Tatzeit achtzehnjährigen Sohn zur Tötung des Studenten. Gemeinsam mit einem Freund, welcher als Spätaussiedler aus Polen überwiegend Kontakt mit Türken hatte und von ihnen anerkannt werden wollte, töteten sie den Studenten durch mehrere Messerstiche. Nach Auffassung des Gerichts durften die abweichenden kulturellen Vorstellungen des Täters, in denen er verhaftet war, im Rahmen der Gesamtwürdigung nicht außer Betracht bleiben. Das Tötungsmotiv der Angeklagten könne zwar nach den verbindlichen Wertungen in der Bundesrepublik Deutschland unverständlich sein, daraus folge aber nicht,

---

295 Vgl. ausführlich zu den sog. drei Phasen der Rechtsprechung zur Berücksichtigung der heimatlichen Anschauungen des Täters: *Baumeister*, Ehrenmorde, S. 141 ff.; *Burmeister*, Die schuldangemessene Bewertung von Ehrenmorden im deutschen Strafrecht, S. 64 ff.; *Çakir-Ceylan*, Gewalt im Namen der Ehre, S. 226 ff.; *Erbil*, Toleranz für Ehrenmörder?, S. 177 ff.; *Krais*, Blutrache und Strafrecht, S. 55 ff.; *Pohlreich*, „Ehrenmorde" im Wandel des Strafrechts, S. 216 ff; *Steffen*, Strafrecht in einer multikulturellen Gesellschaft, S. 217 ff.; *Valerius*, Kultur und Strafrecht, S. 72 ff.; *Saliger*, StV 2003, 21 (22 ff.); *Grünewald*, NStZ 2010, 1 (2); *Foljanty/Lembke*, KJ 2014, 298 (299 ff.).

296 Vgl. BGH MDR/*Holtz* 1977, 807 (810): „sizilianische Denkweisen"; dazu *Saliger*, StV 2003, 21 (22); ferner *Baumeister*, Ehrenmorde, S. 141 ff.

297 BGH NJW 1980, 537.

298 *Valerius*, Kultur und Strafrecht, S. 74.

dass ein solches Verhalten zwingend als besonders verwerflich bewertet werden müsse.[299] Somit konstatierte das Gericht, dass die abweichenden Anschauungen des Täters bereits objektiv im Rahmen der Bewertung der sonst niedrigen Beweggründe berücksichtigt werden müssen und gegebenenfalls Ausschlag dafür geben, dass die Beweggründe nicht als niedrig anzusehen sind.[300] Auf subjektiver Ebene sei es unerheblich, ob der Täter bei langjährigem Aufenthalt in Deutschland die Möglichkeit dazu hatte, sich mit den hiesig geltenden Wertvorstellungen vertraut zu machen. Vielmehr seien die tatsächlichen Beweggründe entscheidend.[301]

Zunächst wurde diese Rechtsprechung von den anderen Senaten des Bundesgerichtshofs übernommen.[302] Letztlich stellte jedoch der Bundesgerichtshof in einer Entscheidung aus dem Jahr 1994 zu einer Blutrachetötung fest, dass der Maßstab für die Bewertung eines Beweggrundes von den Vorstellungen der Rechtsgemeinschaft der Bundesrepublik Deutschland zu entnehmen ist.[303] Somit wurde ersichtlich, dass die kulturellen Wertvorstellungen des Täters nicht objektiv im Rahmen einer Gesamtwürdigung berücksichtigt werden, sondern auf subjektiver Tatseite.[304]

3. Motivationsbeherrschungspotential

Wie bereits erläutert, können abweichende Wertvorstellungen des Täters nach der aktuellen Rechtsprechung auf der subjektiven Ebene der Motivgeneralklausel berücksichtigt werden. Dafür muss sich der Täter zunächst der Umstände bewusst gewesen sein, welche seine Beweggründe als niedrig erscheinen lassen.[305] Nicht erforderlich ist jedoch, dass der Täter seine Beweggründe rechtlich als niedrig bewertet.[306] Vielmehr muss der Täter nach der Rechtsprechung des Bundesgerichtshofs in der Lage sein, bei gefühlsmäßigen oder triebhaften Regungen, diese Beweggründe

---

299 BGH NJW 1980, 537 (537).
300 BGH NJW 1980, 537 (537).
301 BGH NJW 1980, 537 (537); *Baumeister*, Ehrenmorde, S. 142.
302 *Valerius*, Kultur und Strafrecht, S. 76.
303 BGH NJW 1995, 602 (602).
304 *Valerius*, Kultur und Strafrecht, S. 76 f.
305 BGHR StGB § 211 Abs. 2 niedrige Beweggründe 6; BGH NStZ 2019, 82 (83); BeckOK StGB/*Eschelbach*, § 211 Rn. 34; *Fischer*, StGB, § 211 Rn. 82; MüKoStGB/*Schneider*, § 211 Rn. 115; *Valerius*, Kultur und Strafrecht, S. 78.
306 BeckOK StGB/*Eschelbach*, § 211 Rn. 34; *Valerius*, Kultur und Strafrecht, S. 78 f.

gedanklich zu beherrschen und willensmäßig zu steuern.[307] Das sog. *Motivationsbeherrschungspotential* bedarf bei spontanen Tatentschlüssen oder bei Beziehungstaten, welche aus längeren Auseinandersetzungen zwischen Partnern resultieren, einer präzisen Prüfung.[308] Bei Tatbegehungen, die unter stark affektiver Anspannung erfolgen, wird das Motivationsbeherrschungspotential grundsätzlich nicht auszuschließen sein, da nahezu jede Tötung affektbeladen ist.[309] Darüber hinaus kann das Motivationsbeherrschungspotential bei Tätern mit einem sehr niedrigen Intelligenzquotienten von Bedeutung sein.[310] Unter anderem ist nach der Rechtsprechung des Bundesgerichtshofs das Motivationsbeherrschungspotential bei denjenigen Tätern abzulehnen, die in ihren heimatlichen Anschauungen derart intensiv verhaftet sind, dass sie die in Deutschland gültigen abweichenden Wertvorstellungen nicht aufnehmen oder nachvollziehen können.[311]

Das Motivationsbeherrschungspotential wird von der Rechtsprechung als Ausfluss des Schuldprinzips verstanden und deshalb von der Literatur vielfach kritisiert.[312] Indem die Rechtsprechung auf die Einsichts- und Steuerungsfähigkeit des Täters abstellt, sind die gefühlsmäßigen sowie triebhaften Regungen des Täters strafrechtsdogmatisch im Rahmen der Schuld und nicht in der subjektiven Tatseite zu berücksichtigen.[313]

---

307 BGHR StGB § 211 Abs. 2 niedrige Beweggründe 6, 15, 26; BeckOK StGB/*Eschelbach*, § 211 Rn. 34; MüKoStGB/*Schneider*, § 211 Rn. 115; *Valerius*, Kultur und Strafrecht, S. 79.

308 *Hörnle*, Gutachten C für den 70. Deutschen Juristentag, S. 108; *Altvater*, NStZ 2006, 86 (90).

309 BeckOK StGB/*Eschelbach*, § 211 Rn. 31; LK-*Rissing-van Saan/Zimmermann*, § 211 Rn. 84; MüKoStGB/*Schneider*, § 211 Rn. 119;

310 *Hörnle*, Gutachten C für den 70. Deutschen Juristentag, S. 108.

311 BGH NJW 2004, 1466 (1467); BGH NJW 1995, 602 (603): Wonach bei einer Blutrache eine Verurteilung wegen Totschlags ausnahmsweise in Betracht kommt, wenn der Täter aus einem fremden Kulturkreis stammt, welcher die Blutrache duldet oder gar fordert und der Täter noch derart stark von den Vorstellungen und Anschauungen seiner Heimat beherrscht wurde, dass er sich von ihnen zur Tatzeit aufgrund seiner Persönlichkeit und der gesamten Lebensumstände nicht lösen konnte; MüKoStGB/*Schneider*, § 211 Rn. 111; *Hörnle*, Gutachten C für den 70. Deutschen Juristentag, S. 109.

312 MüKoStGB/*Schneider*, § 211 Rn. 119 ff.; *Burmeister*, die schuldangemessene Bewertung von Ehrenmorden im deutschen Strafrecht, S. 129 ff.; *Pohlreich*, „Ehrenmorde“ im Wandel des Strafrechts, S. 231; *Schorn*, Mord aus niedrigen Beweggründen bei fremden soziokulturellen Wertvorstellungen, S. 213; *Steffen*, Strafrecht in einer multikulturellen Gesellschaft, S. 221.

313 BeckOK StGB/*Eschelbach*, § 211 Rn. 34; *Hörnle*, Gutachten C für den 70. Deutschen Juristentag, S. 108; *Valerius*, Kultur und Strafrecht, S. 94 f.; *Trück*, NStZ 2004, 497 (499).

Durch das Abstellen auf die Einsichts- und Steuerungsfähigkeit und dem damit verbundenen Rückgriff auf §§ 20, 21 StGB wird das Motivationsbeherrschungspotential als diskriminierend moniert. Denn dadurch werden abweichende kulturelle Wertvorstellungen nach § 20 StGB mit *„einer krankhaften seelischen Störung [...] einer tiefgreifenden Bewusstseinsstörung [...] Schwachsinn[s] oder einer schweren anderen seelischen Abartigkeit“*[314] auf eine Stufe gestellt und mithin ausländische Täter gemeinhin pathologisiert.[315] Dahingegen wird beispielsweise bei einer Tötung zur Befriedigung des Geschlechtstriebs, welches ein im Gesetz konkretisierter niedriger Beweggrund ist,[316] das Motivationsbeherrschungspotential nicht gefordert (welches ohnehin in den meisten Fällen abzulehnen wäre). Vor diesem Hintergrund wird vorgeschlagen grundsätzlich die Rechtsprechung zum Motivationsbeherrschungspotential beim Mordmerkmal der niedrigen Beweggründe in allen Konstellationen und nicht lediglich bei Taten mit kulturellem Hintergrund aufzugeben.[317]

4. Unrechtsbewusstsein

a) Unrechtseinsicht bei abweichenden Wertvorstellungen

Nach der überwiegenden Ansicht in der Literatur ist die kulturelle Prägung des Täters im Rahmen des Unrechtsbewusstseins zu berücksichtigen.[318] Gemäß § 17 S. 1 StGB handelt der Täter ohne Schuld, wenn ihm bei Begehung der Tat die Einsicht fehlte, Unrecht zu tun und er diesen Irrtum nicht vermeiden konnte. Ist der Irrtum für den Täter vermeidbar gewesen, kann die Strafe nach § 49 Abs. 1 StGB gemildert werden. Zudem kann das Gericht die Strafe gemäß § 17 S. 2 StGB nach Ermessen mil-

314 Vgl. § 20 StGB a.F.; Am 01.01.2021 ist die neue Fassung des § 20 StGB durch das 60. StGBÄndG in Kraft getreten. In § 20 StGB wurde das Wort „Schwachsinns“ durch die Wörter „einer Intelligenzminderung“ und das Wort „Abartigkeit“ durch das Wort „Störung“ ersetzt, BGBl. I S. 2600.

315 *Çakir-Ceylan*, Gewalt im Namen der Ehre, S. 252; *Erbil*, Toleranz für Ehrenmörder?, S. 195; *Steffen*, Strafrecht in einer multikulturellen Gesellschaft, S. 221; *Valerius*, Kultur und Strafrecht, S. 95.

316 *Schütz*, JA 2007, 23 (25).

317 *Hörnle*, Gutachten C für den 70. Deutschen Juristentag, S. 110.

318 *Çakir-Ceylan*, Gewalt im Namen der Ehre, S. 252; *Erbil*, Toleranz für Ehrenmörder?, S. 196; *Krais*, Blutrache und Strafrecht, S. 83 ff.; *Valerius*, Kultur und Strafrecht, S. 95 f.; *Schulz*, NJW 2005, 551 (554); *Valerius*, JZ 2008, 912 (918); *Hilgendorf*, JZ 2009, 139 (141); *Grünewald*, NStZ 2010, 1 (9).

dern (fakultative Strafmilderung).[319] Für das Unrechtsbewusstsein reicht es nicht aus, dass der Täter sein Verhalten für sozialschädlich oder sittenwidrig hält.[320] Auch ist es nicht erforderlich, dass der Täter die einschlägige Rechtsnorm kennt, welche sein Verhalten erfasst.[321] Vielmehr ist nach der herrschenden Ansicht das Bewusstsein des Täters ausreichend, dass die Tat gegen eine verbindliche Wertordnung des Rechts verstößt und somit verboten ist. Die Kenntnis des rechtlichen Verbots kann sich zudem aus den Normen des Zivilrechts oder öffentlichen Rechts ergeben.[322] Ein Unrechtsbewusstsein liegt regelmäßig vor, wenn der Täter die Möglichkeit, Unrecht zu tun, billigend in Kauf nimmt.[323]

Mit einer abweichenden kulturellen Prägung geht per se keine fehlende Unrechtseinsicht des Täters einher, dies ist erst im Zuge einer Beweiswürdigung aufzuzeigen.[324] Auch hier gilt, dass die allgemeinen Grundsätze zur Unrechtseinsicht unberührt bleiben.[325] Deshalb kann dem Täter Unrechtseinsicht fehlen, wenn er von seinen heimatlichen Wertvorstellungen geprägt ist, welche sich von den inländischen Anschauungen unterscheiden. Es erscheint jedoch nicht billig, fehlende Unrechtseinsicht bei denjenigen Tätern anzunehmen, welche bereits längere Zeit in Deutschland gelebt haben. Denn derjenige, der sich bewusst von der Gesellschaft isoliert und sich dem Dialog mit der Mehrheitsgesellschaft entzieht, soll nicht privilegiert werden.[326] Als Indiz für die Unrechtseinsicht bei Tätern aus anderen Kulturkreisen wird regelmäßig die Rechtsordnung des Heimatlandes herangezogen. Ist ein bestimmtes Verhalten in der Rechtsordnung

---

319 *Heinrich*, AT, Rn. 1116; *Kaspar*, AT, § 7 Rn. 46; *Wessels/Beulke/Satzger*, AT, Rn. 735; *Zieschang*, AT, Rn. 344.

320 MüKoStGB/*Joecks*, § 17 Rn. 10; Sch/Sch/*Sternberg-Lieben/Schuster*, § 17 Rn. 4; LK-*Vogel*, § 17 Rn. 13 f.; *Rengier*, AT, § 31 Rn. 4.

321 Vgl. LK-*Vogel*, § 17 Rn. 15 m.w.N.

322 BGHSt 52, 227 (240); SK-*Rogall*, § 17 Rn. 9; *Hilgendorf/Valerius*, AT, § 8 Rn. 32; *Rengier*, AT, § 31 Rn. 5; Nach a.A. ist darüber hinaus das Bewusstsein der Sanktionierbarkeit erforderlich, MüKoStGB/*Joecks*, § 17 Rn. 14 f.; NK-*Neumann*, § 17 Rn. 21.

323 BGHR StGB § 17 Vermeidbarkeit 8 Rn. 36; *Fischer*, StGB, § 17 Rn. 5; Lackner/Kühl/*Kühl*, StGB, § 17 Rn. 4.

324 *Hörnle*, Gutachten C für den 70. Deutschen Juristentag, S. 70.

325 *Valerius*, Kultur und Strafrecht, S. 174; *Laubenthal/Baier*, GA 2000, 205 (206).

326 *Valerius*, Kultur und Strafrecht, S. 184; *Hilgendorf*, JZ 2009, 139 (141).

des Heimatlandes des Täters verboten, so kann sich der Täter nicht auf fehlende Unrechtseinsicht in Deutschland berufen.[327]

Problematisch ist jedoch der umgekehrte Fall. Es ist nicht gänzlich auszuschließen, dass eine Tat in einem fremden Kulturkreis als rechtmäßig und sozialadäquat anerkannt ist, welche aber mit der hiesigen Wertordnung des Rechts konfligiert. Dem Täter kann in einem derartigen Fall Unrechtseinsicht fehlen, wenn er mit der deutschen Rechtslage nicht vertraut gewesen ist.[328] Grundsätzlich wird jedoch bei schwerwiegendem Unrecht wie beispielsweise einem Ehrenmord angenommen, dass der Täter sich nicht über die deutsche Rechtsordnung irrt, sondern mangelnde Internalisierung vorliegt.[329] Darüber hinaus verliert die Rechtsordnung des jeweiligen Heimatlandes an Indizwirkung, wenn die gesellschaftlichen Normen im Vergleich zur Rechtsordnung eine dominante Bedeutung einnehmen.[330]

b) Unrechtseinsicht im Zusammenhang mit einem Mord aus sonst niedrigen Beweggründen

Obwohl für die Unrechtseinsicht die genaue Kenntnis des Norminhalts nicht erforderlich ist, muss diese jedoch den spezifischen Unrechtsgehalt des verwirklichten Delikts zum Gegenstand haben.[331] Deshalb liegt bei einem Mord aus sonst niedrigen Beweggründen ein Verbotsirrtum vor, wenn der Täter verkennt, dass er durch seine Tatmotivation über die Tötungshandlung hinaus einen zusätzlichen Unrechtsgehalt verwirklicht. Dem Täter muss somit bewusst sein, dass sein Beweggrund das Unrecht der Tat zusätzlich erhöht.[332] Dies setzt allerdings voraus, dass sich das Unrechtsbewusstsein nicht nur auf unrechtsbegründende, sondern auch auf unrechtserhöhende Tatbestände bezieht.[333] Die Unrechtseinsicht muss sich in der Regel auf den konkreten Tatbestand beziehen, sodass bei mehreren

---

327 *Valerius*, Kultur und Strafrecht, S. 185; a.A. *Hörnle*, Gutachten C für den 70. Deutschen Juristentag, S. 70 f.; zum Ganzen *Hilgendorf*, in: Hdb. des Strafrechts Bd. 4, § 26 Rn. 131 ff.

328 Vgl. AG Grevenbroich NJW 1983, 528 (529); LK-*Vogel*, § 17 Rn. 100.

329 NK-*Neumann*, § 17 Rn. 31; LK-*Vogel*, § 17 Rn. 100; *Hörnle*, Gutachten C für den 70. Deutschen Juristentag, S. 70.

330 *Hilgendorf*, in: Hdb. des Strafrechts Bd. 4, § 26 Rn. 133.

331 *Kindhäuser/Zimmermann*, AT, § 28 Rn. 9.

332 *Valerius*, Kultur und Strafrecht, S. 96 f.; *ders.*, JZ 2008, 912 (918).

333 *Valerius*, Kultur und Strafrecht, S. 98.

tateinheitlich zusammentreffenden Delikten das Unrechtsbewusstsein unterschiedlich vorhanden sein kann (*Teilbarkeit des Unrechtsbewusstseins*).[334]

Probleme in Bezug auf die Tatbestandsbezogenheit des Unrechtsbewusstseins ergeben sich indes bei qualifizierten Tatbeständen, welche einen eigenständigen Unrechtsgehalt beinhalten.[335] Nach der Rechtsprechung hat der Täter bei der Verwirklichung einer Qualifikation regelmäßig Unrechtseinsicht, wenn er die spezifische Rechtsgutsverletzung des Grundtatbestands erkennt.[336] Insbesondere bei Tatbeständen, welche auf einem gemeinsamen Grundtatbestand aufbauen, ist dies von großer Bedeutung. Der Täter kann in diesem Fall die Anwendung der Qualifikation nicht mit der Behauptung von sich abwenden, dass ihm das Bewusstsein zur Verwirklichung des schweren Unrechts fehlt.[337] Die Literatur fordert hingegen für den qualifizierten Tatbestand ein spezifisches Unrechtsbewusstsein des Täters.[338] Wenn der Täter das zusätzliche Unrecht des qualifizierten Tatbestandes nicht kennt, so ist er nicht in der Lage, seinen Willen durch den zusätzlichen Wertgehalt der qualifizierten Norm zu bestimmen.[339] Dies gilt jedenfalls bei Qualifikationsmerkmalen, welche ein vom Grundtatbestand nicht geschütztes Rechtsgut schützen und der Tat somit ein anderes Gepräge verleihen.[340] Mithin ist nach dieser Ansicht eine *vertikale Teilbarkeit* bezüglich der Qualität, nicht jedoch eine *horizontale Teilbarkeit* bezüglich der Quantität des verwirklichten Unrechts zulässig.[341]

Bei einem Mord aus sonst niedrigen Beweggründen ist von einer vertikalen Teilbarkeit des verwirklichten Unrechts auszugehen.[342] Die Tötung eines Menschen aus sonst niedrigen Beweggründen bedeutet keine quantitative Erhöhung des Unrechtsgehalts, da sich diese nicht nur auf die Beeinträchtigung des Rechtsguts Leben beschränkt. Vielmehr verleiht der Umstand, dass die Tötung eine deutliche Herabwürdigung des Tatopfers und

334 *Fischer*, StGB, § 17 Rn. 4; MüKoStGB/*Joecks*, § 17 Rn. 17; NK-*Neumann*, § 17 Rn. 35; LK-*Vogel*, § 17 Rn. 21 f.; *Krey/Esser*, AT, Rn. 720.

335 NK-*Neumann*, § 17 Rn. 36; *Valerius*, Kultur und Strafrecht, S. 98.

336 BGHR StGB § 17 Unrechtbewusstsein 4; BGH NJW 1996, 2084 (2806).

337 BGH NJW 1961, 1031 (1032 f.); *Fischer*, StGB, § 17 Rn. 4; BeckOK StGB/*Heuchemer*, § 17 Rn. 9.1.

338 MüKoStGB/*Joecks*, § 17 Rn. 18; NK-*Neumann*, § 17 Rn. 36; SK-*Rogall*, § 17 Rn. 13; Sch/Sch/*Sternberg-Lieben/Schuster*, § 17 Rn. 8; LK-*Vogel*, § 17 Rn. 22.

339 Vgl. MüKoStGB/*Joecks*, § 17 Rn. 18.

340 NK-*Neumann*, § 17 Rn. 37; *Valerius*, Kultur und Strafrecht, S. 98.

341 *Neumann*, in: Hdb. des Strafrechts Bd. 2, § 48 Rn. 47; NK-*ders.*, § 17 Rn. 37; zustimmend *Valerius*, Kultur und Strafrecht, S. 98 (Hervorhebungen durch den Verfasser).

342 *Valerius*, Kultur und Strafrecht, S. 99; *ders.*, JZ 2008, 912 (918).

seines Stellenwerts als selbstbestimmtes Individuum impliziert, der Tat einen Unrechtscharakter von anderer Qualität.[343] Denn dies ist gerade für die Motivgeneralklausel kennzeichnend und ein entscheidender Faktor, um die Tat nicht als einfachen Totschlag einzustufen, da ein schwerwiegendes Unrecht grundsätzlich jeder Tötungshandlung innewohnt. Somit verleiht ein Mord aus sonst niedrigen Beweggründen der Tat ein anderes Gepräge, sodass ein spezifisches Unrechtsbewusstsein des Täters erforderlich ist.

Diese Ausführungen setzen allerdings voraus, dass Mord und Totschlag im Verhältnis von Grundtatbestand und Qualifikation stehen. Nach der ständigen Rechtsprechung des Bundesgerichtshofs handelt es sich jedoch bei Mord und Totschlag um zwei selbstständige Straftatbestände.[344] Zugleich bestimmt das Mordmerkmal der sonst niedrigen Beweggründe der Rechtsprechung zufolge den besonderen Unwert der Tötung und hat im Vergleich zum Totschlag einen selbstständigen Unrechtsgehalt.[345] Aus diesem Grund müsste die Rechtsprechung ein spezifisches Unrechtsbewusstsein für die Motivgeneralklausel voraussetzen. Zum gleichen Ergebnis kommt die Literatur, welche Mord und Totschlag im Verhältnis von Grundtatbestand und Qualifikation einstuft,[346] sodass konsequenterweise ein spezifisches Unrechtsbewusstsein für die sonst niedrigen Beweggründe zu fordern ist.[347]

c) Vermeidbarkeit des Verbotsirrtums

Sofern ein Unrechtsbewusstsein des Täters im Einzelfall angenommen wird, ist im Anschluss die Vermeidbarkeit des Irrtums zu prüfen. Ein Verbotsirrtum ist vermeidbar, wenn der Täter unter dem zumutbaren Einsatz aller seiner geistigen Erkenntniskräfte und seiner sittlichen Wertvorstellungen nach den Umständen des Einzelfalls (sog. *Gewissensanspannung*), zur Unrechtseinsicht gelangen konnte.[348] An die Vermeidbarkeit des Ver-

---

343 *Valerius*, Kultur und Strafrecht, S. 99; a.A. NK-*Neumann*, § 211 Rn. 30a.

344 BGHSt 1, 368 (370ff.); BGH NStZ 1990, 277 (277); 2005, 381 (381); BGH StV 2006, 579 (583).

345 Vgl. BGH NJW 1952, 110 (110); 1958, 717 (718).

346 *Fischer*, StGB, Vor §§ 211-217 Rn. 2; NK-*Neumann*, Vor § 211 Rn. 154; MüKoStGB/*Schneider*, Vor § 211 Rn. 184; *Rengier*, BT II, § 4 Rn. 1.

347 A.A. NK-*Neumann*, § 211 Rn. 30a.

348 BGHSt 21, 18 (20); *Fischer*, StGB, § 17 Rn. 7 f.; *Hilgendorf/Valerius*, AT, § 8 Rn. 35; *Kaspar*, AT, § 7 Rn. 46; *Rengier*, AT, § 31 Rn. 19 f.

bortsirrtums stellt die Rechtsprechung hohe Anforderungen.[349] Überwiegend wird angenommen, dass zumindest bei Vorschriften des Kernstrafrechts, also bei den Straftatbeständen des StGB, ein Verbotsirrtum in der Regel vermeidbar ist.[350] In diesem Zusammenhang sind auf die Umstände des Einzelfalls sowie die individuellen Fähigkeiten des Täters abzustellen.[351] Bei Zweifeln zur Rechtmäßigkeit des Verhaltens trifft den Täter eine Erkundigungspflicht, die er bei einer verlässlichen Person oder Stelle einzuholen hat.[352] Dies setzt indes voraus, dass der Täter einen expliziten Anlass hatte, sich über die Rechtswidrigkeit seines Verhaltens Gedanken zu machen.[353] Hierfür sind bereits geringe Zweifel an der Rechtmäßigkeit des Verhaltens ausreichend.[354]

Angehörige anderer Kulturkreise können dabei nicht ihre Wertvorstellungen als Maßstab zugrunde legen. Vielmehr sind die Wertvorstellungen der inländischen Rechtsgemeinschaft maßgeblich.[355] Im Rahmen der Vermeidbarkeit sind Kriterien wie die Aufenthaltsdauer in Deutschland sowie das Maß der Integration in die deutsche Gesellschaft für den Fall zu berücksichtigen, dass der Täter von abweichenden kulturellen Wertvorstellungen geprägt ist.[356] Vor diesem Hintergrund kann bei Einwanderern aus der ersten Generation, welche sich kaum in die deutsche Gesellschaft integriert haben, die Unvermeidbarkeit des Verbotsirrtums durchaus relevant werden.[357] Letztlich bleibt es eine Frage des Einzelfalls. Auch wenn der Täter bereits seit längerer Zeit in Deutschland lebt und sich bewusst von der Gesellschaft isoliert hat, so ist es ihm jedenfalls zuzumuten, die elementaren Grundwerte der Mehrheitsgesellschaft zu erkunden. Zu diesen

---

349 *Heinrich*, AT, Rn. 1117; *Hilgendorf/Valerius*, AT, § 8 Rn. 36; *Kühl*, AT, § 13 Rn. 61; *Zieschang*, AT, Rn. 347.

350 LK-*Vogel*, § 17 Rn. 38; *Hilgendorf/Valerius*, AT, § 8 Rn. 36; *Kühl*, AT, § 13 Rn. 49; *Wessels/Beulke/Satzger*, AT, Rn. 735; *Laubenthal/Baier*, GA 2000, 205 (216).

351 Vgl. BeckOK StGB/*Heuchemer*, § 17 Rn. 35; LK-*Vogel*, § 17 Rn. 40; *Kindhäuser/Zimmermann*, AT, § 28 Rn. 15; *Wessels/Beulke/Satzger*, AT, Rn. 735.

352 BGH NJW 2017, 2463 (2464); *Fischer*, StGB, § 17 Rn. 13; NK-*Neumann*, § 17 Rn. 63; *Heinrich*, AT, Rn. 1118; *Hilgendorf/Valerius*, AT, § 8 Rn. 36; *Kaspar*, AT, § 7 Rn. 47; *Krey/Esser*, AT, Rn. 725; *Rengier*, AT, § 31 Rn. 26.

353 MüKoStGB/*Joecks*, § 17 Rn. 50; NK-*Neumann*, § 17 Rn. 62; SK-*Rogall*, § 17 Rn. 52; *Kühl*, AT, § 13 Rn. 62.

354 NK-*Neumann*, § 17 Rn. 63; SK-*Rogall*, § 17 Rn. 56.

355 BGH NJW 1953, 431 (432); SSW-*Momsen*, § 17 Rn. 2; LK-*Vogel*, § 17 Rn. 101; *Valerius*, Kultur und Strafrecht, S. 186.

356 *Kasselt*, Ehre im Spiegel der Justiz, S. 49; *Valerius*, Kultur und Strafrecht, S. 97; *Saliger*, StV 2003, 21 (25).

357 *Kasselt*, Ehre im Spiegel der Justiz, S. 49.

zählen das Recht auf körperliche Unversehrtheit sowie das Selbstbestimmungsrecht des Opfers, welche jeweils der Ehrenmörder nicht akzeptiert, sondern sich ein Besitzrecht über das Opfer zuspricht.[358] Mithin erscheint bei einem längeren Aufenthalt in Deutschland ein Verbotsirrtum vermeidbar, wenn der Täter durch sein Verhalten Leib oder Leben verletzt.[359]

Probleme bei der Bestimmung der Vermeidbarkeit können darüber hinaus entstehen, wenn sich dem Täter keine Zweifel bezüglich der Rechtmäßigkeit seines Verhaltens aufdrängen. In diesem Fall kann auch eine Gewissensanspannung des Täters nicht dazu führen, dass dieser zur Unrechtseinsicht gelangt.[360] Die Vermeidbarkeit des Verbotsirrtums kann also bei einem *Überzeugungs-* bzw. *Gewissenstäter* problematisch werden.[361] Während sich der Überzeugungstäter aufgrund von moralischer, religiöser, kultureller oder naturrechtlicher Legitimation zur Handlung berechtigt fühlt, nimmt der Gewissenstäter an, dass er zur Handlung verpflichtet ist.[362] Bei einem Ehrenmord fühlt sich der Täter dazu verpflichtet, aber auch berechtigt, die Frau zur Wiederherstellung der Ehre zu töten.[363] Ein Ehrenmörder kann somit sowohl als Überzeugungs- als auch als Gewissenstäter klassifiziert werden. Bei einem Überzeugungs- und Gewissenstäter ist jedoch die Kenntnis von der Existenz eines rechtlichen Verbots grundsätzlich nicht auszuschließen.[364] Eine abweichende Überzeugung des Täters entlastet diesen nicht dahingehend, die widerstreitenden Wertentscheidungen des Gesetzgebers hinzunehmen.[365] Dies gilt insbesondere, wenn sich der Überzeugungstäter auf eine außerrechtliche Legitimation beruft, die im eklatanten Widerstreit zur verfassungsmäßigen Ordnung steht. Darüber hinaus kann sich ein Gewissenstäter im Falle eines Ehrenmordes nach der hiesigen Wertordnung des Rechts nicht die Pflicht aufbürden, eine Frau zur Wiederherstellung seiner (Familien-)Ehre zu töten. Der Täter kann sich zwar auf sein Gewissen berufen, welches von

---

358 Vgl. *Valerius*, Kultur und Strafrecht, S. 97.

359 Vgl. SK-*Rogall*, § 17 Rn. 60; *Krais*, Blutrache und Strafrecht, S. 91; *Valerius*, JZ 2008, 912 (918); *Hilgendorf*, JZ 2009, 139 (141).

360 Vgl. *Erbil*, Toleranz für Ehrenmörder?, S. 60; *Valerius*, Kultur und Strafrecht, S. 188; *ders.*, NStZ 2003, 341 (344).

361 *Neumann*, in: Hdb. des Strafrechts Bd. 2, § 48 Rn. 50.

362 BeckOK StGB/*Heuchemer*, § 17 Rn. 16; MüKoStGB/*Joecks*, § 17 Rn. 21; NK-*Neumann*, § 17 Rn. 40.

363 Die folgenden Ausführungen können zum größten Teil auf die Blutrache übertragen werden.

364 MüKoStGB/*Joecks*, § 17 Rn. 21.

365 Vgl. NK-*Neumann*, § 17 Rn. 42.

religiösen oder kulturellen Einflüssen geprägt ist. Dies steht jedoch nicht der Vermeidbarkeit des Verbotsirrtums entgegen, weil der Täter bewusst gegen die Rechtsordnung handelt.[366] Ein Ehrenmörder kann sich aus den genannten Gründen somit nicht auf eine Unvermeidbarkeit des Verbotsirrtums berufen. Nach herrschender Ansicht liegt bei Überzeugungs- und Gewissenstätern grundsätzlich kein unvermeidbarer Verbotsirrtum vor.[367]

Im Übrigen ist es generell zu problematisieren, bei der Vermeidbarkeit des Verbotsirrtums auf individuelle Maßstäbe abzustellen. Vorzugswürdig ist vielmehr auf das Kriterium der äußeren Anlässe zu rekurrieren.[368] Wenn sich der Täter auf fehlendes Unrechtsbewusstsein beruft, ist zu prüfen, ob ein Anlass gegeben war, welcher den Täter zum Hinterfragen der Rechtmäßigkeit seines Verhaltens motivieren sollte.[369] Ein derartiger Anlass liegt jedenfalls bei Taten vor, welche einen nicht unerheblichen Eingriff in zentrale Freiheitsrechte wie Leben, körperliche Integrität und Freiheit nach sich ziehen.[370] Unabhängig von der Kultur oder Religion ist es dem Täter in solchen Fällen zuzumuten, sich der geltenden Rechtsordnung in dem jeweiligen Land zu vergewissern. Da nicht wenige Täter generell die Verbindlichkeit der hier befindlichen Rechtsordnung ablehnen, haben sie keinen Anlass, ihr Verhalten zu hinterfragen. Dies kann und soll den Täter allerdings nicht entlasten.[371] Ungeachtet dessen würde sich beispielsweise ein Ehrenmörder nur im Ausnahmefall auf eine fehlende Unrechtseinsicht berufen, da dies mit seiner Tatintention im Widerspruch steht. Ein Ehrenmörder möchte seinem sozialen Umfeld gerade durch die Tat verdeutlichen, dass er entschlossen seine Reputation wiederhergestellt hat. Wenn er vor Gericht Reue oder Zweifel an der Rechtmäßigkeit seiner Tat vortragen würde, so könnte ihm sein soziales Umfeld mangelnde Authentizität anlasten und somit sein Ansehen beschädigen.

---

366 *Neumann*, in: Hdb. des Strafrechts Bd. 2, § 48 Rn. 51.

367 BeckOK StGB/*Heuchemer*, § 17 Rn. 16; LK-*Vogel*, § 17 Rn. 95; *Krey/Esser*, AT, Rn. 722.

368 *Hörnle*, Gutachten C für den 70. Deutschen Juristentag, S. 73; ferner LK-*Vogel*, § 17 Rn. 101.

369 *Hörnle*, Gutachten C für den 70. Deutschen Juristentag, S. 73.

370 Vgl. dazu OLG Stuttgart NJW 2006, 2422 (2423); LK-*Vogel*, § 17 Rn. 101; *Hörnle*, Gutachten C für den 70. Deutschen Juristentag, S. 73 f.

371 Krit. *Hilgendorf*, in: Hdb. des Strafrechts Bd. 4, § 26 Rn. 137.

5. Abgrenzung zur Tötung des Intimpartners

In unserer Gesellschaft sind Tötungen des (ehemaligen) Intimpartners keine Rarität und gehören zum festen Bestandteil des Kriminalitätsgeschehens.[372] Die häufigsten Ursachen für eine Intimpartnertötung sind zum einen die bekundete Trennungsabsicht des Partners und zum anderen eine wahrgenommene sexuelle Untreue.[373] Nach der höchstrichterlichen Rechtsprechung ist die Tötung des Intimpartners, welcher sich vom Täter abwenden will, nicht zwangsläufig als Mord aus sonst niedrigen Beweggründen zu bewerten.[374] Insbesondere kann ein sonst niedriger Beweggrund bei der Tötung des Intimpartners abgelehnt werden, wenn für den Täter die Trennung von seinem Ehe- bzw. Lebenspartner nunmehr endgültig erscheint, sodass die Tötung aus höchster Verzweiflung und vermeintlicher Ausweglosigkeit begangen wird.[375] Nach der Rechtsprechung des Bundesgerichtshofs kann zudem ein gegen die Niedrigkeit des Beweggrundes sprechender Umstand vorliegen, wenn die Trennung vom Tatopfer ausgegangen ist.[376]

Wie bereits gezeigt, können eine bekundete Trennungsabsicht sowie eine wahrgenommene Ehrverletzung (durch sexuelle Untreue) ebenfalls einen Ehrenmord nach sich ziehen. Vor diesem Hintergrund drängt sich die Frage auf, ob eine unterschiedliche rechtliche Bewertung beider Taten opportun ist.[377] Denn grundsätzlich gilt als Maßstab für die Auslegung der Motivgeneralklausel, dass Gefühlsregungen auf keinem nachvollziehbaren Grund beruhen, also menschlich nicht mehr nachvollziehbar sein dürfen.[378] Während dieser Beurteilungsspielraum von vornherein bei Taten, welche zur Wiederherstellung der vermeintlich verletzten Ehre erfolgen, verengt wird (da diese Motivation fremd und unverständlich ist), ist der Beurteilungsspielraum bei Tötungen des Intimpartners weit geöff-

---

372 *Kasselt*, Ehre im Spiegel der Justiz, S. 19 f.

373 *Oberwittler/Kasselt*, Ehrenmorde in Deutschland 1996-2005, S. 20.

374 BGH NStZ 2019, 518 (519): „Auch die Tötung des Intimpartners, der sich vom Täter abwenden will oder abgewendet hat, muss nicht zwangsläufig als durch niedrige Beweggründe motiviert bewertet werden.“; MüKoStGB/*Schneider*, § 211 Rn. 105 m.w.N.

375 MüKoStGB/*Schneider*, § 211 Rn. 105; SK-*Sinn*, § 211 Rn. 25; *Krey/Hellmann/Heinrich*, BT I, Rn. 43; *Wessels/Hettinger/Engländer*, BT I, Rn. 49.

376 *Grünewald*, NStZ 2019, 518 (520).

377 *Oberwittler/Kasselt*, Ehrenmorde in Deutschland 1996-2005, S. 20; *Foljanty/Lembke*, KJ 2014, 298 (308).

378 BeckOK StGB/*Eschelbach*, § 211 Rn. 30; MüKoStGB/*Schneider*, § 211 Rn. 105; *Foljanty/Lembke*, KJ 2014, 298 (309).

net (da der Beweggrund unerfreulich, aber tendenziell emotional nachvollziehbar ist).[379] Daher ist es zunächst erforderlich, Gemeinsamkeiten und Unterschiede beider Taten aufzuzeigen, um im Anschluss der Frage nachzugehen, ob eine rechtliche Würdigung beider Taten auf einen gemeinsamen Nenner gebracht werden kann bzw. sollte. Dafür werden hier nur solche Ehrenmorde berücksichtigt, welche der Ehemann aufgrund einer vermeintlich verletzten Ehre an der Frau eigenhändig vollzieht, da diese Fallkonstellationen mit Intimpartnertötungen vergleichbar sind (*Ehrenmorde im weiteren Sinne*).

a) Gemeinsamkeiten und Unterschiede

Zunächst lässt sich bei beiden Taten eine erhöhte Gewaltbereitschaft der Täter beobachten. So wurde bei einem Ehrenmord eine Frau mit 48 Messerstichen getötet, weil sich das Opfer vom Täter scheiden lassen wollte.[380] In einem Fall der Intimpartnertötung tötete der Täter, ungeachtet der Anwesenheit der fünfjährigen Tochter sowie abwehrhilfsbereiter Nachbarn, seine Ehefrau mit einem Hackmesser durch zahlreiche gegen den Kopf und Hals gerichtete Schläge.[381] Der Täter gab der Ehefrau die Schuld für sein erfolgloses Leben und wollte sie daher töten. Die zu beobachtende Brutalität resultiert insbesondere aus ständigen Auseinandersetzungen zwischen den Beteiligten.[382] Sowohl spontane als auch geplante Tatbegehungen sind bei beiden Delikten üblich.[383] Das fundamentale Motiv beider Taten ist jedoch der männliche Besitz- und Kontrollanspruch über die Frau sowie ihrer Sexualität.[384] Besonders in patriarchalischen Gesellschaften manifestiert sich dieser Anspruch in Misshandlungen sowie Gewaltanwendungen oder im Extremfall durch die Tötung der Frau.[385] Bei beiden Tatmotiven wird die Gesinnung der Täter offenkundig, welche die (Ehe-)Frau lediglich als Objekt betrachtet, an dem sie sich selbst exklusive Besitzansprüche zusprechen und damit den personalen Eigenwert des

379 *Foljanty/Lembke*, KJ 2014, 298 (309).
380 BGH NJW 2004, 1466 (1466).
381 BGH NStZ 2004, 497 (497).
382 MüKoStGB/*Schneider*, § 211 Rn. 101; *Valerius*, Kultur und Strafrecht, S. 65.
383 *Oberwittler/Kasselt*, Ehrenmorde in Deutschland 1996-2005, S. 21.
384 *Yazgan*, Mord ohne Ehre, S. 39.
385 *Oberwittler/Kasselt*, Ehrenmorde in Deutschland 1996-2005, S. 21.

Individuums völlig missachten.[386] Eine weitere Gemeinsamkeit besteht darin, dass bei beiden Taten bereits Gerüchte bezüglich einer vermeintlichen sexuellen Untreue (und die damit einhergehende vermeintliche Ehrverletzung) ausreichen, um die Tat zu dynamisieren.[387] Zudem ist auffällig, dass die Täter meistens während der Beziehung sehr eifersüchtig sowie gewalttätig sind, sodass die Opfer über viele Jahre hinweg Gewalt und Misshandlungen durch die Täter erfahren.[388] Letztlich sind beide Taten Ausdruck eines auf patriarchalischen Werten beruhenden Besitzanspruchs des Täters gegenüber seiner Partnerin.[389]

Ein signifikanter Unterschied zwischen beiden Taten ist in den meisten Fällen der kollektive Rückhalt. Während Ehrenmorde meistens von den Familienmitgliedern gebilligt und teilweise unterstützt werden, fehlt ein entsprechender kollektiver Rückhalt für den Täter, welcher seinen (ehemaligen) Intimpartner töten möchte.[390] Nur in äußerst seltenen Fällen wird bei einer Intimpartnertötung der Täter durch Familienangehörige oder Freunde bei der Tatbegehung unterstützt. Grundsätzlich werden Intimpartnertötungen jedoch vom sozialen Umfeld des Täters moniert.[391] Bei Intimpartnertötungen fehlt somit der soziale Druck zur Tatbegehung, welcher gerade signifikant für einen Ehrenmord sein kann. Die vom patriarchalischen Wertesystem geprägte Gesellschaft des Täters ächtet den Täter, wenn er nicht dazu bereit ist, sein Ansehen durch die Tötung des Opfers zu rehabilitieren.[392] Im Fall einer Intimpartnertötung tötet der Täter das Opfer aufgrund der Verletzung seines männlichen Stolzes, während der Ehrenmörder nicht nur seine eigene Ehre, sondern auch das Ansehen der ganzen Familie wiederherstellen will.[393]

Bei Intimpartnertötungen können zusätzliche Aspekte wie finanzielle Abhängigkeit oder Sorgerechtsstreitigkeiten eine Rolle spielen.[394] Ein zusätzliches Tatmotiv bei einem Ehrenmord kann hingegen der Umstand

---

386 MüKoStGB/*Schneider*, § 211 Rn. 104; *Kasselt*, Ehre im Spiegel der Justiz, S. 20; *Schneider*, djbZ 2015, 20 (21); *Heise/Tiz*, famos, 2019, S. 5 f.

387 *Oberwittler/Kasselt*, Ehrenmorde in Deutschland 1996-2005, S. 122.

388 *Grünewald*, Das vorsätzliche Tötungsdelikt, S. 24; *Oberwittler/Kasselt*, Ehrenmorde in Deutschland 1996-2005, S. 127.

389 *Oberwittler/Kasselt*, Ehrenmorde in Deutschland 1996-2005, S. 122; *Kasselt*, Ehre im Spiegel der Justiz, S. 20.

390 *Kasselt*, Ehre im Spiegel der Justiz, S. 20; *Schneider*, djbZ 2015, 20 (21).

391 *Kasselt*, Ehre im Spiegel der Justiz, S. 20.

392 *Oberwittler/Kasselt*, Ehrenmorde in Deutschland 1996-2005, S. 21 und S. 122.

393 *Kasselt*, Ehre im Spiegel der Justiz, S. 20.

394 *Oberwittler/Kasselt*, Ehrenmorde in Deutschland 1996-2005, S. 125.

sein, dass der Täter infolge der Scheidung seine Aufenthaltserlaubnis in Deutschland verliert. Denn der Verlust der Aufenthaltserlaubnis führt dazu, dass der Täter ohne seine Frau in die Heimat zurückkehren muss und somit von seinem sozialen Umfeld der eingetretene Ehrverlust wahrgenommen wird. Um dies zu verhindern tötet der Täter das Opfer, damit er diesem ein Fehlverhalten im Hinblick auf seine Ehre zur Last legen kann, anstatt sein Ansehen in der Heimat zu verlieren.[395]

Des Weiteren liegt zwischen beiden Delikten ein erheblicher Unterschied bei Versöhnungsversuchen vor. Grundsätzlich wollen beide Täter das Opfer unmittelbar vor der Tat zur Aufrechterhaltung der Beziehung überreden.[396] Zugleich nehmen sie sich vor das Opfer zu töten, falls es entschieden die Versöhnung ablehnt.[397] Für einen Ehrenmörder ist eine Versöhnung jedoch ausgeschlossen, wenn die Frau zwischenzeitlich (sexuelle) Kontakte zu anderen Männern hatte oder nach Auffassung des Täters die Verletzung seiner Ehre auf andere Weise erfolgte und dies im sozialen Umfeld publik wurde. Denn durch die Versöhnung kann er seine Ehre nicht wiederherstellen, sondern setzt sein Ansehen nach dem spezifischen Ehrverständnis weiter herab, da er nicht dazu bereit war, seine Ehre durch Tötung der Frau wiederherzustellen.

Faktisch sind die Unterschiede zwischen beiden Taten nicht gravierend. Teilweise können beide Taten durch einen kollektiven Rückhalt unterstützt werden, wobei dies bei Intimpartnertötungen eher die absolute Ausnahme darstellt. Daher sind als wesentliche Abgrenzungskriterien der kollektive Rückhalt für die Tatbegehung sowie das Vorliegen eines spezifi-

---

395 Vgl. BGH NJW 2004, 1466: Als dem Angeklagten drohte, aufgrund der Scheidung zurück in seine Heimat kehren zu müssen, empfand er dies als demütigend und drohte dem Opfer mehrfach, dass wenn er zurück in die Heimat müsse, dann werde er „eine Leiche mitnehmen".

396 Ähnlich wie im Fall Sürücü. Die Familie versuchte oft, Hatun zu „besinnen", indem sie aufgefordert wurde, zurück nach Hause zu kommen, das Kopftuch zu tragen und ihr Kind nach den traditionellen Wertvorstellungen zu erziehen. Im Unterschied zu hier, hatte sich ihr Ex-Mann dagegen für sie nicht mehr interessiert.

397 Vgl. BGH NStZ, 2019, 518 (518): Der Täter bittet seine Frau die Beziehung nicht zu beenden, sie beharrt jedoch auf ihrem Entschluss. Anschließend begibt sie sich auf den Weg zur Arbeitsstelle. Der Täter folgt ihr, um einen letzten Versuch zu unternehmen, sie umzustimmen. Er nimmt sich vor, sie mit dem mitgeführten Messer zu töten, falls sie ihm keine letzte Chance gibt. Als der Täter letztlich erkennt, dass er seine Frau nicht umstimmen kann, tötet er sie durch mehrere Messerstiche; ferner *Oberwittler/Kasselt*, Ehrenmorde in Deutschland 1996-2005, S. 127.

schen Ehrkonzepts heranzuziehen.[398] Die bewusstseinsdominanten Motive bei beiden Taten sind zum einen das Besitzdenken gegenüber der Frau und zum anderen die vermeintlich verletzte Ehre bzw. der vermeintlich verletzte Stolz des Mannes. Vor dem Hintergrund der skizzierten Gemeinsamkeiten beider Taten lässt sich schließlich festhalten, dass die Unterschiede im Grundsatz marginal sind.

b) Rechtliche Würdigung

aa) Objektive Ebene der Motivgeneralklausel

Im Folgenden sind beide Taten in ihrer rechtlichen Würdigung gegenüberzustellen. Bei dem Mordmerkmal der sonst niedrigen Beweggründe wird zwischen der objektiven und subjektiven Seite differenziert. Zunächst ist zu untersuchen, ob beide Taten in ihrer objektiven Auslegung trotz bestehender Gemeinsamkeiten grundlegend unterschiedlich bewertet werden können. Grundsätzlich gilt, dass Beweggründe zur Tat im Sinne des § 211 Abs. 2 Gr. 1 Var. 4 StGB niedrig sind, wenn sie nach allgemein sittlicher Wertung auf tiefster Stufe stehen und deshalb besonders verachtenswert sind. Ob Beweggründe zur Tat niedrig sind und somit in deutlich weiterreichendem Maße als bei einem Totschlag verachtenswert erscheinen, wird infolge einer Gesamtwürdigung aller äußeren sowie inneren für die Handlungstriebe des Täters maßgeblichen Faktoren, insbesondere der Umstände der Tat, der Lebensverhältnisse des Täters und seiner Persönlichkeit, ermittelt. Gefühlsregungen wie Enttäuschung, Hass, Rache, Verärgerung, Wut oder Zorn können als niedrige Beweggründe eingestuft werden, wenn sie ihrerseits auf einer niedrigen Gesinnung beruhen, also menschlich nicht (mehr) verständlich sind.[399]

(1) Intimpartnertötung

Im Rahmen der rechtlichen Würdigung einer Intimpartnertötung prüft das Gericht im Einzelfall, ob die Tat aufgrund einer Gesamtwürdigung aller äußeren und inneren Handlungstriebe des Täters als Mord aus niedri-

---

398 *Kasselt*, Ehre im Spiegel der Justiz, S. 21 f.

399 BGHR StGB § 211 Abs. 2 niedrige Beweggründe 47; BGH NStZ 2019, 82 (82 ff.) (st. Rspr.).

gen Beweggründen einzustufen ist. Dafür wird zunächst differenziert, ob es sich um eine Spontantat handelt, etwa aus Verzweiflung infolge einer plötzlich bekundeten Trennungsabsicht durch das Opfer oder ob der Täter die Frau zur Bestrafung für die gescheiterte Beziehung tötet bzw. damit sie „keiner haben kann".[400] Wenn die Tat primär *reaktiv* motiviert ist, weil sich der Täter durch das Opfer gekränkt, gedemütigt oder im Stich gelassen fühlt und die Tötung sich somit als Ausdruck von menschlich nachvollziehbaren Gefühlsregungen wie Verzweiflung oder Verletzung erzeigt, werden niedrige Beweggründe unter Berücksichtigung der Gesamtumstände grundsätzlich abgelehnt.[401] Dahingegen ist bei *intentionalen* Motiven des Täters, etwa dem Bestreben, dass das Opfer die Beziehung nicht beendet oder eine Beziehung zu einem anderen Mann eingeht, die Annahme von niedrigen Beweggründe naheliegend, da der Täter somit seinen vermeintlichen Besitzanspruch über die Frau zum Ausdruck bringt.[402] Denn bei Intimpartnertötungen, die auf ein (pathologisches) Besitzdenken des Mannes zurückzuführen sind, ist zudem eine gedankliche Parallele zum Mordmerkmal der Habgier nicht fernliegend, wenn der Täter das Opfer ausschließlich tötet, damit es keine andere Beziehung eingeht bzw. „keiner sie haben soll".[403] Dadurch beansprucht der Täter exklusive Besitzansprüche über die Frau, sodass er sie wie einen Gegenstand behandelt und somit in ihrer Menschenwürde herabsetzt. Mithin tötet der Täter die Frau oder den neuen Partner für ein über das normale Maß hinausgehende Gewinnstreben (hier: die Verfügungsgewalt über die Frau) und verwirklicht einen vom Gesetzgeber konkretisierten niedrigen Beweggrund.

Eine regelmäßig vorkommende Fallgruppe im Rahmen der Intimpartnertötungen ist die (teilweise pathologische) Eifersucht des Täters. Dabei handelt es sich um eine Gefühlsregung, welche im Leben von nahezu jedem aus eigener Erfahrung bekannt ist und sich schnell entladen kann.[404] Wenn der eifersüchtige Täter das Opfer planmäßig, von hemmungsloser Eigensucht getrieben sowie ohne nachvollziehbaren Anlass tötet, da die Beziehung zum Opfer zerstört ist, wird ein sonst niedriger Beweggrund

---

400 MüKoStGB/*Schneider*, § 211 Rn 106; *Krey/Hellmann/Heinrich*, BT I, Rn. 43; *Rengier*, BT II, § 4 Rn. 40.; *Bosch*, JURA 2015, 803 (809); *Heise/Tiz*, famos 2019, S. 3.

401 MüKoStGB/*Schneider*, § 211 Rn. 106; *Votteler*, Das Mordmerkmal der „sonst niedrigen Beweggründe", S. 160.

402 BGH NStZ 2019, 82 (83); MüKoStGB/*Schneider*, § 211 Rn. 106; *Votteler*, Das Mordmerkmal der „sonst niedrigen Beweggründe", S. 160; *Altvater*, NStZ 2002, 20 (23); *Bosch*, JURA 2015, 803 (809).

403 MüKoStGB/*Schneider*, § 211 Rn. 106; *Schütz*, JA 2007, 23 (25).

404 *Kühl*, JuS 2010, 1041 (1045).

in der Regel angenommen.[405] Im Gegensatz dazu kann die Niedrigkeit des Beweggrundes abzulehnen sein, wenn die Tötung Ausdruck vermeintlicher Verzweiflung des Täters ist, da für ihn das Scheitern der Beziehung überraschend und unfassbar erscheint sowie dieser vom Opfer enttäuscht bzw. verletzt wurde.[406]

Die bisherigen Ausführungen haben gezeigt, dass von einer schematischen Bewertung der Tatmotive grundsätzlich abzusehen und stattdessen eine genaue Untersuchung im Einzelfall durchzuführen ist.[407] Insbesondere bei Intimpartnertötungen werden Täter von mehreren Motiven geleitet, sodass oftmals Motivbündel vorliegen. Daraus folgt, dass unterschiedliche Motive sich wechselseitig beeinflussen und gegenseitig überlagern können.[408] Bei einem Motivbündel ist auf Grundlage einer Gesamtwürdigung aller maßgebenden Faktoren das bewusstseinsdominierende Motiv zu ermitteln und im Anschluss zu prüfen, ob dieses Motiv als sonst niedriger Beweggrund einzustufen ist.[409] Für den Fall, dass kein bewusstseinsdominierender Beweggrund vorliegt, kann ein Mord aus niedrigen Beweggründen nur dann angenommen werden, wenn sämtliche Beweggründe rechtlich niedrig zu qualifizieren sind. Liegen im Einzelfall sowohl niedrige als auch menschlich verständliche Motive vor und lässt sich ein Hauptmotiv nicht eindeutig ermitteln, so kann ein Mord aus sonst niedrigen Beweggründen nicht angenommen werden.[410]

Ein weiteres maßgebliches Kriterium für die rechtliche Bewertung von Intimpartnertötungen ist das Opferverhalten. Nach der Rechtsprechung des Bundesgerichtshofs liegt ein gegen die Niedrigkeit sprechender Umstand vor, wenn die Trennung vom Opfer ausgeht.[411] Zudem ist zu berücksichtigen, ob das Opfer dem Täter einen Anlass zur berechtigten Eifersucht oder Kränkung gibt.[412] Dies ist beispielsweise dann relevant, wenn das Opfer die Trennungsabsicht durch zutiefst kränkende Worte

---

405 *Krey/Hellmann/Heinrich*, BT I, Rn. 43; *Schütz*, JA 2007, 23 (25); *Foljanty/Lembke*, KJ 2014, 298 (310); *Bosch*, JURA 2015, 803 (809).

406 MüKoStGB/*Schneider*, § 211 Rn. 105; *Votteler*, Das Mordmerkmal der „sonst niedrigen Beweggründe", S. 162 f.; *Schütz*, JA 2007, 23 (25).

407 *Fischer*, StGB, § 211 Rn. 28a.

408 MüKoStGB/*Schneider*, § 211 Rn. 83.

409 LK-*Rissing-van Saan/Zimmermann*, § 211 Rn. 60 f.; MüKoStGB/*Schneider*, § 211 Rn. 83; *Kühl*, JuS 2010, 1041 (1047); *Bosch*, JURA 2015, 803 (808).

410 BGHR StGB § 211 Abs. 2 niedrige Beweggründe 20; BeckOK StGB/*Eschelbach*, § 211 Rn. 31; *Fischer*, StGB, § 211 Rn. 19; MüKoStGB/*Schneider*, § 211 Rn. 83; *Bosch*, JURA 2015, 803 (808).

411 BGH NStZ 2019, 518 (519).

412 *Bosch*, JURA 2015, 803 (809).

artikuliert und den Täter dadurch provoziert. Eine spontane Gewalttat, welche aus einer solchen Provokation resultiert, kann demnach im Einzelfall nicht strafschärfend bewertet werden, da das Opfer maßgeblich zum Entstehen der Tatsituation beiträgt. Die Schwelle zur Provokation darf indes nicht zu niedrig angesetzt werden, sodass ein bloßer Kontakt zu fremden Männern nicht ausreichend ist.[413] Schließlich können bereits wenige Nuancen entscheidend sein, um die Niedrigkeit des Beweggrundes bei Intimpartnertötungen unterschiedlich zu bewerten.[414]

(2) Ehrenmorde

Die rechtliche Bewertung von Ehrenmorden ist im Gegensatz zu Intimpartnertötungen nicht diffizil.[415] Nach der aktuellen Rechtsprechung sind die abweichenden Wertvorstellungen des Täters für die Beurteilung der Motivgeneralklausel auf objektiver Ebene nicht maßgeblich.[416] Der Beweggrund des Ehrenmörders verdeutlicht ein eklatantes Missverhältnis zwischen Anlass und Tat, da der Täter dem menschlichen Leben weniger Wert als der eigenen (Familien-)Ehre einräumt. Daraus folgt zum einen, dass der Täter eine prinzipielle Nichtachtung menschlichen Lebens vorweist und zum anderen eine sehr geringe Hemmschwelle hat, einen Menschen zu töten. Die bekundete Trennungsabsicht des Opfers, welche ebenfalls einen Ehrenmord nach sich ziehen kann, wirkt sich nicht auf die rechtliche Beurteilung aus. Zudem ist aus der Perspektive der hiesigen Rechtsgemeinschaft das vermeintliche Fehlverhalten des Opfers, ein selbstbestimmtes Leben führen zu wollen, sich von einer Beziehung trennen zu dürfen bzw. zu können, nicht zu beanstanden.[417] Daher stellt das Verhalten des Opfers keinen gegen die Niedrigkeit sprechenden Umstand dar und entlastet den Ehrenmörder somit nicht. Mithin ist bei einem Ehrenmord das Mordmerkmal der sonst niedrigen Beweggründe objektiv regelmäßig verwirklicht.[418]

---

413 MüKoStGB/*Schneider*, § 211 Rn. 105.

414 MüKoStGB/*Schneider*, § 211 Rn. 72; *Votteler*, Das Mordmerkmal der „sonst niedrigen Beweggründe“, S. 163; *Schütz*, JA 2007, 23 (25).

415 *Burmeister*, Die schuldangemessene Bewertung von Ehrenmorden im deutschen Strafrecht, S. 78.

416 *Steffen*, Strafrecht in einer multikulturellen Gesellschaft, S. 220.

417 *Valerius*, Kultur und Strafrecht, S. 104 f.

418 *Oberwittler/Kasselt*, Ehrenmorde in Deutschland 1996-2005, S. 45; *Steffen*, Strafrecht in einer multikulturellen Gesellschaft, S. 219 f.; *Valerius*, Kultur und Straf-

Problematisch ist indes, dass die rechtliche Beurteilung von Ehrenmorden grundsätzlich auf die dargestellten Ausführungen limitiert wird. Im Gegensatz zu Intimpartnertötungen erfolgt keine ausführliche Prüfung, ob die Beweggründe des Täters menschlich in irgendeiner Weise nachvollziehbar sind. Vielmehr wird die kulturelle Wertvorstellung des Täters der Wertvorstellung der hiesigen Rechtsgemeinschaft gegenübergestellt und letztere stärker gewichtet.[419] Zunächst ist festzuhalten, dass auch bei einem Ehrenmord zwischen reaktiven und intentionalen Beweggründen des Täters zu differenzieren ist. Denn auch bei einem Ehrenmord im weiteren Sinne ist eine Spontantat infolge einer Provokation durch das Opfer möglich. Dies ist dann der Fall, wenn die Frau sich vom Mann abwendet, Kontakt zu fremden Männern aufnimmt sowie seine Annäherungsversuche vehement ablehnt. Das Opfer kann ebenfalls die Trennungsabsicht durch kränkende Worte artikulieren und den Täter dadurch provozieren. Der Unterschied zu Intimpartnertötungen ist aber, dass der Ehrenmörder seine verletzte Ehre als tatauslösenden Grund benennen wird und nicht auf Gefühlsregungen wie Kränkung, Wut oder vermeintliche Verzweiflung rekurriert. Es ist jedoch nicht fernliegend, diese Gefühlsregungen auf Ehrenmorde zu übertragen. Denn nicht wenige Ehrenmorde sind letztlich Ausdruck einer vermeintlichen Ausweglosigkeit des Täters. Sowohl beim Ehrenmord als auch bei einer Intimpartnertötung wird deutlich, dass die Täter nicht mit dem Lebenswandel der Frau umgehen können und dies zur Verzweiflung führt bzw. eine vermeintliche Ausweglosigkeit darstellt. Die Partnerin bekundet selbstbewusst ihre Trennungsabsicht und trifft sich gegebenenfalls mit anderen Männern (oder Frauen), wodurch dem Täter zunehmend bewusst wird, dass er der Frau nicht Einhalt gebieten

---

recht, S. 105; *Dietz*, NJW 2006, 1385 (1386); *Grünewald*, NStZ 2010, 1 (3); *Foljanty/Lembke*, KJ 2014, 298 (311).

419 In einem Fall hatte ein sizilianischer Täter seine Ex-Frau aus Eifersucht und aus Weigerung, die Trennung zu akzeptieren getötet. Das Gericht stellte fest, dass das Verhalten des Angeklagten ein in Sizilien typisches Verhalten sei, da eine Art von Besitzdenken gegenüber der Ehefrau herrsche und Fremdgehen bestraft werde. In seinem Urteil hatte das Gericht seine Ausführungen nicht nur auf die spezifischen Wertvorstellungen des Täters beschränkt, sondern befasste sich mit den Beweggründen als solche, unabhängig von der Herkunft des Täters. Erst im nächsten Schritt wurde zur Herkunft des Täters Stellung genommen. Wobei das Gericht feststellte, dass die Wertvorstellungen der Bundesrepublik Deutschland maßgeblich seien und dass der Täter ohnehin bereits seit fünfundzwanzig Jahren durchgehend in Deutschland gelebt habe, sodass er sich nicht auf die Wertvorstellungen seiner Heimat berufen könne, vgl. LG Köln, Urteil vom 03.07.2013 - 105 Ks 18/12, abrufbar bei BeckRS 2013, 197475.

kann (jedenfalls nicht ohne Gewalt). Wie bereits gezeigt, kann Verzweiflung und vermeintliche Ausweglosigkeit nach der Rechtsprechung des Bundesgerichtshofs zur Ablehnung der sonst niedrigen Beweggründe führen.[420]

Diese Gefühlsregungen führen nicht ohne Weiteres zur Ablehnung der Motivgeneralklausel, sondern werden im Einzelfall kritisch untersucht.[421] Deshalb muss die Tötung des Partners nicht notwendig Ausdruck von Verzweiflung oder vermeintlicher Ausweglosigkeit sein, sondern den selbstzugesprochenen Besitzanspruch des Täters demonstrieren („wenn ich sie nicht habe, soll sie keiner haben").[422] Aus diesem Grund ist bei beiden Tathintergründen eine Gesamtbetrachtung aller inneren und äußeren Handlungstriebe des Täters notwendig. Dieser Beurteilungsspielraum wird bei einem Ehrenmord auf objektiver Ebene prinzipiell beschränkt, während dies bei Intimpartnertötungen nicht der Fall ist.[423]

bb) Subjektive Ebene der Motivgeneralklausel

Auf subjektiver Ebene der Motivgeneralklausel muss sich der Täter der Umstände, welche die Tatmotivation als besonders verwerflich erscheinen lassen, bewusst gewesen sein sowie die Bedeutung seiner Beweggründe und Ziele für die Bewertung der Tat erfasst haben. Des Weiteren ist es erforderlich, dass der Täter gefühlsmäßige und triebhafte Regungen gedanklich beherrschen sowie willensmäßig steuern kann. Unerheblich ist indes, ob der Täter seine Beweggründe selbst als niedrig bewertet.[424] Der unterschiedliche Beurteilungsspielraum auf objektiver Ebene beider Taten, die viele Gemeinsamkeiten aufzeigen, setzt sich auf subjektiver Ebene fort. Bei Intimpartnertötungen liegen regelmäßig Motivbündel vor, welche im Einzelfall einen weiteren Beurteilungsspielraum eröffnen.[425] Denn regelmäßig wird geprüft, ob der Täter nach einer intensiven Auseinandersetzung und unter Einfluss starker Emotionen in der Lage gewesen ist, seine gefühlsmäßigen Regungen, welche sein Handeln bestimmen, gedanklich zu beherrschen und willensmäßig zu steuern (Motivationsbeherr-

420 BGH NStZ 2004, 34 (34).
421 MüKoStGB/*Schneider*, § 211 Rn. 105; *Foljanty/Lembke*, KJ 2014, 298 (311).
422 *Kudlich*, JA 2019, 794 (795); ferner *Sütçü*, Zwangsheirat und Zwangsehe, S. 132.
423 *Foljanty/Lembke*, KJ 2014, 298 (309).
424 *Rengier*, BT II, § 4 Rn. 87.
425 *Foljanty/Lembke*, KJ 2014, 298 (311).

schungspotential).[426] Indem das Gericht dieser Frage im Rahmen seiner rechtlichen Würdigung nachgeht, besteht zumindest die Möglichkeit, dass diese Fähigkeit dem Täter abgesprochen wird.[427]

Daher kann im Einzelfall den Gefühlsregungen des Täters bei Intimpartnertötungen eine essenzielle Bedeutung zukommen.[428] Dagegen wird bei Ehrenmorden regelmäßig die Prüfung der Motivgeneralklausel in der subjektiven Ebene auf die divergierende Wertvorstellung des Täters beschränkt.[429] Es wird nicht ausreichend berücksichtigt, ob der Täter aufgrund des Einflusses starker Emotionen wie Enttäuschung, Hass, Rache, Wut, Verärgerung, Zorn oder vermeintlicher Ausweglosigkeit imstande war, seine Gefühlsregungen gedanklich zu beherrschen und willensmäßig zu steuern. Vielmehr wird untersucht, ob der Täter von den heimatlichen Wertvorstellungen geprägt ist, sodass er sich von ihnen zur Tatzeit nicht lösen konnte.[430] Diese limitierte Prüfung führt indes bei Ehrenmorden nicht immer zu einer vertretbaren Lösung. Daher bedarf es im Einzelfall einer differenzierten Erörterung und genauen Untersuchung der Tatmotivation.

cc) Folgen

Die unterschiedliche rechtliche Bewertung beider Taten wirkt sich auf die Verurteilung aus. Eine empirische Untersuchung zur richterlichen Bewertung von Ehrenmorden in Deutschland kommt zu dem Ergebnis, dass seit 2002 bei Ehrenmorden im Gegensatz zur Intimpartnertötungen die Verhängung lebenslanger Freiheitsstrafe signifikant angestiegen ist.[431] Demnach sind die deutlich härteren Sanktionen für Ehrenmorde auf eine Entscheidung des Bundesgerichtshofs vom Februar 2002 zurückzuführen.[432] Denn in diesem Urteil bestätigte der Bundesgerichtshof die

---

426 Vgl. *Hörnle*, Gutachten C für den 70. Deutschen Juristentag, S. 108.

427 *Foljanty/Lembke*, KJ 2014, 298 (312).

428 Vgl. BGH NStZ 2009, 568 (569); NJW 2004, 1466 (1468); NStZ 2004, 34 (34).

429 *Foljanty/Lembke*, KJ 2014, 298 (312).

430 *Fischer*, StGB, § 211 Rn. 29b; *Erbil*, Toleranz für Ehrenmörder?, S. 186; *Bosch*, JURA 2015, 803 (811).

431 *Kasselt/Oberwittler*, MschrKrim 2014, 203 (211 ff.); ferner *Fischer*, StGB, § 211 Rn. 30; *Foljanty/Lembke*, KJ 2014, 298 (308 ff.).

432 *Kasselt/Oberwittler*, MschrKrim 2014, 203 (215 f.); die genannte Entscheidung BGH NStZ 2002, 369 (369 f.).

Grundsatzentscheidung aus dem Jahr 1994,[433] wonach Ehrenmorde grundsätzlich als sonst niedriger Beweggrund im Sinne des § 211 Abs. 2 Gr. 1 Var. 4 StGB einzustufen sind und nur ausnahmsweise eine Verurteilung wegen Totschlags in Betracht kommt. Die Wiederholung dieses Grundsatz-Ausnahme-Verhältnisses aus dem Jahre 1994 wirkte sich entscheidend auf die Rechtsprechung der Landgerichte aus, da ein solcher Rechtsprechungswandel vorher nicht wahrgenommen wurde.[434]

Eine vergleichbare Entwicklung ist bis heute bei Intimpartnertötungen nicht zu verzeichnen. Es bleibt abzuwarten, ob bzw. inwieweit sich der gesellschaftspolitische Diskurs, welcher zunehmend Gewalt gegen Frauen (*Intimzide*[435] und *Femizide*[436]) thematisiert sowie rügt, auf die Rechtsprechung auswirkt und daher schärfere Sanktionen mit sich bringt. Darüber hinaus sind genderpolitische Argumente ein wichtiger Aspekt in der Diskussion über die Reform der Tötungsdelikte, weil ein Großteil der Opfer Frauen sind, die infolge des patriarchalischen Besitzdenkens der Männer getötet werden.[437]

c) Fazit

Die faktische sowie rechtliche Gegenüberstellung von Ehrenmorden und Intimpartnertötungen zeigt, dass sich die zentralen Tatanlässe nicht erheblich unterscheiden. Sowohl Ehrenmorde im weiteren Sinne als auch Intimpartnertötungen sind Beziehungstaten.[438] Der essenzielle Kern beider Taten ist letztlich ein auf patriarchalen Werten beruhender Besitzanspruch des Täters gegenüber der Partnerin, den sich der Täter selbst zuspricht. Für beide Taten sind bereits Gerüchte im Hinblick auf die sexuelle Untreue der Partnerin ausreichend.[439] Zudem können Eifersucht, Enttäuschung, Hass, Rache, Wut, Verzweiflung, Zorn oder vermeintliche Ausweglosigkeit für beide Tatanlässe relevant sein. Die Unterschiede sind zum einen, dass bei Intimpartnertötungen grundsätzlich der kollektive Rückhalt durch das soziale Umfeld fehlt und zum anderen, dass Ehren-

---

433 BGH NJW 1995, 602 (602).

434 *Kasselt*, Ehre im Spiegel der Justiz, S. 45; *Kasselt/Oberwittler*, MschrKrim 2014, 203 (215).

435 Die Tötung des Intimpartners.

436 Die Tötung von Frauen aufgrund ihres Geschlechts.

437 *Schneider*, djbZ 2015, 20 (24).

438 *Dienstbühl*, Ehrgewalt in Deutschland, S. 55.

439 *Oberwittler/Kasselt*, Ehrenmorde in Deutschland 1996-2005, S. 122.

morde nicht auf (Ehe-)Partnerinnen begrenzt sind. Vielmehr kommen Tötungen der eigenen Schwestern bzw. Töchter zur Wiederherstellung der vermeintlich verletzten (Familien-)Ehre des Täters in Betracht (Ehrenmorde im engeren Sinne).

Die rechtliche Gegenüberstellung beider Taten zeigt auf, dass eine schematische Bewertung von Tatmotiven nicht opportun ist. Während Verzweiflung als Beweggrund nicht generell zur Annahme der Motivgeneralklausel führt, kann Wut nicht per se als niedriger Beweggrund eingestuft werden. Zumal sich die Gefühlsregungen oftmals überschneiden und dadurch der bewusstseinsdominierende Beweggrund nicht immer eindeutig bestimmbar ist.[440] Die Wiederherstellung der (Familien-)Ehre muss nicht immer das bewusstseinsdominierende Motiv zur Tötung sein. Denn wie bereits aufgezeigt, tötet der Täter seine Partnerin nicht immer zur Wiederherstellung der (Familien-)Ehre, sondern aufgrund eines kollektiven Drucks,[441] aufgrund eines ihn prägenden Besitzdenkens über die Partnerin oder infolge von Verzweiflung über den Lebenswandel der Frau. Im Gegensatz zu einem Ehrenmord ist die rechtliche Bewertung von Intimpartnertötungen in einem Prozess grundsätzlich strittig.[442] Bei beiden Taten können jedoch Motivbündel vorliegen, welche möglicherweise zum Ausschluss der niedrigen Beweggründe führen.[443] Dennoch wird nach der aktuellen Rechtsprechung ein Ehrenmord inzwischen als Regelbeispiel für die Motivgeneralklausel angesehen, eine Intimpartnertötung hingegen nicht zwangsläufig.[444]

Insbesondere bei Taten, welche aus intentionalen Gründen begangen werden, ist vor dem Hintergrund der skizzierten Gemeinsamkeiten zwischen Intimpartnertötungen und Ehrenmorden eine differenzierte Betrachtung der rechtlichen Würdigung geboten. So wie Hass, Wut, Verzweiflung oder „berechtigte" Eifersucht bei einer Intimpartnertötung per se keine strafmildernden Umstände sein dürfen (sondern eine Gesamtbetrachtung erforderlich ist), so gestattet lediglich die Berufung auf die wiederherzustellende Ehre des Täters keine strafschärfende Kategorisierung der Tat. Im Kern beider Tathintergründe liegt ein patriarchalisches Verständnis von Geschlechterrollen, welche mit den Wertvorstellungen der hiesigen Rechtsgemeinschaft konfligiert. Diese divergierende Wertvorstel-

---

440 *Fischer*, StGB, § 211 Rn. 28a.

441 So auch *Valerius*, Kultur und Strafrecht, S. 88; *ders.*, JZ 2008, 912 (916).

442 *Foljanty/Lembke*, KJ 2014, 298 (309).

443 Vgl. BGH NStZ-RR 2007, 14 (15): „facettenreiches Motivbündel".

444 *Foljanty/Lembke*, KJ 2014, 298 (311).

lung des Täters wird ausschließlich bei (fremden) Ehrenmördern konstatiert, während dies bei Tätern ohne fremdkulturelle Prägung nicht immer der Fall ist.[445]

In beiden Fällen ist bei mehreren Motiven die Tatmotivation des Täters genau zu bestimmen und anschließend zu prüfen, ob das Hauptmotiv des Täters im Einzelfall als sonst niedriger Beweggrund einzustufen ist. Dabei sollte auf eine Pönalisierung der Tat allein auf Grundlage von Kategorisierungen verzichtet werden.[446] Schließlich lässt sich bei beiden Taten, die auf intentionale Beweggründe zurückzuführen sind, ein sonst niedriger Beweggrund annehmen, da der Täter durch die Tat einen vermeintlichen Besitzanspruch über die Frau zum Ausdruck bringt und eine sehr geringe Hemmschwelle zur Vernichtung eines Lebens vorweist.[447] Umgekehrt sollte die rechtliche Würdigung von Intimpartnertötungen nicht dazu führen, dass Ehrenmorde milder bestraft werden. Beide Taten sind besonders verachtenswert und rechtfertigen keine Abstufung zum Totschlag.

II. Stellungnahme zur rechtlichen Beurteilung von Ehrenmorden

1. De lege lata

Nach überwiegender Auffassung ist ein Ehrenmord als Mord aus sonst niedrigen Beweggründen einzustufen. Nur in äußerst seltenen Fällen wird bei einem Ehrenmord Totschlag nach § 212 StGB in Erwägung gezogen. Die Tötung eines Menschen zur Wiederherstellung der (Familien-)Ehre verdeutlicht ein unerträgliches Missverhältnis zwischen Anlass und Tat.[448] Zudem stellt der Täter sein Bedürfnis nach sozialer Anerkennung in seinem gesellschaftlichen Umfeld über das Leben des Opfers und zeigt somit eine geringe Hemmschwelle zur Tötung eines Menschen auf.[449] Zur Auslegung der Motivgeneralklausel werden die Vorstellungen der Rechtsgemeinschaft herangezogen und nicht von moralischen Maßstäben abhängig gemacht.[450] Die aktuelle rechtliche Beurteilung der Motivgeneralklausel, welche allgemein sittliche Werte zur Auslegung des Tatbestan-

445 *Foljanty/Lembke*, KJ 2014, 298 (312).
446 *Fischer*, StGB, § 211 Rn. 30; *Hörnle*, Gutachten C für den 70. Deutschen Juristentag, S. 100 f.
447 *Kasselt*, Ehre im Spiegel der Justiz, S. 20; *Lembke*, NK 2009, 109 (111).
448 *Valerius*, Kultur und Strafrecht, S. 104 f.
449 *Valerius*, JA 2008, 912 (914).
450 *Hörnle*, Gutachten C für den 70. Deutschen Juristentag, S. 104 ff.

des heranzieht, wird mangels Bestimmbarkeit kritisiert.[451] Denn allgemein sittliche Werte sind in einer sich zunehmend pluralisierenden Gesellschaft nicht ohne Weiteres bestimmbar. Insbesondere in einer Zeit, in der fundamentale Werte Gegenstand von zahlreichen Diskussionen sind, suggeriert das Abstellen auf allgemein sittliche Werte falsche Gewissheit.[452] Die sittliche Bewertung einer Tat aufgrund der herkömmlichen Auslegung der Motivgeneralklausel erlaubt aber einen außerrechtlichen Bezugspunkt auf die Sozialethik, welche keine sachgerechte Beurteilung eines Tötungsbeweggrundes begründen kann.[453] Die Literatur hat zur Bestimmung der Motivgeneralklausel Leitprinzipien generiert, welche von der Rechtsprechung im Einzelfall aufgegriffen werden, ohne selbst ein Leitprinzip festzulegen.[454]

Vor diesem Hintergrund ist zu untersuchen, ob Ehrenmorde de lege lata rechtlich substanziiert beurteilt werden können, ohne dabei auf eine vermeintlich bestimmbare Sozialethik zu rekurrieren. Dies lässt sich durch die Bewertung der Tat mittels einer *Zweck-Mittel-Relation* realisieren.[455] Hierfür ist im Einzelfall zu untersuchen, ob zwischen Anlass und Tat ein unerträgliches Missverhältnis besteht, welches die Tat als besonders verachtenswert qualifiziert.[456] Ein Ehrenmord ist für die hiesige Gesellschaft gerade deshalb besonders verwerflich und verachtenswert, weil der Täter aufgrund eines spezifischen Ehrkonzepts einem anderen Menschen das verfassungsrechtlich geschützte Selbstbestimmungsrecht abspricht, sich Besitzrechte zuschreibt sowie durch die Tat auf Anerkennung seines sozialen Umfelds abzielt. Des Weiteren ist bei Tötungen aus Gründen der Ehre besonders verwerflich, dass der Täter das höchste Rechtsgut Leben zulasten der Ehre abwägt. Nach den Vorstellungen der Rechtsgemeinschaft steht dieser Beweggrund sittlich auf tiefster Stufe und verdient daher keine Abstufung zum Totschlag. Mithin steht die verletzte Ehre des Täters als Anlass in einem unerträglichen Missverhältnis zur Tat, welche durch die Tötung des Opfers die Ehre des Täters wiederherstellen soll. Für dieses Er-

451 *Helmers*, HRRS 2016, 90 (91); *Heise/Tiz*, famos 2019, S. 3.

452 *Hörnle*, Gutachten C für den 70. Deutschen Juristentag, S. 103.

453 *Schneider*, in: Abschlussbericht der Expertengruppe zur Reform der Tötungsdelikte, 2015, S. 839.

454 Zu den Leitprinzipien im Überblick: MüKoStGB/*Schneider*, § 211 Rn. 73 ff.

455 Vgl. MüKoStGB/Schneider, § 211 Rn. 79.

456 BeckOK StGB/*Eschelbach*, § 211 Rn. 29; *Fischer*, StGB, § 211 Rn. 18; MüKoStGB/*Schneider*, § 211 Rn. 79; *Kühl*, JuS 2010, 1041 (1043).

gebnis bedarf es keiner weiteren moralischen Legitimation; das Abstellen auf die Vorstellungen der Rechtsgemeinschaft ist hierfür ausreichend.[457]

Als Leitprinzip zur Bestimmung der Motivgeneralklausel wird an der Zweck-Mittel-Relation indes kritisiert, dass es für den Zweck keinen gesetzlichen Anknüpfungspunkt gebe, welcher die Tötung besonders verwerflich erscheinen lasse.[458] Aus dem Gesetz kann tatsächlich kein direkter Anknüpfungspunkt entnommen werden, welcher die Tötung aufgrund eines spezifischen Ehrkonzepts besonders verwerflich erscheinen lässt und somit zu einem Mord qualifiziert. Die besondere Verwerflichkeit der Tat kann allerdings aus der objektiven Wertentscheidung des Gesetzgebers herangezogen werden, woraus wichtige Hinweise zur Abwägung der betroffenen Rechtsgüter abzuleiten sind.[459] Aus dieser ergibt sich, dass das menschliche Leben als ranghöchstes Rechtsgut weder qualitativ noch quantitativ einer Abwägung zugänglich ist.[460] Im Gegensatz zu einem Totschlag wägt der Ehrenmörder das Leben des Opfers mit seiner vermeintlich verletzten Ehre vor der Tat ab. Teilweise entscheidet sogar die Familie, dass der Täter die Frau zur Wiederherstellung der Familienehre töten soll. Ein gesetzlicher Anknüpfungspunkt zur Bestimmung der Zweck-Mittel-Relation ist somit durch die objektive Wertentscheidung des Gesetzgebers geschaffen, da diese Abwägung des Täters im Einzelfall besonders verwerflich ist.

Dieses Ergebnis lässt sich auch durch die gesetzlich normierten Mordmerkmale aufzeigen. Einvernehmlich ist den subjektiven Mordmerkmalen, dass der Täter das Leben des Opfers mit seiner Gesinnung abwägt und beschließt, aufgrund dieser Abwägung die Tat zu begehen. Wenn also das Tatmotiv des Täters Gewinnstreben um jeden Preis ist, so liegt grundsätzlich das Mordmerkmal Habgier vor.[461] In diesem Fall führt die Abwägung des Täters zwischen persönlichem Vermögensvorteil einerseits und Leben des Opfers andererseits zur Tat. Nach der objektiven Wertordnung des Gesetzgebers ist dieses Abwägungsergebnis (und auch die Gesinnung des Täters) besonders verwerflich und folglich als Mord einzustufen. Der Abwägungsmaßstab für die Zweck-Mittel-Relation lässt sich darüber hinaus auch aus dem materiellen Strafrecht, beispielsweise aus § 34 S. 1 StGB,

457 Vgl. MüKoStGB/*Schneider*, § 211 Rn. 109.

458 Vgl. MüKoStGB/*Schneider*, § 211 Rn. 79; *Kühl*, JuS 2010, 1041 (1043).

459 *Fischer*, StGB, § 34 Rn. 13; MüKoStGB/*Erb*, § 34 Rn. 138 ff.; Sch/Sch/*Perron*, StGB, § 34 Rn. 43.

460 *Fischer*, StGB, § 34 Rn. 14; LK-*Zieschang*, § 34 Rn. 65.

461 *Fischer*, StGB, § 211 Rn 10; *Kindhäuser/Hilgendorf*, LPK-StGB, § 211 Rn. 11.

entnehmen. Die Reihenfolge der in § 34 S. 1 StGB genannten Rechtsgüter gibt wichtige Hinweise für die objektiv-rechtliche Wertentscheidung. Daraus ergibt sich unter anderem auch, dass das menschliche Leben als höchstes Rechtsgut einer Abwägung grundsätzlich nicht zugänglich ist.[462] Wenn unter Berücksichtigung der Wertordnung des Gesetzgebers sowie des materiellen Strafrechts die Zweck-Mittel-Relation als taugliches Leitprinzip angenommen wird, so können Ehrenmorde de lege lata rechtlich vertretbar beurteilt werden ohne auf eine Sozialethik zu rekurrieren.

2. Reform der Tötungsdelikte

Eine weitere Möglichkeit zur vertretbaren Beurteilung von Ehrenmorden kann durch eine Reform der Tötungsdelikte geschaffen werden. Aufgrund der unter anderem bereits genannten Kritik zum Mordmerkmal der sonst niedrigen Beweggründe, sind Reformdiskussionen zu den Tötungsdelikten vermehrt Gegenstand zahlreicher Diskussionen.[463] De lege ferenda schlägt beispielsweise *Schneider* vor, die Motivgeneralklausel durch das Einführen weiterer subjektiver Mordmerkmale zu konkretisieren.[464] Nach überwiegender Ansicht tragen die gesetzlich normierten subjektiven Mordmerkmale zur Konkretisierung der Motivgeneralklausel bei.[465] Subjektive Mordmerkmale durch weitere höchststrafwürdige Tatmotivationen zu präzisieren, wirkt sich auf die Beurteilung der sonst niedrigen Beweggründe entlastend aus, da somit eine gesetzlich fixierte Auslegungsvorlage geschaffen wird.

Darüber hinaus könnte dadurch die notwendige Flexibilität der Motivgeneralklausel gewährleistet werden, die in einer zunehmend pluralisierenden Gesellschaft unerlässlich ist.[466] Die Vergangenheit hat auf drastische Weise illustriert, dass sich kulturelle sowie religiöse Vielfalt nicht nur positiv auf die Gesellschaft auswirken können. Vielmehr wird unsere Gesellschaft mit neuen Taten bzw. Tatmotiven konfrontiert, die nicht auf den Konsens der Mehrheitsgesellschaft stoßen und rechtliche Probleme

---

462 Vgl. *Fischer*, StGB, § 34 Rn. 13 f.

463 Überblick zur Reformdiskussion *Fischer*, StGB, Vor §§ 211-217 Rn. 3 ff.

464 *Schneider*, in: Abschlussbericht der Expertengruppe zur Reform der Tötungsdelikte, 2015, S. 841 ff.

465 BeckOK StGB/*Eschelbach*, § 211 Rn. 29; Lackner/Kühl/*Kühl*, StGB, § 211 Rn. 4; *Schütz*, JA 2007, 23 (25); *Kühl*, JuS 2010, 1041 (1041).

466 Vgl. *Schneider*, in: Abschlussbericht der Expertengruppe zur Reform der Tötungsdelikte, 2015, S. 850 f.

mit sich bringen.[467] Die in den vergangenen Jahren verstärkte Zuwanderung hat bereits neue (gesetzliche) Herausforderungen hervorgebracht. Es bleibt deshalb abzuwarten mit welchen weiteren, bis dato nicht vorstellbaren Tatkonstellationen bzw. -motivationen die deutsche Gesellschaft in Zukunft konfrontiert wird.[468] Daher ist es insbesondere für die Rechtsprechung unerlässlich, dass auf unbekannte Tatmotive eine sachgerechte Reaktion bzw. Sanktion erfolgen kann.[469] Die Aufnahme weiterer subjektiver Mordmerkmale unterbindet gleichzeitig eine mögliche Ausuferung der Motivgeneralklausel. Mithin wird durch die Aufnahme weiterer subjektiver Mordmerkmale zum einen eine Auslegungsvorlage geschaffen und zum anderen der Motivgeneralklausel Konturen gesetzt.

Vor diesem Hintergrund ist es zielführend die *„bewusste Missachtung des personalen Eigenwerts des Opfers“*[470] in den Kanon der subjektiven Mordmerkmale aufzunehmen.[471] Indem der Täter sich exklusive Besitzansprüche über das Opfer zuspricht und gleichzeitig diesem das Selbstbestimmungsrecht abspricht, suggeriert er, dass er das Opfer nicht als einen Menschen mit unantastbarer Würde akzeptiert. Vielmehr erachtet dieser das Opfer als einen Gegenstand, über den er absolute Verfügungsgewalt besitzt. Tötungsbeweggründe, die gemeinhin den Achtungsanspruch des Opfers negieren, sind sittlich auf tiefster Stufe stehend und deshalb als Mord aus sonst niedrigen Beweggründen einzustufen.[472] Wie bereits gezeigt, ist die Missachtung des personalen Eigenwerts des Opfers für Ehrenmorde charakteristisch.

Beachtlich ist des Weiteren, dass dieses subjektive Mordmerkmal nicht nur für die rechtliche Würdigung von Ehrenmorden signifikant ist. Nicht minder hat dies eine Auswirkung auf die Judikatur in Bezug auf Intimpart-

---

467 Beispielsweise sind Ehrenmorde erst seit dem Fall Sürücü Gegenstand zahlreicher Diskussionen geworden, *Kasselt*, Ehre im Spiegel der Justiz, S. 1.

468 Der Diskurs zu sexuellen Übergriffen an Frauen entzündete sich beispielsweise durch die *Kölner Silvesternacht 2016* erneut. An diesem Abend kam es vermehrt zu sexuellen Übergriffen an jungen Frauen durch überwiegend junge Männer aus dem nordafrikanischen bzw. arabischen Raum, vgl. *Neubacher*, Kriminologie, Kap. 16 Rn. 5 ff.

469 *Schneider*, in: Abschlussbericht der Expertengruppe zur Reform der Tötungsdelikte, 2015, S. 850 f.

470 Vgl. LK-*Rissing van Saan/Zimmermann*, § 211 Rn. 64, welche die Missachtung des personalen Eigenwerts als rechtlichen Anknüpfungspunkt zur Bestimmung der Motivgeneralklausel anderer Art einstufen.

471 *Schneider*, in: Abschlussbericht der Expertengruppe zur Reform der Tötungsdelikte, 2015, S. 861.

472 LK-*Rissing-van Saan/Zimmermann*, § 211 Rn. 64.

nertötungen, welche ebenfalls notwendig ist.[473] Denn der Täter missachtet in vielen Fällen von Intimpartnertötungen den personalen Eigenwert des Opfers, da er sich ebenfalls exklusive Besitzansprüche zuspricht.[474] Dieser Aspekt findet indes nicht immer ausreichende Berücksichtigung im Rahmen der allgemeinen Judikatur zu Intimpartnertötungen bzw. Ehrenmorden. Mithin gehen von der hier vorgeschlagenen differenzierten Betrachtung für Ehrenmorde grundlegende Impulse zur rechtlichen Würdigung von Intimpartnertötungen bzw. Femizide aus.

3. Unrechtsbewusstsein

Schließlich ist zu fragen, ob bzw. inwieweit die kulturelle Prägung des Täters bei einem Ehrenmord zu berücksichtigen ist. Die bisherigen Ausführungen zur rechtlichen Beurteilung von Ehrenmorden haben die divergierenden kulturellen Wertvorstellungen des Täters nicht berücksichtigt. Nach der höchstrichterlichen Rechtsprechung kann die kulturelle Wertvorstellung des Täters bei einem Ehrenmord auf der subjektiven Ebene der sonst niedrigen Beweggründe relevant werden. Das Motivationsbeherrschungspotential ist jedoch nach der hier vertretenen Auffassung nicht zielführend und sollte bei der Berücksichtigung der fremdkulturellen Prägung des Täters nicht herangezogen werden.[475] Ohnehin wäre das Motivationsbeherrschungspotential nur ausnahmsweise bei einem Ehrenmörder abzulehnen, wenn etwa dieser seinen heimatlichen Anschauungen strikt verhaftet bleibt sowie die hiesigen Wertvorstellungen nicht aufnehmen bzw. nachvollziehen kann.[476]

Vorzugswürdig ist die Berücksichtigung der abweichenden kulturellen Wertvorstellungen des Täters im Rahmen des Verbotsirrtums nach § 17 StGB. Wenn bei dem Täter fehlendes Unrechtsbewusstsein im Hinblick auf die sonst niedrigen Beweggründe vorliegt, so handelt er gemäß § 17 S. 1 StGB ohne Schuld. Sind zudem keine weiteren Mordmerkmale einschlägig wird der Täter wegen Totschlag nach § 212 StGB bestraft. Schließlich ist zu untersuchen, ob der Täter den Irrtum vermeiden konnte. Denn dadurch kommt eine fakultative Strafmilderung nach § 17 S. 2 i.V.m. § 49 Abs. 1 StGB in Betracht, sodass an die Stelle der lebenslangen Frei-

---

473 Hierzu Teil 2 Kap. 2 I. 5.
474 LK-*Rissing-van Saan/Zimmermann*, § 211 Rn. 69 f.
475 Teil 2 Kap. 2 I. 3.
476 Vgl. *Valerius*, Kultur und Strafrecht, S. 94.

heitsstrafe gemäß § 49 Abs. 1 Nr. 1 StGB eine zeitige Freiheitsstrafe nicht unter drei Jahren eintreten kann.[477]

Bei Tätern mit abweichenden kulturellen Wertvorstellungen wird im Rahmen des Verbotsirrtums hauptsächlich der Frage nach der fehlenden Unrechtseinsicht nachgegangen. Die abweichende kulturelle Wertvorstellung des Täters suggeriert an sich jedoch keine fehlende Unrechtseinsicht. Es gibt Straftatbestände, bei denen die abweichende kulturelle Wertvorstellung durchaus relevant werden kann. Hierfür ist die Beleidigung gemäß § 185 StGB exemplarisch heranzuziehen. Die unterschiedlichen Ehrvorstellungen können im Einzelfall dazu führen, dass eine Aussage in einer Kultur ehrenrührig interpretiert wird, in einer anderen Kultur dagegen sozialadäquat und daher (rechtlich) unproblematisch ist.[478] In diesem Sinne ist die Verweigerung des Händeschüttelns aus religiösen Gründen ein aktuelles Beispiel, welches ebenfalls zahlreiche Diskussionen ausgelöst hat.[479] Anders verhält es sich jedoch bei Taten, welche Leib und Leben beeinträchtigen. In den meisten fremden Rechtsordnungen wird die Beeinträchtigung von Leib und Leben (strafrechtlich) sanktioniert, sodass jedenfalls im Bereich des Kernstrafrechts auf ein universales ethisches Minimum zu rekurrieren ist.[480] Abweichende kulturelle Wertvorstellungen des Täters werden im Rahmen des Unrechtsbewusstseins erst dann relevant, wenn tatsächlich ein kultureller Normenkonflikt vorliegt.[481] Wenn im Einzelfall kein Normenkonflikt vorliegt, ist es nicht opportun, die abweichende kulturelle Wertvorstellung des Täters zu problematisieren. Bei einem Totschlag ist somit die Prüfung eines Verbotsirrtums aufgrund von abweichenden kulturellen Wertvorstellungen grundsätzlich redundant.

Das Unrechtsbewusstsein ist darüber hinaus teilbar und muss sich nach der hier vertretenen Auffassung auch auf die sonst niedrigen Beweggründe erstrecken.[482] Dem Ehrenmörder fehlt regelmäßig nicht die Einsicht, Unrecht zu tun, wenn er eine Frau zur Wiederherstellung seiner Ehre tötet. Aufgrund seiner kulturellen Wertvorstellung könnte ihm indes die Einsicht fehlen, dass die Tat besonders verwerflich ist und somit eine

---

477 Zum Verbotsirrtum *Kindhäuser/Hilgendorf*, LPK-StGB, § 17 Rn. 1 ff.; ferner *Valerius*, Kultur und Strafrecht, S. 96.

478 Vgl. *Valerius*, Kultur und Strafrecht, S. 124 ff.

479 Insbesondere in der Schule werden beispielsweise Lehrerinnen am Elternsprechtag von Vätern aus religiösen Gründen der Handschlag zunehmend verweigert.

480 *Laubenthal/Baier*, GA 2000, 205 (215 ff.).

481 Vgl. *Saliger*, StV 2003, 21 (24).

482 Teil 2 Kap. 2 I 4.

lebenslange Freiheitsstrafe begründet. Die fehlende Unrechtseinsicht des Täters kann somit für die Annahme des Mordtatbestandes möglicherweise relevant werden. Zu untersuchen ist, ob einem Ehrenmörder gegenwärtig grundsätzlich Unrechtseinsicht bei Begehung der Tat fehlen kann. Bei Zuwanderern der ersten Generation könnte der Umstand Berücksichtigung finden, dass sie in ihren kulturellen Wertvorstellungen verhaftet geblieben sind und den Unrechtsgehalt der Tat für die hiesige Rechtsgemeinschaft nicht erkennen konnten. Denn viele von ihnen konservierten in Deutschland ihre Traditionen und Werte, da es für sie die Wahrung eines wichtigen Stücks Heimat bedeutete.[483]

In der Gegenwart erscheint es jedoch nicht ohne Weiteres vertretbar, generell bei Tätern mit abweichenden kulturellen Wertvorstellungen fehlende Unrechtseinsicht anzunehmen. Zunächst sind die Täter größtenteils in Deutschland geboren und haben eine deutsche Schule besucht. Die hiesigen Werte sind den Tätern somit nicht gänzlich unbekannt. Der Täter kann sich auch nicht aufgrund der Tatsache entlasten, dass er keine deutschen Freunde hatte, sondern sich sein Alltag auf sein soziokulturelles Umfeld beschränkte.[484] Im Rahmen des Unrechtsbewusstseins wird dem Täter zwar nicht vorgeworfen, dass er sich nicht in die deutsche Gesellschaft integriert hat.[485] Allerdings ist für die Unrechtseinsicht ausreichend, dass der Täter das Unrecht seines Verhaltens kennt, also weiß, dass sein Verhalten gegen Rechtsnormen verstößt und sanktioniert wird. Von dieser Bewertung muss der Täter indes nicht überzeugt sein.[486] Denn das Aufgeben eigener und Annehmen mehrheitsgesellschaftlicher Wertordnungen ist nicht Ziel des freiheitlich konzipierten Strafrechts, welches nicht davon ausgeht, dass jeder der strafrechtlich bewährten Ordnung auch innerlich beipflichten muss.[487] Ein Ehrenmörder kann sich also grundsätzlich nicht auf fehlende Unrechtseinsicht berufen. Bei einer Intimpartnertötung, die als sonst niedriger Beweggrund einzustufen ist, kann sich der Täter ebenfalls nicht auf fehlende Unrechtseinsicht berufen, weil er nicht erkennen konnte, dass die Tötung ein über den einfachen Totschlag hinausgehendes Unrecht verwirklicht.

---

483 *Elyafi-Schulz*, Das Phänomen des „Ehrenmordes“, S. 209; *Toprak*, Unsere Ehre ist uns heilig, S. 71; *Yerlikaya*, Zwangsehen, S. 83.

484 So beispielsweise Ayhan Sürücü, der nach eigenen Angaben seinen ersten deutschen Freund im Gefängnis kennenlernte, *Deiß/Goll*, Ehrenmord. Ein deutsches Schicksal, S. 19.

485 *Valerius*, Kultur und Strafrecht, S. 184.

486 NK-*Neumann*, § 17 Rn. 20 f.; *Renzikowski*, NJW 2014, 2539 (2542).

487 *Foljanty/Lembke*, KJ 2014, 298 (302).

Insbesondere im Zeitalter der Digitalisierung, in der Informationen durch eine Internetverbindung mit dem Smartphone ohne Probleme für jeden zugänglich sind, ist das Berufen auf eine fehlende Unrechtseinsicht durch den Täter grundsätzlich zu problematisieren. In einer immer zunehmend vernetzten Welt werden dem Täter nur im absoluten Ausnahmefall die in Deutschland geltenden Grundrechtsstandards verborgen bleiben.[488] Die meisten Menschen sind altersunabhängig in der Lage, sich über das Smartphone mit dem Internet zu verbinden; mittlerweile besteht sogar die kostenlose Möglichkeit, sich in öffentlichen Einrichtungen sowie öffentlichen Verkehrsmitteln mit dem Internet zu verbinden. Daher können Nachrichten aus der ganzen Welt ohne Weiteres abgerufen werden. Selbst Täter, die keine Nachrichten verfolgen, werden durch die sozialen Medien über tagesaktuelle Ereignisse informiert, die von vielen Nutzern auf den jeweiligen Plattformen geteilt werden. Die neuen technischen Möglichkeiten bringen somit eine differenzierte Betrachtungsweise zur fehlenden Unrechtseinsicht im Kernstrafrecht mit sich.

Zunächst ist festzuhalten, dass es auch im Kernstrafrecht Randbereiche gibt, wie beispielsweise Grenzfälle von Sterbehilfe, die selbst bei einem Täter ohne abweichende kulturelle Wertvorstellung zu einer fehlenden Unrechtseinsicht führen kann.[489] Deutlich wird dies auch insbesondere beim elterlichen Züchtigungsrecht, welches regelmäßig als Körperverletzung nach § 223 StGB zu qualifizieren ist.[490] In so einem Fall kann die abweichende kulturelle Wertvorstellung zur fehlenden Unrechtseinsicht führen, da das Züchtigungsrecht in verschiedenen Kulturen unterschiedlich ausgelegt wird und teilweise gesellschaftliche Normen stärker gewichtet werden. Hinzu kommt, dass die Rechtslage diesbezüglich in der hiesigen Rechtsgemeinschaft auch nicht immer eindeutig bekannt ist.[491] Davon zu unterscheiden ist in diesem Zusammenhang jedoch, wenn der Ehrenmörder seine Frau oder seine Tochter tötet bzw. töten lässt, um seine vermeintlich verletzte Ehre wiederherzustellen. In so einem Fall wird dem Täter regelmäßig bewusst sein, dass in Deutschland andere Wertvorstellungen gelten und die Tat somit besonders verachtenswert ist. Spätestens seit dem Fall Sürücü sind Ehrenmorde Gegenstand zahlreicher Diskussionen,

488 Vgl. *Renzikowski*, NJW 2014, 2539 (2542).
489 Vgl. *Roxin/Greco*, AT Bd. I, § 21 Rn. 22; LK-*Vogel*, § 17 Rn. 39.
490 Zum Züchtigungsrecht *Roxin/Greco*, AT Bd. I, § 17 Rn. 32 ff; ferner *Roxin*, JuS 2004, 177 ff.
491 Vgl. MüKoStGB/*Hardtung*, § 223 Rn. 125 ff.

welche neuerdings vermehrt Eingang in den meisten Schulen fanden.[492] Zudem lassen Familien in vielen Fällen das jüngste Familienmitglied die Tat begehen, weil dieses mit einer milderen Strafe zu rechnen hat.[493] Den Beteiligten ist somit bewusst, dass sie mit einer hohen staatlichen Sanktion zu rechnen haben, wenn sie eine Frau aus Gründen der Ehre töten (lassen). Daher wird es wie im Fall Sürücü in den meisten Fällen keinen Anlass geben, fehlende Unrechtseinsicht beim Täter zu prüfen. Insbesondere jüngere Täter, wie Ayhan Sürücü, werden sich nicht auf fehlende Unrechtseinsicht berufen können.

Wenn ungeachtet dessen im Einzelfall die fehlende Unrechtseinsicht des Täters diskutiert wird, so ist der Verbotsirrtum regelmäßig vermeidbar. Hierfür gelten die Ausführungen zur Digitalisierung, welche bei der Vermeidbarkeit im Kernstrafrecht eine differenzierte Betrachtungsweise mit sich bringen, entsprechend. Zum einen ist nach den allgemeinen Grundsätzen zu verlangen, dass der Täter sich bei hinreichendem Anlass bezüglich der Rechtmäßigkeit seines Verhaltens erkundigt. Vor allem bei Tötungsdelikten gehen hohe Anforderungen an eine Erkundigungspflicht einher. Wird in einer Suchmaschine im Internet der Begriff Ehrenmord eingegeben, so sind in wenigen Sekunden umfassende Informationen diesbezüglich abrufbar, unter anderem auch, dass es sich um einen Mord handelt.[494] Zum anderen macht sich der Täter jedenfalls über die moralische Legitimation der Tat Gedanken. Auch hierfür kann der Fall Sürücü exemplarisch herangezogen werden. Ayhan hat nach eigenen Angaben mit verschiedenen Menschen über das Thema Ehrenmord gesprochen und Bücher diesbezüglich gelesen. Wenn die Familie den Täter zur Begehung eines Ehrenmordes anstiftet, plädieren diese auf dessen Gewissen. Dem Täter wird sowohl eine moralische sowie religiöse Legitimation nahegelegt als auch die notwendige Unterstützung vor wie nach der Tat versprochen. Zudem werden ihm die negativen Konsequenzen vergegenwärtigt, wenn der Täter durch die Tat nicht die Familienehre wiederherstellt. Indem die Täter in der Lage sind, sich über die moralische bzw. religiöse Legitima-

---

492 Der Film „Nur eine Frau“ erzählt die Geschichte von Hatun Sürücü und richtet sich insbesondere an Schülerinnen und Schüler. Auf der Webseite zum Film stehen zahlreiche Materialien für Lehrerinnen und Lehrer zur Verfügung, womit in der Schule das Thema Ehrenmord umfassend thematisiert werden kann, vgl. www.nureinefrau-derfilm.de (21.11.2021).

493 Dies ist jedoch nicht der Regelfall, vgl. *Valerius*, Kultur und Strafrecht, S. 65.

494 Wird z.B. in Google der Begriff „Ehrenmord“ eingegeben, so ist die zweite vorgeschlagene Webseite: https://www.ehrenmord.de/ (21.11.2021), welche umfassende Tatbeispiele darlegt sowie Fragen und Antworten zum Thema darstellt.

tion zu erkunden bzw. nachzudenken, so ist es ihnen auch zuzumuten, der rechtlichen Würdigung des pönalisierten Verhaltens nachzugehen. Da die Täter aber der rechtlichen Würdigung keinen dominanten Stellenwert einräumen, ignorieren sie diesen. In so einem Fall sollte die Strafe nicht gemildert werden, weil der Täter seine tödliche Handlungsmaxime in bewusster Abgrenzung zu den Wertvorstellungen der hiesigen Rechtsgemeinschaft wählt.[495] Mithin lässt sich unter Zugrundelegung der menschenrechtlichen Perspektive festhalten,[496] dass Ehrenmorde als Mord aus sonst niedrigen Beweggründen zu klassifizieren sind und in der Regel keine Strafmilderung nach sich ziehen können. Im Zeitalter der Digitalisierung wird nur im äußerst seltenen Fall fehlende Unrechtseinsicht vorliegen; jedenfalls ist diese vermeidbar.

III. Mordmerkmale und Verbotsirrtum im Fall Sürücü

Schließlich sollen die einschlägigen Mordmerkmale sowie ein möglicher Verbotsirrtum im Fall Sürücü basierend auf den bisherigen Ausführungen entsprechend aufgezeigt werden. Von den drei angeklagten Brüdern wurde lediglich Ayhan Sürücü verurteilt, sodass sich die rechtliche Würdigung auf seine Tathandlung fokussiert. Dem Landgericht Berlin zufolge waren im Fall Sürücü die einschlägigen Mordmerkmale Heimtücke und sonst niedrige Beweggründe.[497] Im Urteil orientierte sich das Landgericht im Rahmen der rechtlichen Würdigung der Motivgeneralklausel an der ständigen Rechtsprechung des Bundesgerichtshofs. Demnach ist ein niedriger Beweggrund regelmäßig anzunehmen, wenn allein die Verletzung eines Ehrenkodex als todeswürdig angesehen wird und sich der Täter aufgrund eines bestimmten Verständnisses von Familienehre als Vollstrecker eines von ihm gefällten Todesurteils über die Rechtsordnung sowie einen anderen Menschen erhebt.[498] Beides war laut dem Landgericht bei Ayhan der Fall gewesen, sodass ein Mord aus sonst niedrigen Beweggründen angenommen wurde. Im Folgenden ist zudem die rechtliche Würdigung der Motivgeneralklausel infolge der Zweck-Mittel-Relation vorzunehmen.

---

495 *Renzikowski*, NJW 2014, 2539 (2542).

496 *Renzikowski*, NJW 2014, 2539 (2542).

497 LG Berlin, Az. (518) 1 Kap JS 285/05 Kls (39/05), S. 35 ff. (unveröffentlicht).

498 BGHR StGB § 211 Abs. 2 niedrige Beweggründe 29.

1. Heimtücke gemäß § 211 Abs. 2 Gr. 2 Var. 1 StGB

Zuerst kommt im Fall Sürücü Heimtücke gemäß § 211 Abs. 2 Gr. 2 Var. 1 StGB als einschlägiges Mordmerkmal in Betracht. Heimtücke wird regelmäßig als das bewusste Ausnutzen der Arg- und Wehrlosigkeit des Opfers in feindseliger Willensrichtung definiert.[499] Dabei ist arglos, wer im Zeitpunkt der Tat keinen Angriff auf Leib oder Leben befürchtet. Wehrlos dagegen ist, wer infolge seiner Arglosigkeit zur Verteidigung außerstande oder zumindest erheblich eingeschränkt ist.[500] Hatun war im Zeitpunkt der Tat arg- und wehrlos, weil sie bis zur Bushaltestelle nicht mit einem lebensbedrohlichen Angriff durch Ayhan rechnete. Ayhan hielt seine Waffe bis dahin verdeckt und schoss ihr plötzlich aus kürzester Distanz dreimal in den Kopf. Gegen die heimtückische Tötung spricht nicht der Umstand, dass Hatun mit Tötungsversuchen durch die Familie rechnen konnte, weil sie regelmäßig von ihren Brüdern bedroht wurde. Denn eine generelle Vermutung des Opfers, dass es mit Tötungsversuchen zu rechnen hat, steht der Arg- und Wehrlosigkeit nicht entgegen.[501] Insbesondere rechnete Hatun nicht mit einem Angriff auf Leib oder Leben durch Ayhan, da er ihr im Gegensatz zu ihren Brüdern nicht explizit drohte. Dem steht auch nicht die Tatsache entgegen, dass sie sich vorher in ihrer Wohnung über Hatuns Lebenswandel stritten.[502]

Darüber hinaus ist Hatuns Arglosigkeit nicht abzulehnen, weil Ayhan kurz vor der Erschießung fragte, ob sie ihre Sünden bereue. Denn beim Mordmerkmal der Heimtücke handelt es sich um ein faktisches und nicht um ein normatives Merkmal.[503] Somit kann das Opfer auch dann arglos sein, wenn der Täter zwar dem Opfer offen feindselig entgegentritt, jedoch zwischen Erkennen der Gefahr und unmittelbarem Angriff die Zeitspanne so gering ist, dass dem Opfer faktisch keine Abwehrmöglich-

---

499 *Kindhäuser/Hilgendorf*, LPK-StGB, § 211 Rn. 18; *Kindhäuser/Schramm*, BT I, § 2 Rn. 23; *Rengier*, BT II, § 4 Rn. 48; *Kaspar*, JA 2007, 699 (699); zur feindseligen Willensrichtung zuletzt BGHSt 64, 111.

500 BeckOK StGB/*Eschelbach*, § 211 Rn. 43 und Rn. 50; *Fischer*, StGB, § 211 Rn. 35 und Rn. 39; *Kindhäuser/Hilgendorf*, LPK-StGB, § 211 Rn. 19 f.; *Kindhäuser/Schramm*, BT I, § 2 Rn. 27; *Rengier*, BT II, § 4 Rn. 51 und Rn 68.

501 BeckOK StGB/*Eschelbach*, § 211 Rn. 43; *Fischer*, StGB, § 211 Rn. 36; *Kindhäuser/Schramm*, BT I, § 2 Rn. 25; *Rengier*, BT II, § 4 Rn. 54.

502 So auch LG Berlin, Az. (518) 1 Kap JS 285/05 Kls (39/05), S. 36 (unveröffentlicht).

503 BGH NStZ 2005, 688 (689).

keiten bleiben.[504] Hatun konnte zwar erkennen, dass Ayhan ohne zeitlich relevante Zäsur auf sie schießen wird, jedoch bestanden für sie faktisch keine Abwehrmöglichkeiten, da die Zeitspanne zwischen der Frage und den Schüssen zu gering war. Mithin ist die Arg- und Wehrlosigkeit Hatuns gegeben.

Aufgrund der drohenden lebenslangen Freiheitsstrafe ist die restriktive Auslegung der Heimtücke geboten.[505] Daher verlangt die Rechtsprechung, dass die Tat in feindseliger Willensrichtung begangen werden muss, während die Literatur überwiegend einen verwerflichen Vertrauensbruch fordert.[506] Gegen die Literaturansicht spricht zwar, dass in Konstellationen, bei denen sich das Opfer und der Täter nicht kennen, ein Heimtückemord praktisch unmöglich ist (sog. *Meuchelmorde*).[507] Durch das Erfordernis eines verwerflichen Vertrauensbruchs wird aber insbesondere die Benachteiligung von Frauen unterbunden, die beispielsweise aufgrund ihrer häufig schwächeren körperlichen Konstitution einen Familientyrann im Schlaf töten und deshalb wegen heimtückischer Tötung bestraft werden.[508] Im vorliegenden Fall ist sowohl die feindselige Willensrichtung als auch ein verwerflicher Vertrauensbruch einschlägig. Ayhan tötete seine Schwester, weil er ihre westlich-orientierte Lebensweise nicht akzeptierte, die nach seiner Auffassung die Familienehre beschädigte. Durch die Tat wollte er die Familienehre wiederherstellen, sodass er nicht zum vermeintlich Besten des Opfers handelte, was zur Ablehnung einer feindseligen Willensrichtung führen könnte.[509] Außerdem liegt ein verwerflicher Vertrauensbruch vor, da Hatun ungeachtet der Streitigkeiten mit ihrer Familie den Kontakt zu Ayhan aufrechterhielt. Von ihren Brüdern besuchte nur Ayhan sie in ihrer Wohnung und verbrachte Zeit mit ihrem Sohn. Sie rechnete also zu keinem Zeitpunkt mit einer Gefahr durch Ayhan. Daher ist auch

---

504 BGH NStZ-RR 2018, 45 (46); BeckOK StGB/*Eschelbach*, § 211 Rn. 44; *Fischer*, StGB, § 211 Rn. 35c; *Zorn*, Die Heimtücke im Sinne des § 211 Abs. 2 StGB, S. 77; zur Heimtücke bei Bedrohung mit einer Schusswaffe, *Schauf*, NStZ 2019, 585 (590).

505 *Kindhäuser/Hilgendorf*, LPK-StGB, § 211 Rn. 24; *Kaspar*, JA 2007, 699 (703).

506 *Fischer*, StGB, § 211 Rn. 45 und Rn. 48; *Kindhäuser/Schramm*, BT I, § 2 Rn. 31 ff.

507 MüKoStGB/*Schneider*, § 211 Rn. 208; *Kindhäuser/Schramm*, BT I, § 2 Rn. 33; *Zorn*, Die Heimtücke im Sinne des § 211 Abs. 2 StGB, S. 132. *Kaspar*, JA 2007, 699 (703).

508 *Kindhäuser/Hilgendorf*, LPK-StGB, § 211 Rn. 24; *Mitsch*, in: Hdb. des Strafrechts Bd. 4, § 1 Rn. 33; *Lembke*, NK 2009, 109 (109 ff.).

509 *Fischer*, StGB, § 211 Rn. 48; *Kindhäuser/Schramm*, BT I, § 2 Rn. 31; *Stam*, ZIS 2020, 336 (341).

ein besonderer Vertrauensbruch anzunehmen, weil Ayhan das bestehende Verhältnis zu seiner Schwester zur Tötung missbrauchte.[510]

Für die Heimtücke ist zudem erforderlich, dass der Täter die Arg- und Wehrlosigkeit des Opfers bewusst zur Tatbegehung ausnutzt.[511] Hierfür muss der Täter die Arg- und Wehrlosigkeit des Opfers in der konkreten Lage erkennen und sich bewusst sein, dass er einen schutzlosen Menschen aufgrund seiner Unkenntnis überrascht. Ein heimliches Vorgehen des Täters ist dabei nicht erforderlich[512] Ayhan erkannte Hatuns Zustand der Arg- und Wehrlosigkeit und nutzte diesen bewusst aus. Er stritt sich mit ihr in der Wohnung und bat sie im Anschluss, ihn zur Bushaltestelle zu begleiten. Diese Situation nutzte er anschließend, um plötzlich seine Waffe herauszuziehen und Hatun völlig überraschend zu erschießen.[513] Bevor Ayhan die Waffe zog, diskutieren die Geschwister an der Bushaltestelle erneut über Hatuns Lebenswandel. An einem Punkt habe Hatun zu Ayhan gesagt, dass sie „ficke, wen sie wolle". Erst dann habe er die Kontrolle verloren und den Beschluss, gefasst sie zu töten.[514] Aus diesem Grund könnte die subjektive Tatseite der Heimtücke angesichts der hochgradigen Erregung des Täters abzulehnen sein. Denn bei Spontantaten ist es nicht ausgeschlossen, dass das Bewusstsein um die Arglosigkeit des Opfers beim Täter fehlt.[515] Dennoch wird bei einer spontanen affektiven Erregung das Ausnutzungsbewusstsein des Täters nicht per se abgelehnt, sondern vielmehr unter Zugrundelegung der jeweiligen Tatsituation entschieden.[516] Gesetzt den Fall, dass Hatun tatsächlich die besagten Worte ihm gegenüber äußerte und ihn dadurch zur Tat provozierte, könnte das Ausnutzungsbewusstsein fehlen. Dem steht jedoch bereits die Tatsache entgegen, dass sich Ayhan mehrere Monate vor der Tat eine Waffe verschaffte und seine Freundin Melek über die geplante Ermordung in Kenntnis setzte. Zudem wartete Alpaslan in der Nähe des Tatorts auf Ayhan, weil er auch

---

510 Vgl. *Kaspar*, JA 2007, 699 (703).

511 BeckOK StGB/*Eschelbach*, § 211 Rn. 52; *Fischer*, StGB, § 211 Rn. 44; *Kindhäuser/Hilgendorf*, LPK-StGB, § 211 Rn. 22; *Kindhäuser/Schramm*, BT I, § 2 Rn. 30.

512 *Fischer*, StGB, § 211 Rn. 44; *Kindhäuser/Hilgendorf*, LPK-StGB, § 211 Rn. 22.

513 LG Berlin, Az. (518) 1 Kap JS 285/05 Kls (39/05), S. 36 (unveröffentlicht); *Vogelgesang*, Ehrenmorde, S. 40.

514 LG Berlin, Az. (518) 1 Kap JS 285/05 Kls (39/05), S. 29 (unveröffentlicht); *Deiß/Goll*, Ehrenmord. Ein deutsches Schicksal, S. 38; der exakte Tathergang ist heute noch strittig, da Ayhan der einzige Zeuge ist.

515 BeckOK StGB/*Eschelbach*, § 211 Rn. 53.

516 BGH NStZ-RR 2010, 175 (176); BeckOK StGB/*Eschelbach*, § 211 Rn. 53; MüKoStGB/*Schneider*, § 211 Rn. 189.

in die Tat eingeweiht gewesen war. Somit nutzte Ayhan die Arg- und Wehrlosigkeit der Schwester bewusst aus, um sie an der Bushaltestelle heimtückisch zu töten.

2. Sonst niedrige Beweggründe gemäß § 211 Abs. 2 Gr. 1 Var. 4 StGB

Mit der Tötung verwirklichte Ayhan das Mordmerkmal der sonst niedrigen Beweggründe. Ein sonst niedriger Beweggrund liegt vor, wenn das Tötungsmotiv allgemein auf sittlich tiefster Stufe steht und besonders verachtenswert ist.[517] Nach der von der Rechtsprechung geforderten Gesamtwürdigung aller äußeren und inneren Tatumstände, der Lebensverhältnisse sowie der Persönlichkeit des Täters, stellt Ayhans Tatmotiv nach den Wertvorstellungen der Rechtsgemeinschaft keinen verständlichen Anlass zur Tötung eines Menschen dar.[518] Auf objektiver Ebene der Motivgeneralklausel ist es unerheblich, dass die Tat nach Ayhans Wertvorstellungen zur Wiederherstellung der Familienehre obligatorisch und deshalb nicht verachtenswert war. Denn nach der ständigen Rechtsprechung des Bundesgerichtshofs ist der Maßstab für die sittliche Bewertung eines Beweggrundes die Vorstellungen der Rechtsgemeinschaft der Bundesrepublik Deutschland und nicht aus den Anschauungen einer Volksgruppe zu entnehmen, welche die sittlichen und rechtlichen Werte dieser Rechtsgemeinschaft nicht anerkennt.[519] Abweichende Wertvorstellungen können die persönliche Vorwerfbarkeit im Sinne der Schuldhaftigkeit des Verhaltens beeinträchtigen, jedoch nicht die Beurteilung eines Tatbestandsmerkmals.

Eine abweichende Bewertung ergibt sich ferner nicht aus der Zweck-Mittel-Relation. Danach ist zu prüfen, ob zwischen Anlass und Tat ein unerträgliches Missverhältnis besteht, wodurch die Tat als besonders verachtenswert einzustufen ist.[520] Indem Ayhan das Leben seiner Schwester mit seinem eigenen Bedürfnis nach gesellschaftlicher Anerkennung und der damit einhergehenden Verteidigung der Familienehre abwog, kommt darin eine prinzipielle Nichtachtung des menschlichen Lebens zum Aus-

---

517 *Kindhäuser/Hilgendorf*, LPK-StGB, § 211 Rn. 13.

518 Vgl. *Valerius*, Kultur und Strafrecht, S. 66 f.

519 BGHR StGB § 211 Abs. 2 niedrige Beweggründe 41; vgl. ferner *Dietz*, NJW 2006, 1385 (1386): „Wer die Wertmaßstäbe der deutschen Gesellschaft, besonders den in Art. 2 Abs. 1 GG betonten hohen Stellenwert des Rechtsgutes Leben, durch einen „Ehrenmord“ verletzt, kann sich nicht auf eigene Wertmaßstäbe als vorrangig berufen.“

520 Hierzu Teil 2 Kap. 2 II. 1.

druck.[521] Folglich ergibt sich aus der Zweck-Mittel-Relation, dass der angestrebte Zweck nach den Grundwerten der Verfassung besonders verachtenswert und somit als sonst niedrigen Beweggrund einzustufen ist.[522]

Letztlich müsste auf subjektiver Ebene der Motivgeneralklausel der Täter sich den tatsächlichen Umständen bewusst gewesen sein, welche ihn zu seiner Tat veranlasst haben. In diesem Zusammenhang ist es unerheblich, ob der Täter seine Beweggründe selbst als rechtlich niedrig bewertet. Vielmehr muss er seine Motivation gedanklich beherrschen und durch seinen Willen steuern können.[523] Vorliegend waren Ayhan die Umstände bewusst, die ihn zu seiner Tat veranlasst hatten. Er wollte seine Schwester zur Wiederherstellung der vermeintlich verletzten Familienehre töten. Dafür wurde er nicht durch Dritte zur Tat gedrängt oder von der Familie angestiftet, sondern handelte autonom.[524] Er plante die Tötung seiner Schwester über einen längeren Zeitraum hinweg, sodass die Tat nicht primär reaktiv motiviert war.[525] Des Weiteren war Ayhan von seinen heimatlichen Anschauungen nicht derart geprägt, dass er sich zur Tatzeit nicht von ihnen loslösen konnte. Er ist in Deutschland geboren und aufgewachsen, sodass ihm die hiesig gültigen Wertvorstellungen geläufig waren. Deshalb sind die abweichenden kulturellen Wertvorstellungen auch auf subjektiver Ebene nicht zu berücksichtigen. Somit ist es nicht erforderlich, auf das Motivationsbeherrschungspotential zu rekurrieren, da es ohnehin nicht zielführend zur Berücksichtigung der abweichenden kulturellen Wertvorstellungen des Täters ist.[526]

---

521 Vgl. *Schütz*, JA 2007, 23 (25); *Valerius*, JZ 2008, 912 (914).

522 *Oberwittler/Kasselt*, Ehrenmorde in Deutschland 1996-2005, S. 45; *Dietz*, NJW 2006, 1385 (1386); *Valerius*, JZ 2008, 912 (914).

523 Teil 2 Kap. 2 I 1.

524 Wie bereits gezeigt, wird über diesen Punkt bis heute diskutiert. Es wird vermutet, dass Ayhan durch diese Aussage seine Familie vor strafrechtlichen Sanktionen schützen wollte. Befürworter dieser Ansicht berufen sich auf das Verhalten der Familienmitglieder im Verlauf des gesamten Prozesses. Denn die Familie habe nicht ernsthaft um Hatuns Tod getrauert. Jedoch gilt es an dieser Stelle, den Sachverhalt des Tatgerichts zugrunde zu legen, vgl. *Deiß/Goll*, Ehrenmord. Ein deutsches Schicksal, S. 40 ff.

525 LG Berlin, Az. (518) 1 Kap JS 285/05 Kls (39/05), S. 38 (unveröffentlicht).

526 Teil 2 Kap. 2 I 3.

3. Verbotsirrtum gemäß § 17 S. 1 StGB

In der Hauptverhandlung wurde ein Verbotsirrtum nach § 17 S. 1 StGB nicht in Erwägung gezogen. Das Landgericht stellte im Rahmen der Schuld fest, dass es sich nicht um eine Affekttat handelte und das Vorliegen eines der Merkmale in § 20 StGB nicht zu erkennen gewesen ist.[527] Tatsächlich bestehen im Fall Sürücü keine Anhaltspunkte, um einen Verbotsirrtum in Betracht zu ziehen. Ayhan ist in Deutschland aufgewachsen, besuchte hier die Schule und nahm am sozialen Leben teil. Es ist nicht ersichtlich, dass ihm die Einsicht fehlte, Unrecht zu tun, wenn er seine Schwester zur Wiederherstellung der Familienehre tötet. Vielmehr glaubte er, dass er das Recht dazu hatte.[528] Er sprach nach eigenen Angaben mit verschiedenen Personen über das Thema „Töten zur Wiederherstellung der Familienehre" und las Bücher über die Familienehre.[529] Ferner holte sein älterer Bruder Mutlu die religiöse Legitimation zur Tat in einer Moschee ein, auf dessen Grundlage Ayhan die Ermordung seiner Schwester rechtfertigte.[530] Daraus ergibt sich, dass Ayhan grundsätzlich in der Lage war, sein Verhalten zu reflektieren und eventuellen Bedenken (wenn auch nur in religiöser Hinsicht) nachzugehen. Somit fehlte ihm keine Einsicht, Unrecht zu tun, sodass ein Verbotsirrtum nach § 17 S. 1 StGB nicht vorliegt.

4. Ergebnis

Somit sind im Fall Sürücü Heimtücke und sonst niedrige Beweggründe die einschlägigen Mordmerkmale. Zum gleichen Ergebnis kam das Landgericht Berlin in der Hauptverhandlung. Somit führt ein Abstellen auf die hier vertretene Zweck-Mittel-Relation nicht zu erheblich abweichenden Ergebnissen, sondern gewährleistet im Einzelfall eine rechtliche Würdigung, die nicht auf die divergierenden Wertvorstellungen limitiert ist.

---

527 LG Berlin, Az. (518) 1 Kap JS 285/05 Kls (39/05), S. 37 f. (unveröffentlicht).
528 *Deiß/Goll*, Ehrenmord. Ein deutsches Schicksal, S. 13.
529 *Deiß/Goll*, Ehrenmord. Ein deutsches Schicksal, S. 41.
530 *Deiß/Goll*, Ehrenmord. Ein deutsches Schicksal, S. 147 f.

IV. Zusammenfassung

Bei einem Ehrenmord ist zu untersuchen, ob ein Mord aus sonst niedrigen Beweggründen vorliegt. Nach der ständigen Rechtsprechung des Bundesgerichtshofs sind Beweggründe zur Tat niedrig, wenn sie nach allgemein sittlicher Wertung auf tiefster Stufe stehen und deshalb besonders verachtenswert sind. Dabei muss die Tat in deutlich weitreichenderem Maße als bei einem Totschlag verachtenswert sein, sodass eine Gesamtwürdigung aller äußeren und inneren für die Handlungstriebe des Täters maßgeblichen Faktoren, sowie Umstände der Tat, der Lebensverhältnisse des Täters und seiner Persönlichkeit zu erfolgen hat. Auf der subjektiven Ebene der Motivgeneralklausel ist es erforderlich, dass dem Täter bei Begehung der Tat die Umstände bewusst sind, welche seine Beweggründe für die hiesige Rechtsgemeinschaft als niedrig erscheinen lassen. Eine eigene (rechtliche) Bewertung seiner Beweggründe braucht der Täter indes nicht vorzunehmen. Vielmehr muss er seine Beweggründe gedanklich beherrschen und willensmäßig steuern können, wenn gefühlsmäßige oder triebhafte Regungen bei der Tatbegehung von Bedeutung sind. Nach der ständigen Rechtsprechung des Bundesgerichtshofs ist der Maßstab für die Bewertung eines Beweggrundes den Vorstellungen der Rechtsgemeinschaft der Bundesrepublik Deutschland zu entnehmen und nicht den Anschauungen einer Volksgruppe, welche die sittlichen sowie rechtlichen Werte dieser Rechtsgemeinschaft nicht anerkennt. Daher ist nach der Rechtsprechung eine Tötung grundsätzlich dann als besonders verwerflich und sozial rücksichtslos anzusehen, wenn sich der Täter dabei etwa aufgrund eines bestimmten Verständnisses von Familienehre gleichsam als Vollstrecker eines von ihm (und seiner Familie) gefällten Todesurteils über die Rechtsordnung und einen anderen Menschen erhebt.

Die aktuelle Rechtsprechung rekurriert zur Auslegung der Motivgeneralklausel auf eine vermeintlich bestimmbare Sozialethik und wird aufgrund mangelnder Bestimmbarkeit kritisiert. Deshalb ist auf eine Zweck-Mittel-Relation abzustellen, in der zu untersuchen ist, ob im Einzelfall zwischen Anlass und Tat ein unerträgliches Missverhältnis besteht, welches die Tat als besonders verachtenswert qualifiziert. Hierfür sind der objektiven Wertentscheidung des Gesetzgebers wichtige Hinweise zur Abwägung der betroffenen Rechtsgüter zu entnehmen. Aus dieser ergibt sich, dass das menschliche Leben als ranghöchstes Rechtsgut weder qualitativ noch quantitativ einer Abwägung zugänglich ist. Vor allem wägt der Täter bei einem Ehrenmord das Leben des Opfers mit seiner Ehre ab und tötet letztlich das Opfer, um seine Ehre nicht zu verlieren bzw. diese wiederherzustellen. Gerade diese Abwägung des Täters illustriert die besondere Niedrigkeit der Tat. Dieses Ergebnis lässt sich auch durch einen Vergleich zu den gesetzlich benannten niedrigen Beweggründen aufzeigen. Die subjektiven Mordmerkmale haben gemein, dass der Täter das Leben des Opfers mit seiner Gesinnung abwägt und Letzteres stärker als das Leben des Opfers gewichtet. Wenn das Tatmotiv des Täters Gewinnstreben um jeden Preis ist, so liegt grundsätzlich das Mordmerkmal Habgier vor. In diesem Fall führt die Abwägung des Täters zwischen Vermögensvorteil und Leben des Opfers zur Tat. Nach der objektiven Wertordnung des Gesetzgebers ist somit dieses Abwägungsergebnis bzw. die damit zutage tretende Gesinnung des Täters besonders verwerflich und als Mord einzustufen.

Zur rechtlichen Würdigung der Motivgeneralklausel wird alternativ das Einführen weiterer subjektiver Mordmerkmale vorgeschlagen. Dadurch wird zum einen eine Auslegungsvorlage geschaffen und zum anderen Konturen zur Ausuferung der Motivgeneralklausel gesetzt. Damit geht zudem eine Flexibilität der Motivgeneralklausel einher, die in einer pluralisierten Gesellschaft unerlässlich ist, da sich neue Tatmotive herauskristallisieren, die der Mehrheitsgesellschaft unbekannt sind. Deshalb kann die *„bewusste Missachtung des personalen Eigenwerts des Opfers"* in den Kanon der subjektiven Mordmerkmale aufgenommen werden. Wenn der Täter dem Opfer das Selbstbestimmungsrecht abspricht und sich exklusive Besitzansprüche über das Opfer einräumt, suggeriert er damit, dass er das Opfer nicht als einen Menschen mit einer unantastbaren Würde anerkennt, sondern vielmehr als einen Gegenstand, über den er absolute Verfügungsgewalt besitzt.

Die *„bewusste Missachtung des personalen Eigenwerts des Opfers"* wirkt sich nicht nur auf die rechtliche Würdigung von Ehrenmorden aus, sondern auch auf Intimpartnertötungen. Denn die Gegenüberstellung von Ehrenmorden und Intimpartnertötungen hat gezeigt, dass beide Taten grundsätzlich einen auf patriarchalischen Werten beruhenden Besitzanspruch des männlichen Täters gegenüber der Frau ausdrücken. Während Ehrenmorde einen kollektiven Rückhalt erfahren, wird der Täter bei einer Intimpartnertötung grundsätzlich sozial geächtet. Des Weiteren ist ein Ehrenmord nicht nur auf die Tötung des Partners beschränkt, sondern kann die Tötung der eigenen Schwester oder Tochter nach sich ziehen. Darüber hinaus gibt es keine signifikanten Unterschiede zwischen Intimpartnertötungen und Ehrenmorden. Wenn der Täter das Opfer tötet, weil er sich einen Besitzanspruch über das Opfer zuspricht, ist bei beiden Taten ein sonst niedriger Beweggrund anzunehmen. Die Tatsache, dass der Täter von einer abweichenden kulturellen Wertvorstellung geprägt ist, sollte nicht als Grundlage für eine grundsätzlich unterschiedliche Pönalisierung beider Taten dienen. Letztlich ist auf Grundlage der rechtlichen Beurteilung von Ehrenmorden deutlich geworden, dass Intimpartnertötungen künftig eine differenzierte Betrachtung erfordern.

Die abweichenden kulturellen Wertvorstellungen des Täters sind auf der Ebene der Schuld zu berücksichtigen. Im Einzelfall ist nach § 17 S. 1 StGB zu prüfen, ob dem Täter Unrechtseinsicht fehlte und er den Irrtum nicht vermeiden konnte. Im Rahmen des Verbotsirrtums wird dem Täter nicht vorgeworfen, sich nicht in die deutsche Gesellschaft integriert zu haben. Vielmehr ist nach den allgemeinen Grundsätzen des Verbotsirrtums auf individuelle Maßstäbe abzustellen. Für den Fall, dass sich der Täter auf ein fehlendes Unrechtsbewusstsein beruft, ist zu prüfen, ob ein Anlass vorlag, welcher den Täter zum Hinterfragen der Rechtmäßigkeit seines Verhaltens motivieren sollte. Ein solcher Anlass liegt regelmäßig bei Taten vor, welche die körperliche Integrität beeinträchtigen. Unabhängig von der Kultur oder Religion ist es dem Täter in solchen Fällen zuzumuten, sich in dem jeweiligen Land der Rechtsordnung zu vergewissern.

Darüber hinaus ist im Zeitalter der Digitalisierung das fehlende Unrechtsbewusstsein im Kernstrafrecht generell zu problematisieren. Dem Täter wird nur im absoluten Ausnahmefall im Kernstrafrecht Unrechtseinsicht fehlen. In einer immer zunehmend vernetzten Welt werden dem Täter nur im äußerst seltenen Fall, die in Deutschland geltenden Grundrechtsstandards verborgen bleiben. Jedenfalls ist der Verbotsirrtum grundsätzlich vermeidbar, da die meisten Täter in Deutschland geboren sowie aufgewachsen sind und sich infolge der Digitalisierung zumindest im Kernstrafrecht über die Rechtmäßigkeit ihres Verhaltens erkundigen können. Bei einem Ehrenmord sollte ein Verbotsirrtum nach § 17 S. 1 StGB nicht grundsätzlich aufgrund der abweichenden kulturellen Wertvorstellung des Täters in Betracht gezogen werden. Regelmäßig fehlt in der heutigen Zeit dem Täter nicht die Einsicht, Unrecht zu tun. Vielmehr setzt der Täter seine Handlungsmaxime bewusst in Gegensatz zu der hiesigen Wertordnung. Der Täter orientiert sich ausschließlich an der moralischen bzw. religiösen Legitimation der Tat, welche sein Verhalten prägt.

Kapitel 3: Zwangsheirat und Ehrenmord

Wer sich ausführlich mit Ehrenmorden befasst, wird regelmäßig mit dem kulturellen Phänomen der Zwangsheirat konfrontiert. Grundsätzlich unterscheiden sich beide Taten, da Ehrenmord ein Tötungsdelikt ist und

Zwangsheirat hingegen ein Freiheitsdelikt, welches die personale Freiheit einer Person vor Zwangswirkungen schützen soll. Beide Taten sind aber auf das patriarchalische Rollenverständnis der Täter zurückzuführen, welches die Frau als Besitz des Mannes definiert. Viele Ehrenmorde sind auf eine Zwangsheirat zurückzuführen, von der sich die Frau lösen will oder vor der Eheschließung die Flucht ergreift. Aus diesem Grund sollten beide Delikte grundsätzlich nicht isoliert voneinander betrachtet werden.

Dafür werden zunächst ausgewählte Probleme des § 237 StGB näher beleuchtet, welche insbesondere einen Bezug zu Ehrenmorden aufweisen. § 237 StGB wurde durch Art. 4 Nr. 2 des Gesetzes zur Bekämpfung der Zwangsheirat zum besseren Schutz der Opfer von Zwangsheirat sowie zur Änderung weiterer aufenthalts- und asylrechtlicher Vorschriften vom 23.06.2011 eingeführt und trat am 01.07.2011 in Kraft.[531] Dadurch sollen zum einen die Betroffenen der Zwangsheirat verstärkt geschützt und zum anderen das Bewusstsein der Öffentlichkeit für das Unrecht, welches jeder Zwangsheirat innewohnt, geschärft werden.[532] Obwohl das Anliegen des Gesetzgebers, Zwangsheirat in Deutschland zu bekämpfen, auf allgemeinen Konsens gestoßen ist, wurde die strafrechtliche Regulierung aus symbolischen Gründen ungeachtet von Detailfragen zur Norm kritisiert.[533] Letztlich wird die Zwangsheirat im Fall Sürücü untersucht. Der Fall Sürücü hat nicht nur das kulturelle Phänomen des Ehrenmordes in den Fokus der Gesellschaft avanciert, sondern *Sütçü* zufolge auch die Einführung des Straftatbestandes der Zwangsheirat beschleunigt.[534] Somit ist zu untersuchen, ob im Fall Sürücü eine Zwangsheirat im rechtlichen Sinne existiert.

I. Definition

Eine Zwangsheirat liegt vor, wenn mindestens einer der Eheschließenden durch Willensbeugung oder Druck zur Ehe gezwungen wird.[535] In der

531 Vgl. BeckOK StGB/*Valerius*, § 237 Rn. 1.

532 BT-Drs. 17/4401, 1.

533 Vgl. *Fischer*, StGB, § 237 Rn. 2a; BeckOK StGB/*Valerius*, § 237 Rn. 1.3; *Hildebrand*, Die Bekämpfung der Zwangsheirat in Deutschland, S. 136 f.; *Letzgus*, FPR 2011, 451 (453); *Valerius*, JR 2011, 430 ff.

534 *Sütçü*, Zwangsheirat und Zwangsehe, S. 36.

535 BT-Drs. 17/4401, S. 8; *Hildebrand*, Die Bekämpfung der Zwangsheirat in Deutschland, S. 141; *Schubert/Moebius*, ZRP 2006, 33 (34); *Letzgus*, FPR 2011, 451 (452); *Yerlikaya/Çakir-Ceylan*, ZIS 2011, 205 (206).

Regel sind junge Frauen mit Migrationsgeschichte von einer Zwangsheirat betroffen. Sie werden im Herkunftsland ihrer Eltern, in dem sie regelmäßig ihre Ferien gemeinsam verbringen, verlobt und verheiratet, ohne zuvor diesbezüglich informiert zu werden. Danach müssen sie gegen ihren Willen im Ausland bei ihrem Ehemann bleiben.[536] Die Eltern bezwecken durch die Ehe eine garantierte Grundversorgung für ihre Töchter, da diese nach ihrer Vorstellung selbst ohne einen Ehemann dazu nicht in der Lage sind.[537]

Auch junge Männer können Opfer von Zwangsheirat sein, da die Betroffenen meistens zur Ehe auch deshalb genötigt werden, um eine enge Verbundenheit zur eigenen Kultur und Tradition bei den Kindern, die in westlichen Gesellschaften aufgewachsen sind, aufrecht zu erhalten bzw. zu fördern.[538] Daher werden insbesondere junge türkische Männer in Deutschland mit Frauen aus der Türkei verheiratet, wenn die Eltern befürchten, dass ihr Kind unter schlechte Einflüsse wie etwa Kontakt zu Drogen geraten ist.[539] Mithin ist die Zwangsheirat für viele Eltern eine vielversprechende Erziehungsmethode für ihre Kinder. Aus diesem Grund sind meistens Minderjährige Opfer einer Zwangsheirat.[540] Dem Kind soll die Entscheidungsfreiheit über das eigene Leben frühzeitig genommen werden, da aufgrund dieser Freiheit in Deutschland befürchtet wird, dass sich die Kinder von der Religion sowie Tradition der Familie distanzieren und damit die Familienehre gefährden. Nach den Vorstellungen der Eltern ist die Entscheidungsfreiheit gefährlich für die Erziehung des Kindes, sodass nur die Ehe vor dieser Gefahr schützen kann. Zudem soll die Verantwortung über die Sittsamkeit der Tochter durch die Ehe auf den Ehemann übergehen.[541]

---

536 BT-Drs. 17/4401, S. 8; *Schubert/Moebius*, ZRP 2006, 33 (34).

537 *Eisele/Majer*, NStZ 2011, 546 (547); *Valerius*, JR 2011, 430 (432).

538 BT-Drs. 17/4401, S. 8; BeckOK StGB/*Valerius*, § 237 Rn. 1.1; *Hörnle*, Gutachten C für den 70. Deutschen Juristentag, S. 60; *Kelek*, ZAR 2006, 232 (233).

539 Kelek, ZAR 2006, 232 (233).

540 *Schubert/Moebius*, ZRP 2006, 33 (34); *Haas*, JZ 2013, 72 (74).

541 *Hildebrand*, Die Bekämpfung der Zwangsheirat in Deutschland, S. 85; *Saric*, Ehre, Scham und Schande, S. 46; *Schiffauer*, Die Gewalt der Ehre, S. 75.

Darüber hinaus sind finanzielle Aspekte, wie beispielsweise die Zahlung eines Brautpreises[542], von großer Bedeutung für eine Zwangsheirat.[543] Somit ist die Zwangsheirat Ausdruck eines traditionell-patriarchalischen Familienverständnisses, welches den Betroffenen das Recht auf Selbstbestimmung verwehrt.[544] Zudem missachten die Eltern die durch die Verfassung gewährleistete Eheschließungsfreiheit der Kinder.[545] Die Zwangsheirat ist letztlich darauf zurückzuführen, dass die Heirat nicht als Verbindung zweier Menschen auf Basis von Liebe interpretiert wird, sondern Vertraulichkeit, ökonomische Aspekte sowie das traditionelle Rollenverständnis in den Vordergrund treten. Deshalb wird die Heirat nicht als individuelle Entscheidung charakterisiert, sondern als eine kollektivistische Bestimmung.[546]

II. Formen der Zwangsheirat

Grundsätzlich ist zwischen vier Formen der Zwangsheirat zu unterscheiden, wobei nicht immer eine eindeutige Zuordnung möglich ist. Zunächst liegt eine Zwangsheirat in Deutschland vor, wenn die zwangsverheirateten Personen in Deutschland leben. Dies ist insbesondere innerhalb von türkischen und kurdischen Migrantengruppen üblich.[547] Eine weitere Form der Zwangsheirat ist gegeben, wenn ein in Deutschland lebender Mann mit einer Frau aus dem Herkunftsland verheiratet wird und sie anschließend nach Deutschland einreist. In so einem Fall wird regelmäßig von sog. *Importbräuten* gesprochen.[548] Das künftige Ehepaar hat sich in den meisten Fällen noch nie gesehen oder es wurden lediglich Fotos gezeigt.

---

542 Anlässlich der Hochzeit übergibt der Bräutigam oder die Familie regelmäßig einen Geldbetrag an den Vater der Braut, dazu *Toprak*, Das schwache Geschlecht – die türkischen Männer, S. 102 ff.

543 BT-Drs. 17/4401, S. 8; BeckOK StGB/*Valerius*, § 237 Rn. 1.1; *Toprak*, Das schwache Geschlecht – die türkischen Männer, S. 102 ff.; *Schubert/Moebius*, ZRP 2006, 33 (34).

544 *Hildebrand*, Die Bekämpfung der Zwangsheirat in Deutschland, S. 86; *Göbel-Zimmermann/Born*, ZAR 2007, 54 (55).

545 BT-Drs. 17/4401, S. 8; *Schubert/Moebius*, ZRP 2006, 33 (34); *Valerius*, JR 2011, 430 (431); *Haas*, JZ 2013, 72 (74).

546 *Toprak*, Das schwache Geschlecht – die türkischen Männer, S. 77.

547 *Elyafi-Schulz*, Das Phänomen des „Ehrenmordes", S. 38 ff.; *Hildebrand*, Die Bekämpfung der Zwangsheirat in Deutschland, S. 49.

548 BT-Drs. 17/1213, S. 7; *Hildebrand*, Die Bekämpfung der Zwangsheirat in Deutschland, S. 50; *Schubert/Moebius*, ZRP 2006, 33 (34); *Haas*, JZ 2013, 72 (74).

Die Frauen aus dem jeweiligen Heimatland beherrschen weder die deutsche Sprache noch kennen sie die deutsche Kultur. Aus diesem Grund verspricht sich die Familie durch die Ehe, dass die Frau im Herkunftsland traditionell erzogen wurde und daher ihr Verhalten an den patriarchalischen Geschlechterrollen orientiert, mithin die Familienehre nicht gefährdet.[549] Darüber hinaus entsteht für die Frau ein Abhängigkeitsverhältnis zum Ehemann, da die Braut kein Aufenthaltstitel besitzt, sondern ihr Aufenthaltsrecht vom Ehemann abgeleitet wird. Somit wird sie sich nicht ohne Weiteres von ihrem Ehemann trennen, da sie ansonsten abgeschoben wird und deshalb mit Repressalien durch die eigene Familie zu rechnen hat.[550] Zudem ist es nicht unüblich, dass die Braut die Cousine des Bräutigams ist, da dadurch die Verwandtschaft in der Heimat unterstützt werden kann. Denn somit wird das Ehepaar die Familie der Frau in der Heimat finanziell unterstützen.[551]

Eine weitere Erscheinungsform der Zwangsheirat ist die sog. *„Ferienverheiratung“* oder *„Heiratsverschleppung“*. Dabei werden junge Migrantinnen und Migranten, ohne vorher informiert zu werden, in ihrer Heimat, wo sie üblicherweise ihre Ferien verbringen, verlobt und anschließend verheiratet.[552] Auch hier einigen sich die Eltern des künftigen Brautpaares im Vorfeld über die Eheschließung. Nur in sehr seltenen Fällen ist den Betroffenen vorher die geplante Ehe bekannt. In so einem Fall versucht die Mutter im Vorfeld das Kind auf den künftigen Partner einzustimmen, indem sie in regelmäßigen Abständen über den Zukünftigen als gutaussehenden und intelligenten Partner spricht. Meistens trifft dies auf junge Migrantinnen zu, welche dann schrittweise zur Ehe geführt werden und im Anschluss im Ausland bleiben müssen.[553] Viel häufiger kommt es jedoch dazu, dass den jungen Frauen ein Urlaub vorgespielt, diese dann im Herkunftsland verheiratet und als Arbeitskraft in der Schwiegerfamilie zurückgelassen werden. Damit sie nicht die Flucht ergreifen können, wird ihnen zusätzlich der Reisepass abgenommen.[554]

---

549 *Elyafi-Schulz*, Das Phänomen des „Ehrenmordes“, S. 39.

550 *Hildebrand*, Die Bekämpfung der Zwangsheirat in Deutschland, S. 50 f.

551 *Toprak*, Das schwache Geschlecht – die türkischen Männer, S. 126.

552 BT-Drs. 17/1213, S. 7; *Elyafi-Schulz*, Das Phänomen des „Ehrenmordes“, S. 39; *Hildebrand*, Die Bekämpfung der Zwangsheirat in Deutschland, S. 51 f.; *Schubert/Moebius*, ZRP 2006, 33 (34); *Eisele/Majer*, NStZ 2011, 546 (547); *Haas*, JZ 2013, 72 (75).

553 BT-Drs. 17/1213, S. 7; *Eisele/Majer*, NStZ 2011, 546 (547).

554 *Hildebrand*, Die Bekämpfung der Zwangsheirat in Deutschland, S. 52.

Schließlich gibt es noch eine Form der Zwangsheirat, die hauptsächlich die legale Einwanderung nach Deutschland ermöglichen soll und deshalb als *„Verheiratung für ein Einwanderungsticket"* bezeichnet wird. Dabei wird regelmäßig eine Frau mit einem gesicherten Aufenthaltsstatus in Deutschland gegen ihren Willen mit einem im Ausland lebenden Mann verheiratet, um somit im Rahmen des Ehegattennachzugs die legale Einwanderung nach Deutschland zu ermöglichen. In der Regel handelt es sich dabei um Verwandte oder der Familie besonders nahestehende Personen.[555] Auch diese Art der Zwangsheirat dient dazu, die Verwandtschaft zu unterstützen, da die Arbeitsbedingungen in Deutschland regelmäßig günstiger sind. Zudem wird dadurch gewährleistet, dass sich die Nachfolgegenerationen an den traditionellen Wertvorstellungen orientieren, weil der Bräutigam die Ehefrau und die Kinder dahingehend kontrollieren wird.[556] Insbesondere in dieser Form der Zwangsheirat sind Frauen körperlicher wie seelischer Gewalt ausgesetzt, da nicht selten die Männer aufgrund der Sprachbarriere und teilweise mangelnder Bildung nicht in der Lage sind, sich in Deutschland zu akklimatisieren. Dies führt zu einer zunehmenden Frustration, die sich zu einer regelmäßigen Gewaltausübung gegenüber der Frau und den Kindern entwickelt.

Die Zwangsheirat ist Ausdruck eines patriarchalisch-traditionellen Familienverständnisses, welches sich allerdings nicht auf den islamischen Kulturkreis beschränkt, sondern auch in unterschiedlichen religiösen und ethnischen Gruppen vorkommt.[557] In diesem Zusammenhang sind etwa die sog. *„Verwandten-Ehen"* von christlichen Minderheiten in islamischen Staaten zu nennen, die in der Regel den Erhalt der eigenen Gemeinschaft intendieren.[558] In Deutschland wird die Zwangsverheiratung regelmäßig mit dem islamischen Glauben in Verbindung gebracht, weil die meisten der bekannt gewordenen Fälle Personen aus islamisch geprägten Kulturkreisen betreffen.[559] Ob sich im Islam eine Legitimationsgrundlage für die Zwangsheirat findet, lässt sich nicht abschließend bestimmen, da sich im Islam unterschiedliche Rechtsschulen entwickelt haben, die sich in Be-

---

555 BT-Drs. 17/1213, S. 7; MüKoStGB/*Wieck-Noodt*, § 237 Rn. 7; *Hildebrand*, Die Bekämpfung der Zwangsheirat in Deutschland, S. 53; *Hillgruber*, ZAR 2006, 304 (308 f.); *Schubert/Moebius*, ZRP 2006, 33 (34); *Eisele/Majer*, NStZ 2011, 546 (547); *Haas*, JZ 2013, 72 (74).

556 *Elyafi-Schulz*, Das Phänomen des „Ehrenmordes", S. 39 f.

557 BT-Drs. 17/4401, S. 8; bereits BT-Drs. 17/1213, S. 7; *Schubert/Moebius*, ZRP 2006, 33 (34); *Sotiriadis*, NK 2015, 62 (65).

558 *Göbel-Zimmermann/Born*, ZAR 2007, 54 (54).

559 *Hildebrand*, Die Bekämpfung der Zwangsheirat in Deutschland, S. 90.

zug auf Auslegung und Anwendung von Rechtsbestimmungen unterscheiden.[560] Jedenfalls kann ein Bezug zum Islam nicht absolut ausgeschlossen werden.[561]

Die Türkisch Islamische Union der Anstalt für Religion e.V. (DITIB) ist die größte türkische sunnitisch-islamische Organisation in Deutschland und nahm in einer Freitagspredigt vom 28.06.2019 zum Thema Zwangsheirat wie folgt Stellung: *„Das eigentliche Ziel der Eheschließung liegt darin, eine Familie zu gründen. Die Ehepartner sollen sich absprechen. Sie sollen in Verbundenheit und Liebe zueinanderstehen. […] Daher erlaubt der Islam keineswegs Zwangsehen. Schließlich macht das die Ehepartner nur unglücklich. […] Wie sehr viele Traditionen und auch die Ehrenmorde, ist die Zwangsheirat eine unislamische Praxis, die dem Islam angelastet wird. Dies geht darauf zurück, dass man den Islam missversteht. Oder den Islam nicht richtig kennt. Oder mehr den Traditionen folgt als dem Islam. Im Islam – wie in allen anderen Offenbarungsreligionen auch – ist die Gründung einer Familie sowie ihr Schutz heilig. Die Kontinuität einer solch heiligen Institution ist aber nur möglich, wenn die Ehe mit eigenem Willen gegründet wird.“*[562] In den DITIB Moscheen werden daher die Imam-Ehen[563] erst dann vollzogen, wenn das Ehepaar ihre staatliche Eheurkunde vorlegen kann. Damit soll Zwangsheirat unterbunden und ein Zeichen für die Wichtigkeit der staatlichen Trauung gesetzt werden. Dennoch kommt es in Deutschland vermehrt im islamischen Kreis zur Zwangsheirat. Dies ist insbesondere auf die erste Zuwanderergeneration zurückzuführen, die hier ihre eigenen Wertvorstellungen konservieren wollten. Die beste Möglichkeit hierfür sahen sie in dem Erhalt der traditionellen Familienstrukturen, sodass viele Ehen im Ausland geschlossen wurden und zahlreiche Einwanderungen mit sich brachten. Für diese gängige Praxis wird regelmäßig die Religion als Rechtfertigung herangezogen.[564]

---

560 Vgl. *Hildebrand*, Die Bekämpfung der Zwangsheirat in Deutschland, S. 90 ff.; ferner *Çakir-Ceylan*, Gewalt im Namen der Ehre, S. 135 ff.; *Schirrmacher*, Die Frage der Freiwilligkeit der islamischen Eheschließung, S. 9 ff.

561 *Hildebrand*, Die Bekämpfung der Zwangsheirat in Deutschland, S. 93; a.A. *Fadlalla*, FRP 2011, 449 (451).

562 Freitagspredigt DITIB vom 28.06.2019: Zwangsheirat ist mit der Menschenwürde nicht vereinbar, abrufbar unter http://ditib.de/detail_predigt1.php?id=469&lang=de (25.02.2021).

563 Hierzu Fn. 21.

564 Vgl. *Hildebrand*, Die Bekämpfung der Zwangsheirat in Deutschland, S. 93.

III. Arrangierte Ehe

Die Zwangsheirat ist von einer arrangierten Ehe abzugrenzen. Bei einer arrangierten Ehe haben die Eheschließenden die Möglichkeit, in freier Entscheidung eine Ehe einzugehen.[565] Das heißt, dass den Betroffenen zwar eine Person als potenzieller Ehepartner vorgestellt wird, jedoch das letzte Wort bei der betroffenen Person bleibt.[566] Gegenwärtig sind viele Jugendliche mit Migrationsgeschichte der dritten Generation vom Konzept der arrangierten Ehe überzeugt, da ihnen dies mehr Sicherheit als eine Liebesehe verspricht. Vor allem in einer Zeit, in der sich Ehepartner immer häufiger scheiden lassen, entsteht bei vielen jungen Menschen die Angst, sich ebenfalls eines Tages von ihren künftigen Ehepartnern zu trennen. Da viele Migranteneltern infolge eines Arrangements geheiratet haben und sich (im Regelfall) trotz vieler Probleme bis zum Tod nicht scheiden lassen, verspricht eine arrangierte Ehe vielen Jugendlichen mit Migrationsgeschichte in Deutschland eine begrüßungswerte Zukunft in Form einer glücklichen sowie beständigen Ehe.[567] Hinzu kommt, dass viele Männer mit (türkischen) Frauen in Deutschland schlechte Erfahrungen gemacht haben. Deswegen empfinden zahlreiche Männer die in Deutschland geborenen und aufgewachsenen (türkischen) Frauen regelmäßig als unehrenhaft, weil diese aus ihrer Sicht emanzipiert sind und sich somit den Wünschen sowie Vorstellungen der Männer nicht unterordnen. Nach ihrer Auffassung können diesem Bedürfnis nur (türkische) Frauen gerecht werden, die in der Heimat sehr konservativ aufgewachsen sind. Aus diesem Grund stimmen sie optimistisch einer arrangierten Ehe mit einer bislang unbekannten Frau in der Heimat zu.[568]

Anzumerken ist jedoch, dass die Grenze zwischen einer arrangierten Ehe und einer Zwangsheirat fließend sein kann, wenn etwa eine freie Entscheidung gewährt wird, gleichzeitig jedoch der Druck der Familie

---

565 BT-Drs. 17/4401, S. 8; *Sütçü*, Zwangsheirat und Zwangsehe, S. 45; *Schubert/Moebius*, ZRP 2006, 33 (34); *Göbel-Zimmermann/Born*, ZAR 2007, 54 (54); *Ensenbach*, JURA 2012, 507 (508).

566 *Hildebrand*, Die Bekämpfung der Zwangsheirat in Deutschland, S. 26; *Straßburger*, Zwangsheirat und arrangierte Ehe, S. 71; *Yerlikaya/Çakir-Ceylan*, ZIS 2011, 205 (206).

567 *Seesko*, Die Strafbarkeit von Zwangsverheiratungen nach dem StGB und dem VStGB, S. 35; *Straßburger*, Zwangsheirat und arrangierte Ehe, S. 71; *Sütçü*, Zwangsheirat und Zwangsehe, S. 99.

568 *Toprak*, Das schwache Geschlecht – die türkischen Männer, S. 93.

so hoch ist, dass faktisch keine freie Entscheidung mehr möglich ist.[569] Daher kann beispielsweise aus einer arrangierten Ehe, der zunächst beide Partner zustimmten, eine Zwangsheirat entstehen, wenn dem künftigen Ehepaar nach der Verlobung Zweifel aufkommen, diese aber trotzdem die Ehe aufgrund von familiärem und gesellschaftlichem Druck oder aus Angst vor Sanktionen vollziehen.[570] Es gibt gleichwohl Fälle, in denen sich die Betroffenen nicht trauen, einen Ehevorschlag der Eltern abzulehnen, obwohl sie tatsächlich keine Sanktionen befürchten müssen. Für viele Personen mit Migrationsgeschichte der dritten Generation ist die Beziehung zur Familie besonders wichtig, sodass sie jeden potenziellen Konflikt vermeiden. Daher kann aus einem herangebrachten Ehevorschlag faktisch eine Zwangswirkung entstehen, die tatsächlich nicht besteht. Aus diesem Grund kommt es im Einzelfall nicht auf die Bezeichnung der Ehe als „arrangiert“ oder „gezwungen“ an, sondern auf die jeweiligen Umstände.

IV. Eingehung zur Ehe

Der Nötigungserfolg des § 237 Abs. 1 S. 1 StGB ist die Eingehung zur Ehe. Für den Anwendungsbereich der Norm ist zunächst zu fragen, wie der Ehebegriff auszulegen ist, da dieser Punkt diskutiert wird. Einigkeit besteht darin, dass jedenfalls alle wirksamen Ehen von § 237 Abs. 1 S. 1 StGB erfasst werden, welche nach den Maßgaben der §§ 1303 ff. BGB geschlossen wurden.[571] Regelmäßig liegen jedoch kultische oder religiöse Ehen (sog. *Nichtehen*) vor, welche nach nationalem Recht keine rechtliche Wirkung entfalten, sodass sie möglicherweise nicht vom Tatbestand erfasst werden.[572] Auf nationale Ebene übertragen wäre zu fragen, ob kirchliche Trauungen den Tatbestand der Ehe im Sinne des § 237 Abs. 1 S. 1 StGB erfüllen.[573] Für die Einbeziehung von religiösen oder kultischen Ehen spricht zunächst der Sinn und Zweck der Norm, da religiöse Ehen durchaus in vielen Kreisen faktisch eine Zwangs- bzw. Bindungswirkung auslösen können, welche für die Betroffenen intensiver als eine staatliche

---

569 *Kelek*, Heirat ist keine Frage, S. 90; *Seesko*, Die Strafbarkeit von Zwangsverheiratungen nach dem StGB und dem VStGB, S. 107.

570 *Straßburger*, Zwangsheirat und arrangierte Ehe, S. 70; *Kelek*, ZAR 2006, 232 (234).

571 *Hildebrand*, Die Bekämpfung der Zwangsheirat in Deutschland, S. 141; *Eisele/Majer*, NStZ 2011, 546 (550).

572 *Ensenbach*, JURA 2012, 507 (509).

573 BeckOK StGB/*Valerius*, § 237 Rn. 6.1.; *ders.*, JR 2011, 430 (432).

Trauung sein kann. Denn für die Beteiligten kann grundsätzlich eine Scheidung von einer religiösen Ehe problembeladener als von einer staatlichen Ehe sein.[574]

Des Weiteren spricht der Wortlaut der Norm nicht gegen die Auslegung des Tatbestandes auf sog. Nichtehen, da nach dem allgemeinen Sprachgebrauch für „Ehe" keine rechtliche Verbindlichkeit vorausgesetzt wird.[575] Indem § 237 Abs. 1 S. 1 StGB nur rechtlich verbindliche Ehen erfasst, fallen aus dem Schutzbereich der Norm eheunmündige bzw. minderjährige Opfer heraus.[576] Diese Personengruppe ist jedoch besonders von einer Zwangsheirat bedroht. Letztlich würde die Eingrenzung des Tatbestandes auf rechtlich verbindliche Ehen der Intention des Gesetzgebers zuwiderlaufen, welcher ein „eindeutiges Signal" gegen Zwangsheirat setzen wollte,[577] da diese häufig nur nach religiösen Regeln geschlossen werden.[578]

Gegen die tatbestandliche Erfassung von sog. Nichtehen spricht in systematischer Hinsicht der einheitliche Ehebegriff. So setzt beispielsweise der Straftatbestand der Doppelehe gemäß § 172 Nr. 1 StGB eine formell gültige und somit rechtlich verbindliche, wenn auch materiell aufhebbare, Ehe voraus.[579] Nicht nur im Strafrecht ist im Lichte der Einheit der Rechtsordnung die tatbestandliche Erfassung von sog. Nichtehen zu problematisieren. Denn der Wortlaut des § 237 StGB („Eingehung zur Ehe") stimmt mit der Titelüberschrift der §§ 1303 ff. BGB überein und ist deshalb akzessorisch zum zivilrechtlichem Ehebegriff, welcher auf rechtlich wirksame Ehen beschränkt ist.[580] Zudem werden grundsätzlich auch nach dem verfassungsrechtlichen Ehebegriff gemäß Art. 6 Abs. 1 GG nicht solche Verbindungen erfasst, welche den Anforderungen der §§ 1303 ff. BGB nicht genügen, sodass auch religiöse Ehen nicht berücksichtigt werden.[581]

---

574 Sch/Sch/*Eisele*, § 237 Rn. 14a; *Seesko*, Die Strafbarkeit von Zwangsverheiratungen nach dem StGB und dem VStGB, S. 89; *Eisele/Majer*, NStZ 2011, 546 (551); *Majer*, JSE 2015, 241 (241).

575 *Hildebrand*, Die Bekämpfung der Zwangsheirat in Deutschland, S. 158; ferner BeckOK StGB/*Valerius*, § 237 Rn. 6.1.

576 *Haas*, JZ 2013, 72 (80); *Sotiriadis*, NK 2015, 62 (70).

577 BT-Drs. 17/1213, S. 9.

578 Sch/Sch/*Eisele*, § 237 Rn. 14a.

579 *Fischer*, StGB, § 172 Rn. 3; *Seesko*, Die Strafbarkeit von Zwangsverheiratungen nach dem StGB und dem VStGB, S. 91; *Sotiriadis*, NK 2015, 62 (71).

580 *Hildebrand*, Die Bekämpfung der Zwangsheirat in Deutschland, S. 157 f.; *Seesko*, Die Strafbarkeit von Zwangsverheiratungen nach dem StGB und dem VStGB, S. 83; *Valerius*, JR 2011, 430 (432).

581 *Hildebrand*, Die Bekämpfung der Zwangsheirat in Deutschland, S. 160; BeckOK GG/*Uhle*, Art. 6 Rn. 10; *Bülte/Becker*, ZIS 2012, 61 (65).

Dem steht auch nicht der Umstand entgegen, dass in gewissen Kreisen eine religiöse oder kultische Ehe faktisch eine zumindest genauso große Zwangswirkung wie die staatliche Ehe auslösen kann. Denn während sich das Opfer von einer religiösen Ehe ohne rechtliche Beeinträchtigung lösen kann, begründet die zivilrechtliche Ehe ein formalisiertes Verfahren zur Ehescheidung bzw. -aufhebung und begründet nacheheliche Pflichten wie z.B. Unterhalt nach §§ 1570 ff. BGB.[582] Darüber hinaus steht der eindeutige Wille des Gesetzgebers der tatbestandlichen Erfassung von religiösen und kultischen Ehen entgegen. Denn die Ratio der Norm beschränkt sich auf den Schutz vor Zwang zu einer ungewollten dauerhaften rechtlichen Verbindung.[583] Dies führt wiederum nicht zu eventuellen Strafbarkeitslücken, da vergleichbare Eheschließungen vom § 240 Abs. 1 StGB erfasst werden, wenn sie von vornherein als Nötigungserfolg des § 237 Abs. 1 S. 1 StGB ausscheiden.[584] Mithin sind nur staatlich anerkannte Ehen vom Tatbestand des § 237 Abs. 1 S. 1 StGB erfasst, die den Maßgaben der §§ 1303 ff. BGB entsprechen.[585] Es ist kein vertretbarer Grund ersichtlich, warum die Interpretation des § 237 Abs. 1 S. 1 StGB losgelöst vom Willen des Gesetzgebers und der Gesetzessystematik erfolgen soll.

Um der undifferenzierten Rechtslage entgegenzuwirken, wird de lege ferenda für die Änderung des Wortlauts der Norm plädiert.[586] Unter anderem werden die Abänderungen „Ehe oder eheähnliche Verbindung"[587] bzw. „Ehe, welche nach staatlichen, religiösen oder kulturellen Normen als wirksam angesehen wird"[588] vorgeschlagen. Dies wäre für die Intention des Gesetzgebers, Zwangsheirat zielgerichtet zu bekämpfen sowie Betroffene effektiver zu schützen, notwendig. Denn in zahlreichen Fällen wird die Zwangsheirat faktisch nicht nach den Maßgaben der §§ 1303 ff. BGB geschlossen.

582 *Ensenbach*, JURA 2012, 507 (510); a.A. *Majer*, JSE 2015, 241 (241).

583 BT-Drs. 17/4401, S. 12; *Hildebrand*, Die Bekämpfung der Zwangsheirat in Deutschland, S. 159; *Haas* JZ 2013, 72 (78).

584 *Seesko*, Die Strafbarkeit von Zwangsverheiratungen nach dem StGB und dem VStGB, S. 91; *Valerius*, JR 2011, 430 (432); *Bülte/Becker*, ZIS 2012, 61 (66).

585 So auch *Hildebrand*, Die Bekämpfung der Zwangsheirat in Deutschland, S. 164; *Seesko*, Die Strafbarkeit von Zwangsverheiratungen nach dem StGB und dem VStGB, S. 88; *Bülte/Becker*, ZIS 2012, 61 (65); *Ensenbach*, JURA 2012, 507 (509); *Haas*, JZ 2013, 72 (78); *Sotiriadis*, NK 2015, 62 (71).

586 BeckOK StGB/*Valerius*, § 237 Rn. 6.2.

587 *Hörnle*, Gutachten C für den 70. Deutschen Juristentag, S. 61; *Haas*, JZ 2013, 72 (80); *Hilgendorf*, StV 2014, 555 (562); *Renzikowski*, NJW 2014, 2539 (2542).

588 *Majer*, JSE 2015, 241 (243).

V. Machtwort und subtile Druckmittel

Zwangsheirat wird vor allem durch Druckausübung auf die betroffenen Opfer durchgesetzt. Nach § 237 Abs. 1 S. 1 StGB muss das Opfer rechtswidrig mit Gewalt oder durch Drohung mit einem empfindlichen Übel zur Eingehung der Ehe genötigt werden. Zur Auslegung der spezifischen Nötigungsmittel der Zwangsheirat kann überwiegend auf die Grundsätze der Nötigung nach § 240 Abs. 1 StGB rekurriert werden.[589] Demnach ist Gewalt der zumindest auch physisch vermittelte Zwang zur Überwindung eines geleisteten oder erwarteten Widerstandes.[590] Vor diesem Hintergrund ist Nötigen im Sinne des § 237 Abs. 1 S. 1 StGB jede Einwirkung, durch die das Opfer gegen seinen Willen zur Eingehung der Ehe gezwungen wird.[591] Hierbei kommen regelmäßig körperliche oder sexuelle Übergriffe sowie Einschränkungen der Bewegungsfreiheit der betroffenen Person als Gewaltformen in Betracht.[592] Nach überwiegender Ansicht ist die Drohung mit einem empfindlichen Übel das Inaussichtstellen eines künftigen Übels, auf dessen Eintritt der Drohende Einfluss hat oder einen solchen Einfluss vorgibt.[593] Die Drohung muss des Weiteren ein empfindliches Übel beinhalten, also einen Nachteil von solcher Erheblichkeit, sodass die Ankündigung geeignet ist, den Bedrohten im Sinne des Täterverlangens zu motivieren.[594] Zudem kann die Drohung ausdrücklich oder auch konkludent erklärt werden.[595]

Bloße Unannehmlichkeiten oder Enttäuschungen sind hierfür nicht ausreichend, vielmehr kommt es für die Empfindlichkeit der Drohung darauf

---

589 *Fischer*, StGB, § 237 Rn. 10; *Eisele/Majer*, NStZ 2011, 546 (548); *Schuhmann*, JuS 2011, 789 (790); *Valerius*, JR 2011, 430 (432); *Bülte/Becker*, ZIS 2012, 61 (62); *Ensenbach*, JURA 2012, 507 (508); *Haas*, JZ 2013, 72 (76).

590 BGH NJW 1995, 2643 (2644 f.); *Fischer*, StGB, § 240 Rn. 8; *Kindhäuser/Hilgendorf*, LPK-StGB, § 240 Rn. 9; MüKoStGB/*Wieck-Noodt*, § 237 Rn. 42; *Rengier*, BT II, § 23 Rn. 23; *Sering*, NJW 2011, 2161 (2162).

591 *Fischer*, StGB, § 237 Rn. 8 f.; *Hildebrand*, Die Bekämpfung der Zwangsheirat in Deutschland, S. 169.

592 BeckOK StGB/*Valerius*, § 237 Rn. 4; MüKoStGB/*Wieck-Noodt*, § 237 Rn. 43; *Seesko*, Die Strafbarkeit von Zwangsverheiratungen nach dem StGB und dem VStGB, S. 100; *Göbel-Zimmermann/Born*, ZAR 2007, 54 (54).

593 *Fischer*, StGB, § 240 Rn. 31, MüKoStGB/*Wieck-Noodt*, § 237 Rn. 47; *Schuhmann*, JuS 2011, 789 (790); *Sering*, NJW 2011, 2161 (2162).

594 *Kindhäuser/Hilgendorf*, LPK-StGB, Vor §§ 232-241a Rn. 24; MüKoStGB/*Wieck-Noodt*, § 237 Rn. 48; *Rengier*, BT II, § 23 Rn. 44.

595 BGH NJW 1989, 1289 (1289); *Kindhäuser/Hilgendorf*, LPK-StGB, Vor §§ 232-241a Rn. 31; *Sinn*, JuS 2009, 577 (582).

an, ob das Opfer der Drohung in besonnener Selbstbehauptung standhalten kann.[596] Die Opfer können zur Ehe insbesondere durch das Inaussichtstellen von Sanktionen wie etwa Ausschluss aus dem Familienverband, einem Ehrenmord oder weitere erniedrigende und kontrollierende Handlungen genötigt werden.[597] In diesem Zusammenhang ist insbesondere die Drohung durch ein ausgesprochenes „Machtwort" des Familienoberhaupts problematisch, welcher anstandslos die Eingehung zur Ehe des Opfers fordert. Auch wenn sich das Opfer in so einem Fall widerstandslos fügt, liegt regelmäßig kein in Aussicht gestelltes empfindliches Übel vor.[598] Teilweise wird zwar ein solches Ultimatum als konkludente Drohung interpretiert, vor allem wenn das Opfer grundsätzlich in der Vergangenheit bei einem Widerspruch Gewaltanwendungen erfahren hat.[599] Dennoch ist ein Machtwort ohne Ankündigung eines beeinflussbaren Übels nicht ausreichend.[600] Selbst das bloße Ankündigen, dass beim Abstandnehmen von dem Heiratsvorhaben automatisch ein Ehrverlust eintritt, ist nicht als Drohung im Sinne der Norm einzustufen. Denn in so einem Fall gibt der Drohende vor, dass er keinen Einfluss auf das in Aussicht gestellte Übel hat.[601] Dem Opfer wird indes in aller Regel bewusst sein, dass der Ehrverlust zu einem Ehrenmord bzw. anderen Sanktionen führen kann.

Darüber hinaus wird in vielen Fällen auf subtile Druckmittel wie etwa der suggestiven Überredung durch die Familie, wiederholte Konfrontation mit dem Heiratsvorschlag oder auf die Ausübung moralischen Drucks zurückgegriffen, welche ebenfalls nicht als tatbestandsmäßige Drohung auszulegen sind.[602] Subtile Druckmittel sind insbesondere für junge Frau-

---

596 BGHSt 31, 195 (201); *Fischer*, StGB, § 240 Rn. 32a; *Kindhäuser/Hilgendorf*, LPK-StGB, § 240 Rn. 16; BeckOK StGB/*Valerius*, § 240 Rn. 37.

597 BT-Drs. 17/4401, S. 8; *Hildebrand*, Die Bekämpfung der Zwangsheirat in Deutschland, S. 177; MüKoStGB/*Wieck-Noodt*, § 237 Rn. 48; *Seesko*, Die Strafbarkeit von Zwangsverheiratungen nach dem StGB und dem VStGB, S. 107; *Eisele/Majer*, NStZ 2011, 546 (548); *Ensenbach*, JURA 2012, 507 (508).

598 *Hildebrand*, Die Bekämpfung der Zwangsheirat in Deutschland, S. 177 f.

599 *Seesko*, Die Strafbarkeit von Zwangsverheiratungen nach dem StGB und dem VStGB, S. 109; *Ensenbach*, JURA 2012, 507 (508).

600 *Eisele/Majer*, NStZ 2011, 546 (548); *Valerius*, JR 2011, 430 (433); *Yerlikaya/Çakir-Ceylan*, ZIS 2011, 205 (208); *Haas*, JZ 2013, 72 (76).

601 *Seesko*, Die Strafbarkeit von Zwangsverheiratungen nach dem StGB und dem VStGB, S. 108; *Yerlikaya/Çakir-Ceylan*, ZIS 2011, 205 (207); *Haas*, JZ 2013, 72 (76); *Sotiriadis*, NK 2015, 62 (67).

602 *Seesko*, Die Strafbarkeit von Zwangsverheiratungen nach dem StGB und dem VStGB, S. 107 f.; *Yerlikaya/Çakir-Ceylan*, ZIS 2011, 205 (207); *Haas*, JZ 2013, 72 (76); *Sotiriadis*, NK 2015, 62 (67 f.).

en in den meisten Fällen von der psychischen Intensität mit Gewalt oder Drohung mit einem empfindlichen Übel vergleichbar. Die jungen Frauen lieben und respektieren ihre Eltern sehr, sodass Aussagen ihrer Eltern wie „Mach uns ja keine Schande" oder „Du musst die Ehre deines Vaters wahren" kausal für eine selbstauferlegte Verpflichtung sind, die Ehe für das Wohlergehen der Eltern bzw. Familie einzugehen. Insbesondere minderjährige Mädchen, die zunächst nichts von einer geplanten Ehe wissen, freuen sich, dass ihnen von Seiten der Familie plötzlich mehr Aufmerksamkeit geschenkt wird. Nachdem sie jedoch die eigentliche Intention erkennen, trauen sie sich nicht mehr von dem Heiratsvorhaben Abstand zu nehmen. Nach einigen Jahren realisieren viele (junge) Frauen, dass sie die Ehe nicht aufrechterhalten wollen und suchen nach Möglichkeiten, sich von ihrem Ehemann zu trennen. Denn ihnen ist bewusst, dass sie durch die Trennung mit Repressalien durch die Familie rechnen müssen, die zu einem Ehrenmord oder zum Ausschluss aus dem Familienverband führen können. Aufgrund ihrer Ausweglosigkeit nehmen sie dann die ungewollte Ehe als geringeres Übel in Kauf.[603] Den Leittragenden fehlt die familiäre bzw. gesellschaftliche Stütze, um sich aus ihrer Zwangslage zu befreien. Daher leben sie wie eine Sklavin (sit venia verbo), welche sich der traditionell-patriarchalischen Familienstruktur unterordnet und auf ihr Selbstbestimmungsrecht verzichtet, um am Leben bleiben zu dürfen bzw. nicht aus dem Familienverband ausgeschlossen zu werden.[604] Aus diesem Grund wird zum Teil gefordert, dass de lege ferenda subtile Druckmittel ebenfalls in den Tatbestand des § 237 Abs. 1 S. 1 StGB für einen effektiven Minderjährigenschutz aufgenommen werden.[605]

Dies würde jedoch erhebliche Auslegungsschwierigkeiten zu arrangierten Ehen nach sich ziehen, welche nicht strafbar sind. Zudem steht dadurch ein erheblicher Teil der Migranten unter Generalverdacht, ihre Kinder zu einer Ehe zu zwingen.[606] Des Weiteren müssten subtile Druckmittel als normatives Tatbestandsmerkmal einer juristischen Bewertung unterzogen werden,[607] welches im Einzelfall aufgrund der Vielfältigkeit nicht hinreichend bestimmbar sein könnte. Denn Druckmittel werden

---

603 *Göbel-Zimmermann/Born*, ZAR 2007, 54 (55).

604 Vgl. dazu auch *Toprak*, Das schwache Geschlecht – die türkischen Männer, S. 121 ff.; Weitere Umstände und Zwangsheiratskonstellationen zu finden bei *Hildebrand*, Die Bekämpfung der Zwangsheirat in Deutschland, S. 96 ff.; *Yerlikaya*, Zwangsehen, S. 94 ff.

605 *Hörnle*, Gutachten C für den 70. Deutschen Juristentag, S. 59 ff.

606 *Sotiriadis*, NK 2015, 62 (69).

607 Vgl. zu normativen Tatbestandsmerkmalen: *Rengier*, AT, § 8 Rn. 12 ff.

unterschiedlich interpretiert und rufen deshalb Auslegungsschwierigkeiten hervor. So könnte bereits ein bloßer Heiratsvorschlag als subtiles Druckmittel subsumiert werden, wenn das Opfer (aus womöglich irrationalen Gründen) davon ausgeht, keinen Ausweg mehr zu haben. Indem jegliche Überredungsversuche vom Tatbestand der Zwangsheirat erfasst werden, geht damit die unweigerliche Folge einher, dass zum Teil bereits die alltägliche Kommunikation in Bezug auf die Eheschließung einer strafwürdigen Rechtsgutsverletzung entspricht.[608] Auch im Hinblick auf die Beweiswürdigung sind damit große Schwierigkeiten verbunden.

VI. Zwangsheirat und Ehrenmord

Ehrenmorde sind auf einen vermeintlichen Ehrverlust der Familie oder des Ehemanns zurückzuführen. Die Beteiligten interpretieren einen Widerstand gegen die Zwangsheirat, die von der Frau ausgehende Scheidung sowie Ehebruch als Ehrverletzung.[609] Deshalb haben Ehrenmorde zuweilen ihren Ausgangspunkt in einer vorausgegangenen Zwangsheirat. Zudem können auch arrangierte Ehen einen Ehrenmord zur Folge haben. Zu denken ist etwa an einen Fall, in dem sich die Beteiligten mit der Einwilligung der Eltern treffen, um sich näher kennen zu lernen. Anschließend hat das Paar sexuellen Kontakt und die Frau wird schwanger. Wenn sie realisieren, dass sie nicht mehr heiraten wollen, so würde die Familie der Frau den Mann zu einer Ehe zwingen, um nicht einen Ehrverlust durch die unverheiratete schwangere Frau zu erfahren. Ist der Mann wiederum entschieden gegen die Heirat, so wird dieser meistens von der Familie getötet.[610] Hinzu kommt, dass danach regelmäßig auch die Frau getötet wird. Dies gilt nicht, wenn sie in der Heimat verheiratet werden kann, da somit niemand im sozialen Umfeld den Ehrverlust wahrnimmt. Mithin sind Zwangsheirat sowie arrangierte Ehe und Ehrenmorde nicht völlig losgelöst voneinander zu betrachten. Durch die negativen Erfahrungen aus der Zwangsehe, die von ständiger Gewalt und Unterdrückung geprägt sind, intensiviert sich bei den betroffenen Frauen der Wunsch, ein selbst-

608 *Sotiriadis*, NK 2015, 62 (68).

609 *Çakir-Ceylan*, Gewalt im Namen der Ehre, S. 71; *Elyafi-Schulz*, Das Phänomen des „Ehrenmordes", S. 39; *Erbil*, Toleranz für Ehrenmörder?, S. 169; *Pohlreich*, „Ehrenmorde" im Wandel des Strafrechts, S. 30; *Sütçü*, Zwangsheirat und Zwangsehe, S. 134.

610 Vgl. hierzu BGH NJW 1980, 537 (537); *Çakir-Ceylan*, Gewalt im Namen der Ehre, S. 229; *Valerius*, Kultur und Strafrecht, S. 65.

bestimmtes, also freies Leben zu führen. Diese Freiheit wird jedoch von ihrer Familie als Gefahrenquelle für ihre Ehre angesehen, sodass sie diese Freiheit mit allen Mitteln unterbinden möchten.

Deshalb entsteht meistens zum ersten Mal ein größerer Konflikt zwischen der (jungen) Frau und der Familie, wenn sich diese einer geplanten Zwangsheirat widersetzt.[611] Während die Familie zügig die Ehe vollziehen möchte, um die Gefahr eines Ehrverlustes von sich abzuwenden, möchte sich die Frau davon distanzieren. Viele Frauen beabsichtigen ein selbstbestimmtes Leben zu führen und möchten dafür die Flucht ergreifen. Hierzu sehen sie sich jedoch unmittelbar vor der Zwangsheirat endgültig verpflichtet. Wenn sie vor der Ehe fliehen können, wird die Familie regelmäßig nach ihr suchen und sie dafür sanktionieren. Die Flucht nach der Eheschließung führt wiederum dazu, dass die Frau zusätzlich mit gravierenden Repressalien von ihrem Ehemann zu rechnen hat. Zudem wird eine weitere Person sie auf der Flucht zielstrebig verfolgen, da die vermeintlich verletzte Ehre in diesem Fall hauptsächlich die des Mannes ist. Mithin ist das Konfliktpotential im gesamten Verlauf einer Zwangsheirat unermesslich und kann schwere Folgen für Leib und Leben nach sich ziehen. Infolgedessen erachten teilweise Frauen die Selbsttötung als einzige Möglichkeit, sich von dieser schwierigen Zwangslage zu befreien.[612]

Darüber hinaus kann der (zum Teil bereits einfache) Kontakt zu einer Frau, welche aus einer streng traditionell-patriarchalisch geprägten Familie stammt, grundsätzlich eine risikobehaftete Begegnung sein. Zu denken wäre an einen Klassenkameraden, der eine junge Frau mit ihrem Vater auf der Straße sieht und sie anschließend nett begrüßt. Dies könnte für den Vater bereits ein Zeichen dafür sein, dass seine Tochter im Umgang mit fremden jungen Männern „nicht gewissenhaft" ist und deshalb Sanktionen für die Tochter begründen. In diesem Zusammenhang ist es denkbar, dass der Vater den jungen Mann verbal oder sogar körperlich attackiert. Hierfür ist exemplarisch der Fall heranzuziehen, in dem lediglich der Besitz von Porträtaufnahmen, auf denen die Tochter ohne Kopftuch und Schleier abgebildet war, einen Tötungsversuch bei dem Besitzer der Fotos verursachen konnte.[613] In einem weiteren Fall war für einen Vater ein unangekündigter Spaziergang der zwölfjährigen Tochter in der Nachbar-

611 Viele Einzelfälle finden sich bei *Hildebrand*, Die Bekämpfung der Zwangsheirat in Deutschland, S. 96 ff.; *Yerlikaya*, Zwangsehen, S. 94 ff.

612 *Elyafi-Schulz*, Das Phänomen des „Ehrenmordes", S. 38; *Sütçü*, Zwangsheirat und Zwangsehe, S. 144 ff.

613 BGH NStZ-RR 2004, 361 (361).

schaft kausal für einen Ehrenmord.[614] Aus diesem Grund fürchten viele (junge) Männer bereits den einfachen Kontakt zu einer Frau, die einer patriarchalischen Familie mit diesen spezifischen Ehrvorstellungen angehört. Dies hindert zuletzt auch viele junge Frauen den Anschluss zu einem normalen Leben in Deutschland zu finden, da sie von vielen Menschen kategorisch gemieden werden. Die grundsätzliche Bereitschaft der Beteiligten, die Ehre um jeden Preis zu verteidigen, ist eine problembeladene Gesinnung für Leib und Leben Dritter. Das Verhältnis zwischen den Familienangehörigen untereinander ist generell von einem Argwohn der männlichen gegenüber den weiblichen Angehörigen geprägt.[615] Dadurch sind viele Konflikte bei vermeintlich jeder Gelegenheit vorprogrammiert. Hierfür ist insbesondere eine geplante Zwangsheirat in zahlreichen Fällen und unterschiedlichen Konstellationen der Ursprung für einen Ehrenmord.

VII. Frauen auf der Flucht

Um den aufgezeigten Konflikten zu entkommen, ergreifen viele junge Frauen die Flucht in eine fremde Stadt oder in ein Frauenhaus, sobald sie im heiratsfähigen Alter sind.[616] Sie verstecken sich vor ihrer Familie und möchten ein selbstbestimmtes Leben führen.[617] Dazu zählt insbesondere die Entscheidungsfreiheit, welche Person sie lieben und welchem Beruf sie nachgehen möchten. Daher suchen sich die betroffenen Frauen Hilfe, planen über einen längeren Zeitraum ihre Flucht und brechen jeden Kontakt zu Familie und Bekannten ab, um nicht gefunden zu werden. Meistens führen sie über einen längeren Zeitraum hinweg ein Doppelleben.[618] Während sie ihrer Familie vergewissern, dass sie in der Schule oder bei ihrer Freundin sind, treffen sie sich mit ihrem Freund oder gehen einer anderen von der Familie strikt untersagten Beschäftigung nach. Während der Fluchtvorbereitungen unterrichten sie niemanden darüber, um den Verfolgern keine Anhaltspunkte zu hinterlassen.[619] Denn nach der Flucht

614 *Oberwittler/Kasselt*, Ehrenmorde in Deutschland 1996-2005, S. 17.

615 *Schiffauer*, Die Gewalt der Ehre, S. 91.

616 Exemplarisch für die folgenden Ausführungen dient die Geschichte eines muslimischen Mädchens in Deutschland: *Balci*, Aliyahs Flucht, 2014.

617 *Balci*, Aliyahs Flucht, S. 99 ff.

618 *Balci*, Aliyahs Flucht, S. 176 ff.

619 *Balci*, Aliyahs Flucht, S. 102.

nimmt die Familie die hartnäckige Verfolgung auf und wird dabei regelmäßig von Bekannten unterstützt.[620]

Zunächst werden Freunde der Frau befragt und ihr Zimmer nach Hinweisen untersucht. In der Regel finden die Verfolger in kürzester Zeit eine Spur, welcher sie unmittelbar nachgehen, um sie schnell zu finden.[621] Für die Beteiligten ist es besonders wichtig, dass das soziale Umfeld der Familie die Flucht nicht wahrnimmt, damit die Familienehre nicht gefährdet wird. Teilweise wird die Frau gefunden, sodass sie mit allen Mitteln versucht, sich von ihren Verfolgern loszulösen, indem sie die Polizei einschaltet. In vielen Fällen versichert die Familie der Polizei gegenüber jedoch, dass sie sich Sorgen um ihre Tochter machen und sie lediglich mit nach Hause nehmen möchten. Aus diesem Grund gehen die Beamten regelmäßig davon aus, dass keine Gefahr für die Frau besteht und führen keine weiteren Maßnahmen durch.[622] Die Frau weiß jedoch, dass sie mit schwerwiegenden Repressalien rechnen muss.[623] Nur selten gelingt in so einer Situation die erneute Flucht, die jedoch in eine andere Stadt führt. Ihre Verfolger geben indes auch nicht auf, sodass die Frauen regelmäßig ihren Aufenthalt wechseln müssen. Schließlich wird die Frau zu einer Flüchtigen, die ständig in ihrem Alltag von der Angst begleitet wird, von der Familie gefunden zu werden. Sie hat keine Freunde mehr und kann niemandem vertrauen, der Kontakt zur Familie hat bzw. der Familie bekannt ist.[624]

Nach einiger Zeit verliert sie die Hoffnung und vermisst immer mehr ihre Familie und ihr altes Leben. Der flüchtigen Frau ist jedoch bewusst, dass eine Rückkehr zur Familie kategorisch ausgeschlossen ist, weil eine friedliche Lösung keine Option mehr sein kann.[625] *Balci* hat viele junge Frauen auf ihrer Flucht begleitet und stets unterstützt. Den Geisteszustand vieler betroffener Mädchen und Frauen gibt sie wie folgt wieder: *„Viele der von Gewalt betroffenen Frauen sind hin- und hergerissen zwischen Schuldgefühlen und Ängsten und sehnen sich dann trotz schlimmster Behandlungen wieder zurück in ihr altes Leben. Die Rückfallquote der muslimischen Frauen, die in Deutschland Zuflucht in Frauenhäusern suchen, ist hoch. Sie haben nie ein gewaltfreies Leben kennengelernt. Die Aussicht, fortan ohne Familie und ganz*

620 *Balci*, Aliyahs Flucht, S. 37.
621 *Balci*, Aliyahs Flucht, S. 24.
622 *Balci*, Aliyahs Flucht, S. 58 ff.
623 *Balci*, Aliyahs Fluch, S. 26.
624 *Balci*, Aliyahs Flucht, S. 62.
625 Vgl. *Balci*, Aliyahs Flucht, S. 34 ff.

auf sich selbst gestellt zu sein, macht ihnen Angst. Ein solches Leben kennen sie nicht."[626]

Letztlich scheitern viele Fluchtvorhaben, sodass die Frauen entweder getötet oder ins Ausland verschleppt und anschließend mit einer Person verheiratet werden.[627] Aus diesem Grund trauen sich viele nicht, für ein selbstbestimmtes Leben die Flucht zu ergreifen.[628] Die Konsequenzen nach einer gescheiterten Flucht sind ihnen bewusst, da ihnen bereits in jungen Jahren die drastischen Schicksale der bereits erfolglos Geflüchteten zur Abschreckung erzählt werden. Darüber hinaus möchten viele Frauen grundsätzlich nicht die Flucht ergreifen, um nicht ihre Familie zu verlieren.[629]

Die bisherigen Ausarbeitungen haben gezeigt, dass ein Ehrenmord über den gesamten Verlauf einer Zwangsheirat oder arrangierten Ehe sowie bei einem Fluchtversuch wie ein Damoklesschwert über dem Kopf des (meistens weiblichen) Opfers schwebt. Die Zwangsheirat ist somit ein kulturelles Phänomen, dass zu weiteren Taten gegen Leib und Leben Vorschub leisten kann.

VIII. Zwangsheirat im Fall Sürücü

Die enge Verknüpfung zwischen einer Zwangsheirat und einem Ehrenmord soll exemplarisch am Fall Sürücü aufgezeigt werden, da die bisherigen Ausführungen größtenteils in diesem Fall zum Ausdruck kommen. Der Ausgangspunkt der Konflikte zwischen Hatun und ihrer Familie, die letztlich zu ihrer Ermordung führten, war die Ehe mit ihrem neun Jahre älteren Cousin. Im Alter von sechzehn Jahren hatte ihr Vater sie von der Schule abgemeldet, damit diese in der Türkei heiraten und künftig leben sollte. Eine standesamtliche Trauung fand nicht statt, sodass das Ehepaar lediglich von einem Imam getraut wurde.[630] Obwohl viele Berichtserstattungen zum Fall Sürücü eine Zwangsheirat mutmaßen, ist dieser Aspekt bis heute nicht abschließend geklärt.[631] So sprach beispielsweise das Landgericht Berlin in seinem Urteil von einer arrangierten Ehe.[632]

626 *Balci*, Aliyahs Flucht, S. 41.
627 Vgl. *Balci*, Aliyahs Flucht, S. 30.
628 *Balci*, Aliyahs Flucht, S. 94.
629 *Balci*, Aliyahs Flucht, S. 41.
630 *Deiß/Goll*, Ehrenmord. Ein deutsches Schicksal, S. 15.
631 Vgl. *Deiß/Goll*, Ehrenmord. Ein deutsches Schicksal, S. 52.
632 LG Berlin, Az. (518) 1 Kap JS 285/05 Kls (39/05), S. 8 (unveröffentlicht).

Dies ist unter anderem darauf zurückzuführen, dass die Zwangsheirat terminologisch nicht einheitlich verwendet wird. Aus juristischer Perspektive sind die Vorgaben des § 237 Abs. 1 S. 1 StGB maßgeblich, sodass Nötigungsmittel vorliegen müssen, um eine Zwangsheirat im Sinne der Norm anzunehmen. Dagegen wird zum Teil aus soziologisch-empirischer Perspektive die Zwangsheirat mit einer arrangierten Ehe gleichgestellt, weil sie sich demzufolge im Ergebnis nicht maßgeblich unterscheiden.[633] Darüber hinaus sind im Fall Sürücü noch heute viele Fragen bezüglich Hatuns Ehe ungeklärt, da sich die meisten Berichtserstattungen auf die Ereignisse unmittelbar vor der Tat konzentrieren. Die Journalisten *Deiß* und *Goll* versuchten mit Hatuns Ehemann in der Türkei zu sprechen, um persönliche Informationen zur Ehe mit Hatun in Erfahrung zu bringen. Dieser wiederum verlangte von den Journalisten einen fünfstelligen Betrag und äußerte sich letztlich nicht.[634]

Tatsächlich lässt eine retrospektive Beurteilung des Falles keine eindeutige Kategorisierung der Verheiratung zu. Einerseits ist es darauf zurückzuführen, dass faktisch der Übergang von einer arrangierten Ehe zu einer Zwangsheirat fließend sein kann.[635] Andererseits erfolgt mangels eindeutiger Informationen die Beurteilung von Hatuns Ehe rein spekulativ. Dennoch ist es aus folgenden Gründen naheliegend, eine Zwangsheirat im Fall Sürücü anzunehmen. Zunächst entspricht die Eheschließung einer *Heiratsverschleppung* und stellt somit eine Form der Zwangsheirat dar. Denn gemeinsam mit ihrem Vater reiste Hatun in den Sommerferien in die Türkei und wurde dort anschließend verheiratet, ohne vorher informiert zu werden. Die Familien beschlossen im Vorfeld die Vermählung unabhängig vom künftigen Paar. Indem Hatun somit kein Vetorecht eingeräumt wurde, welches bei einer arrangierten Ehe der Frau zusteht,[636] liegt eine Zwangsheirat vor, weil sie sich dem Willen der Familien beugen musste. Letztlich konstatierten die Journalisten *Deiß* und *Goll*, dass es nicht Hatuns Wunsch gewesen war, die Schule mit sechzehn Jahren zu verlassen, um als Braut in die Türkei geschickt zu werden.[637] Unter Berücksichtigung der Tatumstände und der späteren Entwicklung Hatuns, ist der Feststellung der Journalisten beizupflichten. Es ist nicht ersichtlich, dass Hatun eine faktische Möglichkeit zustand, sich der Eheschließung zu

---

633 So unter anderem *Kelek*, ZAR 2006, 232 (234).

634 *Deiß/Goll*, Ehrenmord. Ein deutsches Schicksal, S. 54.

635 *Yerlikaya*, Zwangsehen, S. 28.

636 *Strobl/Lobermeier*, Zwangsverheiratung, S. 24.

637 *Deiß/Goll*, Ehrenmord. Ein deutsches Schicksal, S. 52.

entziehen. Ein weiteres Indiz gegen eine arrangierte Ehe ist, dass die Ehe nicht lange anhielt und von regelmäßiger Gewalt durch den Ehemann geprägt war. Deshalb kehrte die schwangere Hatun nach weniger als einem Jahr zurück zu ihren Eltern nach Berlin und wurde zunächst von ihnen aufgenommen.[638]

Hatuns Trennung von ihrem Ehemann stellte für die Familie Sürücü eine große Belastung dar, weil dadurch ihre Ehre gefährdet wurde. Deshalb wollten sie Hatun dazu anregen, dass sie in die Türkei zu ihrem Ehemann zurückkehrt. Dies lehnte sie jedoch entschieden ab.[639] Damit sie weiterhin bei ihren Eltern wohnen durfte, musste sie reserviert leben, sodass sie ohne elterliche Erlaubnis die Wohnung nicht verlassen konnte.[640] Diese gebieterischen Auflagen dienten dazu, dem Wunsch ihrer Eltern nachzukommen. Letztlich riefen aber die ständigen Konflikte mit ihrer Familie bei Hatun verstärkt den Wunsch hervor, ein eigenes und selbstbestimmtes Leben zu führen.[641] Zu diesem Zweck zog sie gemeinsam mit ihrem Sohn aus der elterlichen Wohnung aus, um eine Basis für ein selbstbestimmtes Leben zu schaffen. Dazu legte sie das Kopftuch ab, kleidete sich nach westlichen Maßstäben und wurde schließlich selbstsicherer. Für ihre Familie war Hatuns Verhalten hingegen ein Affront gewesen.[642]

Im weiteren Verlauf spitzten sich die Konflikte zwischen Hatun und ihrer Familie weiter zu. Hatun wollte sowohl ihr Leben selbstbestimmt ausgestalten als auch den Kontakt zur Familie aufrechterhalten, sodass sie zunächst weiterhin in Berlin lebte. Als Konsequenz zu ihrem Lebenswandel erfuhr sie aber zunehmend Ausgrenzung durch ihre Familie.[643] Zu einem Konflikt mit ihrem ehemaligen Ehepartner kam es indes nicht. Dieser Aspekt verdeutlicht, dass dieser sich durch die von Hatun ausgehende Trennung nicht in seiner Ehre verletzt fühlte. Denn nach dem spezifischen Ehrkonzept müsste er derjenige sein, der durch die Ermordung seine vermeintlich verletzte Ehre wiederherstellt. Schließlich führten die Spannungen mit der Familie dazu, dass Ayhan sie auf offener Straße erschoss. Er wurde unter anderem durch die regelmäßigen Besuche seiner Schwester am stärksten mit ihrem Lebenswandel konfrontiert. Zudem fühlte er sich als Familienoberhaupt zur Tat verpflichtet.

---

638 *Deiß/Goll*, Ehrenmord. Ein deutsches Schicksal, S. 16.
639 *Deiß/Goll*, Ehrenmord. Ein deutsches Schicksal, S. 54.
640 *Deiß/Goll*, Ehrenmord. Ein deutsches Schicksal, S. 46.
641 Vgl. LG Berlin, Az. (518) 1 Kap JS 285/05 Kls (39/05), S. 8 f. (unveröffentlicht).
642 *Deiß/Goll*, Ehrenmord. Ein deutsches Schicksal, S. 57.
643 *Deiß/Goll*, Ehrenmord. Ein deutsches Schicksal, S. 69.

Der Fall Sürücü demonstriert, dass nicht nur die Ablehnung einer Zwangsheirat einen Ehrenmord nach sich ziehen kann, sondern auch die negativen Erfahrungen aus einer Zwangsheirat kausal sein können. Eine Zwangsheirat bringt regelmäßig für die Frau körperliche und seelische Gewalterfahrungen mit sich. Das Ehepaar kennt sich in der Regel vorher nicht, sodass keine emotionale Verbindung als Grundlage für eine harmonische Ehe existiert. In patriarchalischen Familien wird zudem Männern beigebracht, dass sie Frauen gegebenenfalls durch Gewaltanwendung kontrollieren müssen, weil ihnen ein vermeintliches Bestimmungsrecht zusteht. Deshalb wenden die Männer zur Konfliktlösung regelmäßig Gewalt an, damit sich die Ehefrau künftig an seinen Anweisungen orientiert und sich nicht mehr widersetzt.[644] Sehr viele Frauen ertragen diesen Umstand und hoffen, dass sie möglicherweise ihren Mann lieben lernen. Jedenfalls sind sie durch die ständigen Gewalterfahrungen derart eingeschüchtert, dass sie eine Trennung vom Ehemann nicht in Erwägung ziehen, um nicht Leib und Leben zu gefährden. Nur in wenigen Fällen werden Frauen infolge der negativen Erfahrungen aus der Zwangsheirat dazu motiviert, sich vom Partner durch eine sorgfältig geplante wie unangekündigte Flucht zu trennen. Die negativen Erfahrungen intensivieren beim Opfer den Willen, sich von den patriarchalischen Strukturen zu lösen, um ein selbstbestimmtes Leben zu führen. In ihrem Vorhaben erfahren die Opfer gleichwohl keine Unterstützung oder Förderung durch die Familie.[645] Vielmehr ist die Familie bestrebt, die Emanzipierung der Frau zu topedieren. Hierfür wird die Frau regelmäßig beleidigt, bedroht und im Extremfall ermordet. Nur im Ausnahmefall wird der Ehemann aus Gleichgültigkeit die Frau nicht zur vermeintlichen Wiederherstellung seiner Ehre töten, wenn sie sich von ihm trennt (so auch im Fall Sürücü).

Vor diesem Hintergrund lässt sich konstatieren, dass die Zwangsheirat nicht isoliert betrachtet werden darf, sondern die gravierenden Konsequenzen für die Opfer berücksichtigt werden müssen. Für das Opfer resultiert aus der Zwangsheirat entweder ein Ehrenmord oder ein Leben ohne Selbstbestimmungsrecht und regelmäßigen Gewalterfahrungen. Dabei ist die Zwangsheirat nicht nur im Sinne des § 237 Abs. 1 S. 1 StGB auszulegen, sondern auch die tatsächlichen Gegebenheiten müssen berücksichtigt werden. Denn zwischen einer Zwangsheirat und einer arrangierten Ehe besteht eine Grauzone, die ebenfalls die beschriebenen Folgen

---

644 *Toprak*, Das schwache Geschlecht – die türkischen Männer, S. 144.
645 So auch im Fall Sürücü, vgl. *Deiß/Goll*, Ehrenmord. Ein deutsches Schicksal, S. 55.

mit sich bringt. Auch Hatuns negative Erfahrungen aus ihrer Zwangsheirat bekräftigten sie in ihrem Wunsch nach Selbstständigkeit. Es ist nicht ausgeschlossen, dass erst die schlechten Erfahrungen aus der Ehe dazu führten, dass Hatun ambitioniert ein selbstbestimmtes Leben anstrebte. Dazu verändert sie ihr Leben in kurzer Zeit insgesamt. *Sabine Schiechel*, die Sozialarbeiterin und langjährige Betreuerin Hatuns, sagt zu ihrer Entwicklung nach dem Auszug aus der elterlichen Wohnung: *„Frau Sürücü hat innerhalb von zwei Jahren eine immense Entwicklung in Richtung Selbstständigkeit gemacht. Ich habe sie dafür sehr bewundert. Sie hat sich losgelöst von einem vorgegebenen Weg und angefangen, ihr eigenes Leben zu leben. So eine junge Frau zu erleben, die das alles schafft, sich aus ihrem Umfeld löst, eine eigene Familie gründet und einen von Männern dominierten Beruf ergreift, war toll. Dafür hab ich absolute Hochachtung.“*[646] Hatun Sürücü ist heute für viele junge Frauen eine Pionierin, die es schaffte, trotz vieler Hürden ein selbstbestimmtes Leben zu führen, auch wenn es sie letztlich ihr Leben kostete.

IX. Zusammenfassung

Eine Zwangsheirat liegt vor, wenn mindestens einer der Eheschließenden durch Willensbeugung oder Druck zur Ehe gezwungen wird. In der Regel werden Minderjährige mit Migrationsgeschichte zur Eheschließung durch Willensbeugung oder Druck gezwungen. Dabei ist zwischen vier Formen der Zwangsheirat zu differenzieren. So ist zwischen der Zwangsheirat in Deutschland, der Zwangsheirat mit einer „Importbraut“, „Ferienverheiratung“ bzw. „Hochzeitsverschleppung“ sowie der Zwangsheirat für ein „Einwanderungsticket“ zu unterscheiden.[647] Von einer staatlichen Trauung wird bei einer Zwangsheirat abgesehen, da diese von den Beteiligten nicht als notwendig für eine wirksame Ehe erachtet wird. Deshalb findet lediglich bei der Zwangsheirat, die einen Ehegattennachzug ermöglichen soll, eine staatliche Trauung statt.

Für patriarchalische Familien verspricht die Zwangsheirat den Erhalt von Tradition und Religion in Deutschland sowie den Schutz der Familienehre. Denn in der Entscheidungsfreiheit der Kinder wird regelmäßig eine Gefahr für das Letztere gesehen. Nach den Vorstellungen der Eltern kann diese Gefahr nur durch die Ehe verhindert werden. Dies gilt ins-

---

646 *Deiß/Goll*, Ehrenmord. Ein deutsches Schicksal, S. 66.
647 *Hildebrand*, Die Bekämpfung der Zwangsheirat in Deutschland, S. 49.

besondere für junge Frauen, die sehr früh verheiratet werden, um ihre Virginität zu wahren, da ansonsten die Familienehre geschädigt wird. Regelmäßig greifen die Eltern auf subtile Druckmittel zurück, um die Kinder zur Eheschließung zu bewegen. Schließlich willigen die Opfer in die Eheschließung ein, weil sie sich vor Sanktionen fürchten oder die Beziehung zur Familie nicht gefährden wollen.

Die Zwangsheirat ist von einer arrangierten Ehe zu unterscheiden, welche gegenwärtig noch regelmäßig praktiziert wird. Im Gegensatz zur Zwangsheirat kann die betroffene Person dem Heiratsvorschlag zustimmen oder ablehnen, sodass das tatsächliche Mitbestimmungsrecht als maßgeblicher Abgrenzungsfaktor dient. Nicht wenige Männer mit Migrationsgeschichte der dritten Generation versprechen sich durch die arrangierte Ehe eine glückliche sowie gesicherte Zukunft, weil sie eine Frau aus der Heimat heiraten, die streng nach den patriarchalischen Wertvorstellungen erzogen wurde. Dadurch erhoffen sie sich, dass sich die Frau den Anordnungen und Wünschen des Mannes unterordnet. Dennoch kann die Grenze zur Zwangsheirat fließend sein. Im Einzelfall ist nicht immer ersichtlich, ob es sich um eine Zwangsheirat im Sinne des § 237 Abs. 1 S. 1 StGB oder eine arrangierte Ehe gehandelt hat, da es dazwischen eine Grauzone gibt. Denn regelmäßig kommt es durch ein „Machtwort" des Vaters oder durch subtile Druckmittel zur Eheschließung, welche jeweils de lege lata nicht vom Tatbestand des § 237 Abs. 1 S. 1 StGB erfasst sind. Aus einer anfangs geplanten arrangierten Ehe kann eine Zwangsheirat resultieren, wenn sich die Partner bereits sexuell nahegekommen sind und die Eltern deshalb die Heirat anordnen, obwohl das Paar möglicherweise von einem Heiratsvorhaben Abstand genommen hat.

Problematisch ist des Weiteren, dass nach überwiegender Ansicht sog. Nichtehen vom Tatbestand des § 237 Abs. 1 S. 1 StGB nicht erfasst werden. In zahlreichen Fällen der Zwangsheirat werden die Paare nicht staatlich getraut, sodass es der Ratio der Norm, Zwangsheirat zu bekämpfen und Opfern effektiven Schutz zu ermöglichen, zuwiderläuft. Daher wird de lege ferenda vorgeschlagen, den Zusatz „Ehe oder eheähnliche Verbindungen" oder „Ehe, welche nach staatlichen, religiösen oder kulturellen Normen als wirksam angesehen wird" in den Tatbestand aufzunehmen.

Zwangsheirat und Ehrenmord sind prinzipiell unterschiedliche Taten, können aber nicht ohne Weiteres isoliert voneinander betrachtet werden. Die Ablehnung einer Zwangsheirat, die Flucht von der Familie oder vom Ehemann sowie die Scheidung von diesem können einen Ehrenmord nach sich ziehen. Die Zwangsheirat bringt für viele Frauen jahrelange körperliche sowie seelische Gewalterfahrungen mit sich. Teilweise nehmen sie die Ehe als geringeres Übel in Kauf, andere wenige ergreifen die Flucht und werden über mehrere Jahre hinweg von der Familie und Bekannten gesucht, sodass diese letztlich zu einer Dauerflüchtigen werden. In drastischen Fällen endet der Versuch, ein selbstbestimmtes Leben zu führen, mit dem Tod, wenn die Frau von der Familie gefunden wird. Die negativen Erfahrungen aus der Zwangsheirat sind für viele Frauen jedoch unerträglich, sodass sie ungeachtet der zu befürchtenden Gefahren einen Fluchtversuch aufnehmen. Dabei sind sie auf sich allein gestellt. In vielen Fällen geht daher ein Ehrenmord aus einer Zwangsheirat hervor, da sich die Betroffenen erstmals gegen die rigiden Vorgaben ihrer Familie wehren und somit Repressalien für Leib und Leben erfahren.

Im Fall Sürücü war die Zwangsheirat der Ausgangspunkt für Hatuns Ermordung. Es ist zwar bis heute nicht abschließend geklärt, ob es sich bei ihrer Ehe um eine Zwangsheirat im Sinne des § 237 Abs. 1 S. 1 StGB oder eine arrangierte Ehe handelte. Jedenfalls war es nicht ihr Wunsch gewesen, mit sechzehn Jahren in der Türkei verheiratet zu werden, zumal sie unter anderem ihren Cousin und künftigen Ehemann kaum kannte. Die Zwangsheirat vergegenwärtigte ihr, dass sie sich nicht länger den patriarchalischen Regeln unterordnen will. Insbesondere bestärkten sie die negativen Erfahrungen aus der Ehe, die von Gewalt und Unterdrückung geprägt war, in ihrem Entschluss ein selbstbestimmtes Leben zu führen. Daher verließ sie die elterliche Wohnung und holte ihren Schulabschluss nach, um einem Beruf nachzugehen. Ihr Bestreben stützte sich nicht auf Zustimmung oder Unterstützung durch die Familie, sondern führte zu zunehmenden Konflikten und letztlich zu ihrer Ermordung. Der Fall Sürücü verdeutlicht, dass es notwendig ist, das Ausmaß einer drohenden Zwangsheirat nicht zu bagatellisieren.

Teil 3: Nach dem Fall

Die Ermordung von Hatun Sürücü brachte bundesweit breite politische und gesellschaftliche Debatten über die Tötung von Frauen „im Namen der Ehre“ mit sich. Dabei lag der Fokus insbesondere auf den gesellschaftlichen Umständen von Bürgerinnen und Bürger mit türkischer Migrationsgeschichte, aus denen Ehrenmorde resultieren und welche weitere Taten nach sich ziehen. Vertreter aus unterschiedlichen Fachrichtungen und Organisationen widmeten sich nicht nur dem Fall Sürücü, sondern auch Ehrenmorden allgemein. Innerhalb kürzester Zeit präsentierten diese ihre (Forschungs-)Ergebnisse, welche das kulturelle Phänomen der Öffentlichkeit und Politik zugänglich machen sollten. Insgesamt wurde viel über den Fall Sürücü spekuliert, da viele Nachforschungen auf eine Mauer des Schweigens der Familie stießen. Auch Freunde und Verwandte, die das gesamte Tatgeschehen von Beginn an mitverfolgten, waren nicht zur Auskunft geneigt. Daher wurde der Fall zum Teil hochgradig emotional diskutiert, weil sehr viel gemutmaßt wurde und auf dieser Grundlage teilweise absolute Schlüsse gezogen wurden. Die Diskussionen führten schließlich dazu, dass fortan viele Menschen mit türkischer Migrationsgeschichte aber auch das islamische Leben in Deutschland auf Themen wie Ehrenmord, Kopftuch, Zwangsheirat und Parallelgesellschaften reduziert wurden. Viele Moscheen und Kulturgemeinden gerieten zunehmend unter einen Generalverdacht, solche Taten zu begünstigen.

Die detailliertere Skizzierung des Falles wurde erstmals sechs Jahre nach dem Tod von Hatun Sürücü, im Jahre 2011, durch die Journalisten *Deiß* und *Goll* vorgelegt. Dazu befragten sie den Täter im Gefängnis sowie weitere Angehörige in Deutschland und in der Türkei. Sie wollten jedoch die Person Hatun Sürücü unabhängig von den Auskünften ihrer Familie kennenlernen, um sich ein neutrales Bild machen zu können. Zu diesem Zweck recherchierten die Journalisten bei Freunden, Betreuern und Ausbildungsleitern über Hatuns Lebensweise. Insgesamt hinterließ der Fall Sürücü auf unterschiedlichen Gesellschaftsebenen Spuren. Nach fast achtzehn Jahren ist der Fall immer noch aktuell und in vielen Kreisen präsent; dies wird sich in den nächsten Jahren auch nicht ändern. Denn nahezu jede Berichterstattung zum Thema Ehrenmord nimmt Bezug auf den Fall Sürücü als Präzedenzfall. Deshalb sind Debatten über Emanzipierung junger Frauen mit Migrationsgeschichte in Deutschland eng mit der Person

Hatun Sürücü verknüpft, welche als Inbegriff hierfür herangezogen wird. Aus diesem Grund werden im Folgenden die Konsequenzen des Falles für die hiesige Gesellschaft dargestellt. Zunächst wird aufgezeigt, wie sich der Fall auf die Familie Sürücü ausgewirkte. Im Anschluss werden die wichtigsten Auswirkungen des Falles für die hiesige Gesellschaft skizziert.

Kapitel 1: Familie Sürücü nach dem Fall

Die Familie stand für einen sehr langen Zeitraum im Zentrum der Aufmerksamkeit von Berichtserstattungen sowie zahlreichen Debatten und wurde als Paradebeispiel für mangelnde Integration, Parallelgesellschaften und organisierte Kriminalität herangezogen. Die Tat hatte insgesamt gravierende Folgen für die gesamte Familie Sürücü, da sowohl der Täter als auch das Opfer Geschwister sind und deshalb die Familienangehörigen mit Trauer und Entsetzen zugleich getroffen wurden. Dennoch führte insbesondere die Ungewissheit im Hinblick auf die Tatbeteiligung der Familienangehörigen zu zahlreichen Diskussionen. Obwohl der Bundesgerichtshof das Urteil des Landgerichts Berlin in Bezug auf die Mittäterschaft der Brüder aufhob, wurde dadurch nicht zwangsläufig die Mittäterschaft der Brüder (gerichtlich) festgestellt. Dessen ungeachtet war die Gesellschaft von Beginn an fest davon überzeugt, dass Ayhan die Tat nicht alleine plante und durchführte, sondern die ganze Familie involviert bzw. eingeweiht war.[648] Im Unterschied zur Gerichtsverhandlung wurde somit die gesamte Familie von der Öffentlichkeit angeklagt.[649] Auch wurde dem öffentlichen Trauern der Familie um die verstorbene Hatun mangelnde Authentizität zur Last gelegt.[650] Die zunehmend laute Kritik entwickelte sich schließlich zu einer Sippenhaft, da alle Familienmitglieder unter einem Generalverdacht gerieten, die Tat im Hintergrund gelenkt zu haben. Zumindest habe die Familie einen entscheidenden Beitrag zur Ermordung Hatuns geleistet. Ihr Verhalten nach dem Fall, so die meisten kritischen Stimmen gegen die Familie, sei darauf ausgelegt, den Freispruch beider mitangeklagten Brüder sowie das Sorgerecht für Hatuns Sohn Can zu erreichen.[651]

---

648 Vgl. *Deiß/Goll*, Ehrenmord. Ein deutsches Schicksal, S. 177.

649 Vgl. *Deiß/Goll*, Ehrenmord. Ein deutsches Schicksal, S. 229.

650 So auch die Journalisten *Deiß* und *Goll*: „Keiner der Sürücüs, die wir getroffen haben, hat unserer Meinung nach ehrlich um Hatun getrauert.“, *Deiß/Goll*, Ehrenmord. Ein deutsches Schicksal, S. 251.

651 *Deiß/Goll*, Ehrenmord. Ein deutsches Schicksal, S. 171 ff.

I. Das Leben der Familienangehörigen nach dem Fall

Hatuns Ermordung brachte signifikante Folgen für das Leben der Familienangehörigen in Deutschland und in der Türkei mit sich. Insbesondere belastete die Tat das Verhältnis der Familienmitglieder untereinander vehement. Vater Kerem Sürücü habe Ayhan vorgeworfen, die Familie durch die Tat zerstört zu haben, sodass er eine lange Zeit nicht mehr mit ihm gesprochen habe.[652] Innerhalb von kurzer Zeit nach der Tat verschlechterte sich der Gesundheitszustand von Kerem Sürücü, sodass er im Jahr 2007 in der Türkei an Krebs starb. Ayhan zufolge konnte er den Tod Hatuns nie verarbeiten.[653] Kerem Sürücü äußerte sich zweimal öffentlich zum Tod seiner Tochter und sagte, dass niemand aus der Familie von Ayhans Plänen gewusst oder ihn dabei unterstützt habe.[654] Dennoch wurde gemeinhin angenommen, dass Kerem Sürücü als Familienoberhaupt die Tat in Auftrag gab. Dies beeinträchtigte seinen Gesundheitszustand höchstwahrscheinlich zusätzlich. Prozessbeobachter folgerten eine Tatbeteiligung Kerem Sürücüs aufgrund der goldenen Uhr am linken Arm von Ayhan, die er während den Gerichtsverhandlungen mehrmals demonstrativ nach oben hielt. Nach kurdischem Brauch erhalten Söhne von ihren Vätern eine goldene Uhr, wenn sie etwas Besonderes bzw. Herausragendes im Sinne der Familie geleistet haben.[655] In dieser Hinsicht widersprach Ayhan vehement den Spekulationen. Er habe tatsächlich eine goldene Uhr am Handgelenk getragen, die seinem Vater gehöre. Diese Uhr habe er aber bereits seit dem Morgen des Tattages am Handgelenk getragen, da er diese auf dem Küchentisch sah.[656]

Mutter Hanim Sürücü lebt gegenwärtig gemeinsam mit ihrer jüngsten Tochter in einer kleinen Wohnung in Berlin.[657] Von den beiden ältesten Söhnen der Familie ist nicht viel bekannt. Die beiden mitangeklagten Brüder Mutlu und Alpaslan wie Tochter Songül Sürücü leben heute in Istanbul. Der Tod von Hatun beendete auch das Leben von Songül in Berlin, sodass sie sich in Obhut von Mutlu begab. Sie wurde nach dem Fall in der Schule ständig zum Geschehen befragt und fühlte sich zunehmend bedrängt.[658] Deshalb lebt sie bei ihrem Bruder Mutlu mit seiner Frau und

652 *Deiß/Goll*, Ehrenmord. Ein deutsches Schicksal, S. 41.
653 *Deiß/Goll*, Ehrenmord. Ein deutsches Schicksal, S. 42.
654 *Deiß/Goll*, Ehrenmord. Ein deutsches Schicksal, S. 42.
655 *Deiß/Goll*, Ehrenmord. Ein deutsches Schicksal, S. 42.
656 *Deiß/Goll*, Ehrenmord. Ein deutsches Schicksal, S. 42 f.
657 *Deiß/Goll*, Ehrenmord. Ein deutsches Schicksal, S. 227.
658 *Deiß/Goll*, Ehrenmord. Ein deutsches Schicksal, S. 105 und 114.

seinen zwei Kindern in Istanbul. Sie erledigt hauptsächlich Haushaltstätigkeiten und wünscht sich, dass Mutlu ihr dabei behilflich ist, eine eigene Familie zu gründen.[659] Im Gegensatz zu Songül und Mutlu Sürücü, lehnte Alpaslan ein Gespräch mit den beiden Journalisten ab, sodass nicht viel über ihn bekannt ist. In einer E-Mail schrieb er den Journalisten, dass er den Fall endlich ruhen lassen wolle, weil der Verantwortliche für die Tat seine gerechte Strafe bekommen habe.[660]

II. Mutlu Sürücü – Ayhans Vorbild

Die beiden Journalisten *Deiß* und *Goll* besuchten Mutlu Sürücü in Istanbul und sprachen mit ihm über Hatuns Ermordung. Zum Tatzeitpunkt war er 25 Jahre alt und deutscher Staatsbürger gewesen.[661] In der Türkei gab er seine deutsche Staatsbürgerschaft zurück.[662] Von den Ermittlungsbehörden wurde Mutlu als „Autorität" bezeichnet, der die höchste Wertschätzung durch Ayhan genoss und sein Vorbild war. Mutlu predigte Ayhan den Islam, versuchte ihn für die Religion zu gewinnen und besuchte mit ihm regelmäßig die Moschee.[663] In seiner Istanbuler Wohnung unterscheidet sich das Leben nicht grundlegend vom Leben der Familie Sürücü in der Wohnung in Berlin-Kreuzberg.[664] Die Journalisten berichten, dass abgesehen von der Wohnzimmertür alle Türen verschlossen waren, weil Mutlus Frau und seine Schwester nach eigenen Angaben nicht von fremden Männern gesehen werden wollten. Zu diesem Zweck blieben sie über die gesamte Dauer des Interviews hinter verschlossenen Türen.[665] Gegenüber den Journalisten erzählte Mutlu, dass seine Hingabe zur Religion Anfang 2001 auf seine Zeit bei der Bundeswehr zurückginge. Seitdem verspreche ihm sein religiöses Leben Orientierung und Halt.[666] Dies war den Journalisten zufolge gleichzeitig der Grund, warum Hatun ihren Platz in der Familie verlor.[667] Des Weiteren räumte Mutlu ein, dass er Hatun wegen den ständigen Streitereien gehasst habe, sodass er ihr gegenüber

659 *Deiß/Goll*, Ehrenmord. Ein deutsches Schicksal, S. 114.
660 *Deiß/Goll*, Ehrenmord. Ein deutsches Schicksal, S. 130 f.
661 *Deiß/Goll*, Ehrenmord. Ein deutsches Schicksal, S. 104.
662 *Deiß/Goll*, Ehrenmord. Ein deutsches Schicksal, S. 104.
663 *Deiß/Goll*, Ehrenmord. Ein deutsches Schicksal, S. 111.
664 *Deiß/Goll*, Ehrenmord. Ein deutsches Schicksal, S. 113.
665 *Deiß/Goll*, Ehrenmord. Ein deutsches Schicksal, S. 113.
666 *Deiß/Goll*, Ehrenmord. Ein deutsches Schicksal, S. 107 und S. 109 f.
667 *Deiß/Goll*, Ehrenmord. Ein deutsches Schicksal, S. 107.

gewalttätig geworden war. Unter anderem hatte er bei einer Begegnung im Bus die Kontrolle verloren und schlug ihr ins Gesicht.[668] In Anbetracht des zwischen Mutlu und Ayhan bestehenden Verhältnisses ist es nicht auszuschließen, dass Mutlus negative Gefühlsregung gegenüber Hatun auf Ayhan überging.[669] Gegenüber den Journalisten brachte er zum Ausdruck, dass er ein schlechtes Vorbild für Ayhan gewesen sei, mit ihm aber nicht über Hatun gesprochen habe. Dennoch könne er rückblickend nachvollziehen, dass ihn Ayhan im Hinblick auf Hatun missverstanden habe.[670] Diesen Aspekt führte Mutlu nicht weiter aus. Ungeachtet dessen hatte er indes einen nicht unbedeutenden Beitrag zur Tat geleistet, auch wenn er rechtlich nicht als Mittäter zu qualifizieren ist. Mit der zunehmenden Religiosität Ayhans nahmen die Konflikte zwischen ihm und Hatun zu. Mutlu war wiederum derjenige, der Ayhan die Religion übermittelte und ihn zu einem religiösen Leben motivierte.[671] Die vehemente Missbilligung von Hatuns Lebensweise resultierte aus Mutlus Religionsverständnis, sodass jedenfalls diese Grundhaltung Ayhan prägte. Die Aussage, dass Mutlu nicht mit Ayhan über Hatun gesprochen hatte, zieht zahlreiche Bedenken nach sich.

Nach dem Fall wanderte Mutlu aus Deutschland aus, um sich einem weiteren Prozess zu entziehen.[672] Gemeinsam mit seiner Familie lebt er im Stadtteil Ümraniye, in der kaum eine Frau ohne Kopftuch oder Ganzkörperverschleierung in der Öffentlichkeit zu sehen ist.[673] Er erzieht seine Kinder gemäß seinen religiösen Vorschriften, sodass seine Tochter bereits in jungen Jahren Kopftuch tragen soll. Auf Nachfrage der Journalisten hin bekräftigte Mutlu, dass er seine Tochter aus der Familie ausschließen würde, wenn sie sich nicht an die religiösen Vorgaben halte und beschrieb anschließend seinen Sozialisierungsprozess. Zunächst würde er sie nicht aus dem Haus lassen, wenn sie sich weigert Kopftuch zu tragen. Wenn sie dann von zu Hause weglaufe, würde er nicht nach ihr suchen und den Kontakt abbrechen. Mutlu lebt seine Religion dezidiert aus und offenbarte den Journalisten gegenüber ein Wertesystem, welches er sich durch das Studium religiöser Schriften aneignete.[674] Hatuns Tod scheint jedenfalls keinen Einfluss auf seine Lebensweise zu haben. Abschließend äußerte sich

668 *Deiß/Goll*, Ehrenmord. Ein deutsches Schicksal, S. 110 f.
669 *Deiß/Goll*, Ehrenmord. Ein deutsches Schicksal, S. 111.
670 *Deiß/Goll*, Ehrenmord. Ein deutsches Schicksal, S. 111 f.
671 *Deiß/Goll*, Ehrenmord. Ein deutsches Schicksal, S. 111.
672 *Deiß/Goll*, Ehrenmord. Ein deutsches Schicksal, S. 103.
673 *Deiß/Goll*, Ehrenmord. Ein deutsches Schicksal, S. 112.
674 *Deiß/Goll*, Ehrenmord. Ein deutsches Schicksal, S. 116.

Mutlu wie folgt zum Fall Sürücü: „*Am besten sollte man über die Geschichte nicht mehr reden. Wenn man darüber redet und nachdenkt, ärgert man sich. Oder wird traurig.*“[675]

III. Ayhans Leben nach dem Fall

Nach neun Jahren und drei Monaten wurde Ayhan aus der Justizvollzugsanstalt Berlin-Charlottenburg entlassen und unmittelbar danach in die Türkei abgeschoben.[676] Der Grund für seine Abschiebung war, dass ihm keine plausible Reue konzediert wurde. In dem Abschiebungsbescheid heißt es unter anderem diesbezüglich: „*Ihr Verhalten führt zu dem Schluss, dass Sie auch zukünftig nicht willens und bereit sind, sich in die hiesige gesellschaftliche und verfassungsmäßige Ordnung angemessen zu integrieren.*“ Zudem befürchteten die Behörden, dass Ayhan einen negativen Einfluss auf seine jüngere, in Deutschland lebende Schwester ausüben könnte. Zunächst klagte Ayhan gegen diesen Bescheid, zog jedoch später seine Klage zurück.[677]

Auch im Gefängnis versuchte Ayhan als Familienoberhaupt seine Mutter und seine Schwester zu unterstützen, indem er diese nach Möglichkeit anrief und einen Teil seines Verdienstes mit ihnen teilte.[678] Im Laufe des Interviews, welches mehrere Tage dauerte, erweckte Ayhan zunächst den Eindruck, dass er einsichtiger geworden war und möglicherweise die Tat aufrichtig bereut. Denn im Gefängnis lernte Ayhan durch einen Briefkontakt seine Freundin kennen, welche durch einen Zeitungsartikel auf ihn aufmerksam wurde und ihm schrieb. Gemeinsam mit Ayhan will sie in der Türkei ein neues Leben aufbauen.[679] In Frankfurt lebte sie nicht den traditionellen Wertvorstellungen entsprechend, sondern kleidete sich modern und war selbstständig. Immer wenn sie Ayhan im Gefängnis besuchte, übernachtete sie anschließend in der Wohnung von Hanim Sürücü.[680]

Während Ayhans Freundin noch nie ein Kopftuch getragen hat, war unter anderem das fehlende Kopftuch kausal für Hatuns Ermordung. Vor diesem Hintergrund gingen die Journalisten insbesondere der Frage nach,

---

675 *Deiß/Goll*, Ehrenmord. Ein deutsches Schicksal, S. 115.
676 *Deiß/Goll*, Ehrenmord. Ein deutsches Schicksal, S. 225; vgl. allgemein zur Abschiebung von Ehrenmördern: *Dietz*, NJW 2006, 1385 (1385 ff.).
677 Vgl. *Deiß/Goll*, Ehrenmord. Ein deutsches Schicksal, S. 186.
678 *Deiß/Goll*, Ehrenmord. Ein deutsches Schicksal, S. 228.
679 *Deiß/Goll*, Ehrenmord. Ein deutsches Schicksal, S. 225 f.
680 *Deiß/Goll*, Ehrenmord. Ein deutsches Schicksal, S. 226 f.

in welchem Verhältnis er heute zu seiner verstorbenen Schwester steht, weil sie in Erfahrung bringen wollten, ob er seine Schwester gegenwärtig auch ohne Kopftuch akzeptieren könnte. Die Journalisten stellten jedoch fest, dass Ayhan sich insbesondere von positiven Erinnerungen an Hatun abspaltete und sich nicht dazu äußerte.[681] Er betonte lediglich immer wieder, dass er die Tat bereue: *„Heute denke ich, dass ich ihr großes Unrecht getan habe. Ich habe ihr das Recht zum Leben geraubt. Damals habe ich mir eingeredet, dass ich das machen darf. Ich dachte, es sei richtig. Aber genau das Gegenteil war der Fall.*“[682] Im Rahmen des Interviews sprach Ayhan einerseits über seine Vorstellungen von Toleranz, Respekt und darüber, wie Menschen miteinander umgehen sollen.[683] Andererseits wies er immer wieder darauf hin, dass er dennoch den Lebenswandel seiner Schwester nicht akzeptieren könnte.[684] Daher brachten *Deiß* und *Goll* ihre Zweifel im Hinblick auf Ayhans Authentizität an vielen Stellen ihres Buches zum Ausdruck.[685] Insbesondere auch aus dem Grund, dass im Gerichtsverfahren im Rahmen eines Persönlichkeitstests bei Ayhan ein überdurchschnittliches Maß an sozialer Erwünschtheit festgestellt wurde.[686] Darüber hinaus vermissten die Journalisten in seinen Ausführungen insbesondere Empathie, welche sie als Grundlage für echte Reue voraussetzen.[687] Sie hatten den Eindruck, dass Ayhan zwar eingesehen habe, dass er kein Recht hatte, das Leben seiner Schwester auszulöschen. Jedoch glaubte er immer noch, dass Hatuns Lebensweise, zu Leben „wie eine Deutsche“, von Grund auf falsch gewesen war. Daher, so die Journalisten, könnte er um sie nicht trauern, weil er sie nicht für einen Menschen halten würde, um den es zu trauern gilt.[688]

Tatsächlich ist es auf Grundlage von Ayhans Ausführungen schwierig, einen reuigen Täter in ihm zu sehen, der sich bewusst ist, dass sein Verhalten von Grund auf falsch war. Dieser Eindruck bekräftigt sich insbesondere durch sein Verhalten nach seiner Entlassung, da er weiterhin regelmäßig durch Schlagzeilen wie „Hatuns Killer verhöhnt die deutsche Justiz“[689]

---

681 *Deiß/Goll*, Ehrenmord. Ein deutsches Schicksal, S. 248.
682 *Deiß/Goll*, Ehrenmord. Ein deutsches Schicksal, S. 230.
683 *Deiß/Goll*, Ehrenmord. Ein deutsches Schicksal, S. 230.
684 *Deiß/Goll*, Ehrenmord. Ein deutsches Schicksal, S. 240.
685 Vgl. z.B. *Deiß/Goll*, Ehrenmord. Ein deutsches Schicksal, S. 231 und S. 233.
686 *Deiß/Goll*, Ehrenmord. Ein deutsches Schicksal, S. 232.
687 *Deiß/Goll*, Ehrenmord. Ein deutsches Schicksal, S. 248.
688 *Deiß/Goll*, Ehrenmord. Ein deutsches Schicksal, S. 249 f.
689 *Senyurt*, Hatuns Killer verhöhnt die deutsche Justiz, in: BZ-Berlin vom 16.09.2014.

oder „Mörder von Hatun Sürücü wird auf Facebook auffallend“[690] auf sich aufmerksam machte. In diesen Artikeln wird unter anderem berichtet, dass Ayhan einen Köfte-Imbiss[691] führt, in sozialen Medien frauenverachtende Kommentare teilt und zweimal in der Sommerresidenz des deutschen Botschafters in Istanbul als Wachmann arbeitete, obwohl dies aufgrund seiner Straftat nicht gestattet ist. Auch erfahre er von seinen Freunden und Bekannten aus Berlin unterstützende Worte, Glückwünsche und breite Zustimmung.

Schließlich lässt sich konstatieren, dass Ayhan seine Schwester tötete und ihn diese Tatsache lebenslänglich begleiten wird. Die Ermordung wirkte sich nicht grundsätzlich auf seine Lebenseinstellung aus, da er noch sehr in alten Strukturen verhaftet zu sein scheint. Wie bereits festgestellt, intendiert ein Ehrenmord die Abschreckung junger Frauen, die sich gegen die patriarchalischen Wertvorstellungen auflehnen und eine Emanzipierung anstreben. Ayhan Sürücü evozierte durch die Ermordung das Gegenteil. Denn durch seine Tat besteht für viele jungen Frauen in Deutschland die Möglichkeit, Hatun Sürücü und ihre Geschichte kennenzulernen. Dadurch ist bei nicht wenigen der Wunsch aufgekommen, ein selbstbestimmtes Leben zu führen. Hatun gilt hierfür für viele junge Frauen mit Migrationsgeschichte als Vorbild.

IV. Fazit

Infolge längerer Gespräche mit nahezu allen Familienangehörigen[692] der Sürücüs zogen die Journalisten *Deiß* und *Goll* ein eindeutiges Resümee: *„Keiner der Sürücüs, die wir getroffen haben, hat unserer Meinung nach ehrlich um Hatun getrauert. Oder den Täter in aller Konsequenz verurteilt. Sie eint dasselbe Wertsystem. Bis heute.“*[693] Unter Zugrundelegung aller Interviews, Berichterstattungen, Podcasts sowie aufgrund des öffentlichen Verhaltens der Familie nach dem Fall ist diesem Fazit zuzustimmen. Nach dem Urteil des Landgerichts, welches Mutlu und Alpaslan freisprach, applaudierten Verwandte, jubelten und lachten gemeinsam vor den Kameras.

690 *Beikler*, Mörder von Hatun Sürücü wird auf Facebook auffallend, in: Der Tagesspiegel vom 09.02.2016.

691 Köfte (*türk.*) = Hackfleischbällchen.

692 Hanim Sürücü lehnte ein Gespräch mit den Journalisten ab, vgl. *Deiß/Goll*, Ehrenmord. Ein deutsches Schicksal, S. 250 f.

693 *Deiß/Goll*, Ehrenmord. Ein deutsches Schicksal, S. 251.

Sehr viele Prozessbeobachter monierten, dass die Familie Sürücü in der Öffentlichkeit die Freilassung der Brüder bzw. Söhne unverhätnismäßig feierte, anstatt um ein ermordetes Familienmitglied zu trauern. Nurhan Sürücü, die älteste Schwester Hatuns, zeigte in Richtung der Kameras ein Victory-Zeichen und wurde in vielen Zeitungen abgebildet.[694] Alpaslans Frau verkündete unmittelbar nach dem Prozess „Heute gehen wir einen Trinken!“[695] Dieses Verhalten zog eine Reihe von sozialen Repressalien nach sich. Grundsätzlich kann nicht missbilligt werden, dass die Familie um die Freilassung der Sürücü Brüder erfreut war. Dennoch war die hochleidenschaftliche Freude im Vergleich zur Tat unverhältnismäßig gewesen.

V. Zusammenfassung

Die Ermordung von Hatun Sürücü hinterließ Spuren im Leben aller Familienangehörigen. Alpaslan Sürücü brachte dies in einer E-Mail an die Journalisten *Deiß* und *Goll* pointiert zum Ausdruck: *„Die Kugeln, die Ayhan damals auf meine Schwester Hatun abgegeben hat, haben nicht nur sie getroffen, sondern jede Person der Familie Sürücü. Wir tragen alle unsere Wunden, wir sind alle angeschossen worden.“*[696] Tatsächlich erfuhr jedes Familienmitglied einen signifikanten Wandel im persönlichen Leben. Der Kontakt zwischen den Familienangehörigen reduzierte sich auf ein absolutes Minimum. Kerem Sürücü habe Ayhan vorgeworfen, dass er die Familie durch die Tat zerstört habe. Ob ein solches Gespräch tatsächlich stattfand, ist zwar nicht mit Sicherheit gewiss, dem ist aber jedenfalls beizupflichten. Die Familie Sürücü ist in Deutschland sowie in der Türkei bekannt und jedes Familienmitglied wird unmittelbar mit der Tat in Verbindung gebracht. Selbst wenn eine Tatbeteiligung der Brüder bzw. der Familie gerichtlich nicht erwiesen ist; die Öffentlichkeit fiel ein eindeutiges Urteil und ist bis heute davon fest überzeugt. Diese Tatsache begleitet jedes Familienmitglied bis heute durch den Alltag.

694 *Deiß/Goll*, Ehrenmord. Ein deutsches Schicksal, S. 171.
695 *Honsell/Das Gupta*, „Heute gehen wir einen trinken“, in: Süddeutsche Zeitung vom 14.04.2006.
696 *Deiß/Goll*, Ehrenmord. Ein deutsches Schicksal, S. 130.

Kapitel 2: Auswirkungen

Zahlreiche Reportagen, Berichterstattungen sowie Verfilmungen machten den Fall Sürücü bundesweit publik, sodass Reaktionen der Öffentlichkeit unmittelbar folgten. Insbesondere lag das Interesse der Gesellschaft darin, wie so eine Tat in der deutschen Hauptstadt geschehen konnte und aus welchen Gründen solche Strukturen seitens der Politik nicht unterbunden werden. Insgesamt war das öffentliche Interesse an dem Gerichtsverfahren außerordentlich, da eine gravierende Sanktionierung der Tatbeteiligten erwartet wurde. Die im Folgenden dargestellten Auswirkungen des Falles bzw. die Reaktionen auf den Tod von Hatun Sürücü basieren vor allem auf das öffentliche Entsetzen über das Tötungsmotiv, also die Tatsache, dass eine divergierende Ehrvorstellung eine Tötung nach sich zieht. Deshalb forderte die Gesellschaft besonders hohe Strafen für die gesamte Familie, der ein Mord mit „Hinrichtungscharakter“[697] zur Last gelegt wurde. Infolge der lang anhaltenden Medienpräsenz des Falles hatten jüngste Erkenntnisse rasch Aufregung hervorgerufen und neue Debatten nach sich gezogen. Die Reaktionen beschränkten sich jedoch nicht nur auf den Fall Sürücü, sondern zielten auf Ehrenmorde im Allgemeinen ab. Mithin war die Ermordung von Hatun Sürücü mit ihren vielen Facetten kein Fall von einfacher Kriminalität, sondern emotionalisierte bzw. mobilisierte die Gesellschaft auf unterschiedlichen Ebenen.

I. Diskussionen in einer achten Klasse

Zunächst wurde der Fall Sürücü im Raum Berlin zeitnah bekannt, sodass in Schulen über den Fall gesprochen bzw. diskutiert wurde. Die Diskussion in einer achten Klasse der Neuköllner Thomas-Morus-Oberschule wenige Tage nach dem Fall löste bundesweite Schlagzeilen aus und versetzte die Gesellschaft in Alarmbereitschaft. Denn einige türkische Schüler rechtfertigten die Tat durch folgende Aussage: *„Die hat doch selbst Schuld. Die Hure lief rum wie eine Deutsche.“*[698] Die Tatsache, dass Schüler in der achten Klasse einen Mord an einer jungen Frau durch ihren eigenen Bruder gutheißen, war besorgniserregend und führte zu weiteren intensiven Debatten. Denn der damalige Schulleiter machte die Gesellschaft auf

697 So der vorsitzende Richter *Degreif*, vgl. *Honsell/Das Gupta*, „Heute gehen wir einen trinken“, in: Süddeutsche Zeitung vom 14.04.2006.

698 *Deiß/Goll*, Ehrenmord. Ein deutsches Schicksal, S. 101.

dieses Problem durch einen offenen Brief aufmerksam. Dies war der Auftakt für die Einführung des obligatorischen Ethikunterrichtes in Berlins Schulen.[699] Dadurch soll gewährleistet werden, dass Schülerinnen und Schüler grundlegende Werte wie Toleranz und gegenseitigen Respekt in der Schule ausführlich besprechen sowie im Idealfall in ihrem späteren Leben adaptieren, um eine Grundlage für ein gedeihliches Miteinander in der Gesellschaft zu schaffen. Sowohl der Politik als auch der Gesellschaft wurde durch die Ereignisse in der Schule drastisch illustriert, dass grundlegende Werte in einer sich zunehmend pluralisierenden Gesellschaft nicht selbstverständlich vorausgesetzt werden können, sondern Gegenstand zahlreicher Debatten sein müssen. An späterer Stelle dieser Arbeit wird die Einführung des Ethikunterrichts und die tatsächliche Umsetzung ausführlich besprochen, da dies als eine vielversprechende Maßnahme gegen künftige Ehrenmorde einzustufen ist. Zudem gehen heute noch viele Herausforderungen mit diesem Unterrichtsfach einher, die eine genauere Untersuchung erfordern.[700]

II. Die Familie Sürücü soll Deutschland verlassen

Diskussionen zur möglichen Abschiebung der Familie Sürücü wurden durch die öffentliche Aufforderung des ehemaligen Berliner Innensenators, *Ehrhart Körting*, verstärkt: „*Wenn die Familie Sürücü wirklich Ehre am Leib hätte, sollte sie die Konsequenzen ziehen und Deutschland verlassen.*“ Von vielen Berichterstattern wurde der Ausspruch des Politikers aufgegriffen und mit Schlagzeilen wie „Raus aus Deutschland“ gesteigert.[701] Gegenüber den Journalisten *Deiß* und *Goll* bekräftigte *Körting* seine Aussage, indem er unter anderem auf Ayhans goldene Uhr im Prozess verwies. Seiner Ansicht nach ist im Hinblick auf die Tatbeteiligung der Familie zwischen (strafrechtlicher) Mittäterschaft und Kenntnis von der Tat zu unterscheiden. Er könne sich nicht vorstellen, dass die Familie keine Kenntnis von der Tat hatte.[702] Prozessbeobachter, welche jeden einzelnen Habitus aller Familienangehörigen bis ins kleinste Detail analysierten und interpretierten, titelten ihre Artikel mit Schlagzeilen wie „Eine schrecklich böse Fami-

699 Vgl. *Hilgendorf*, in: Kirste/Sprenger (Hrsg.), Menschliche Existenz und Würde im Rechtsstaat, S. 124.
700 Siehe Teil 4 Kap. 2 III. 4.
701 Vgl. *Deiß/Goll*, Ehrenmord. Ein deutsches Schicksal, S. 173.
702 *Deiß/Goll*, Ehrenmord. Ein deutsches Schicksal, S. 177 f.

lie“[703]. Als Repräsentantin für alle Zuwanderer bzw. Türken, die einen Ehrenmord billigen und die hier befindliche gesellschaftliche Grundordnung nicht anerkennen, wurde die Familie Sürücü in Sippenhaft genommen.[704] Die Tat wurde als „Schande für die gesamte türkische Gemeinde“[705] bezeichnet, das Urteil zu mild empfunden und deshalb von der Öffentlichkeit sowie Politikern kritisiert.[706] Weitere ähnliche Berichtserstattungen folgten unverzüglich. Daher bedienten sich unter anderem auch rechte Szenen der hochgradig emotional geführten Debatten zum Fall Sürücü bzw. zu Ehrenmorden im Allgemeinen für ihre Zwecke. Viele Stimmen von Personen mit Migrationsgeschichte, welche die Tat verurteilten, wurden nicht hinreichend in die Debatten miteinbezogen bzw. blieben ungehört. Stattdessen führten die Diskussionen dazu, dass Personen mit Migrationsgeschichte sich durchweg ungerecht behandelt fühlten, indem sie auf Kopftuch und Ehrenmord reduziert wurden. Dadurch kapselten sich viele noch mehr von der Gesellschaft ab.[707] Beispielsweise wurde fortan eine Frau mit Kopftuch gemeinhin als potenzielles Opfer einer Zwangsheirat oder eines Ehrenmordes angesehen.

III. Hatun Sürücü als Vorbild und Heldin

Während die Gesellschaft die Familie Sürücü sowie integrationsunwillige Personen mit Migrationsgeschichte weiterhin vehement unter anderem für Ehrenmorde und Zwangsheirat verurteilte, wurde Hatun Sürücü zum einen zur Heldin charakterisiert, welche sich ihre Menschenrechte bis zum Tod erkämpfte und zum anderen als deutsche junge Frau angesehen, die Opfer einer fremden Großfamilie wurde.[708] Aufgrund ihrer Lebensweise und ihrem Bestreben, sich in die hiesige Gesellschaft zu integrieren, wurde Hatun im Gegensatz zu ihrer Familie als Deutsch-Kurdin angesehen. Den Journalisten *Deiß* und *Goll* zufolge ist Hatuns Geschichte ein deutsches Schicksal.[709] Die restlichen Familienmitglieder identifizierten sich nie mit

703 *Küpper*, Eine schrecklich böse Familie, in: Frankfurter Allgemeine vom 21.04.2006.

704 Vgl. *Deiß/Goll*, Ehrenmord. Ein deutsches Schicksal, S. 177.

705 *Frigelj*, „Eine Schande für alle Türken“, in: Die Welt vom 22.04.2006.

706 Vgl. *Deiß/Goll*, Ehrenmord. Ein deutsches Schicksal, S. 174 und S. 185.

707 *Deiß/Goll*, Ehrenmord. Ein deutsches Schicksal, S. 175.

708 Vgl. *Deiß/Goll*, Ehrenmord. Ein deutsches Schicksal, S. 173.

709 So ausdrücklich: *Deiß/Goll*, Ehrenmord. Ein deutsches Schicksal, S. 254; aber auch bereits der Titel des Buches.

der deutschen Gesellschaft bzw. hatten den Kontakt zu Deutschen weitestgehend unterbunden, sodass ihnen keine deutsche Identität beigepflichtet wurde.[710]

In der Hauptverhandlung bezeichnete Richter *Degreif* im Rahmen der Urteilsbegründung Hatuns Lebensweg indes nicht als sonderbar oder heldenhaft. Vielmehr sei es selbstverständlich, dass in Deutschland jede junge Frau unabhängig von ihrer Nationalität leben dürfe, wie sie wolle; das sei ihr Recht.[711] Trotzdem wurde ihr Lebensweg nicht als Selbstverständlichkeit erachtet. Denn für ein selbstbestimmtes Leben und ein Bestreben, sich in die hiesige Gesellschaft zu integrieren, nahm sie ihren Tod billigend in Kauf. Schließlich lebte sie autark, ihren eigenen Wünschen entsprechend und gab bis zu ihrer Ermordung nicht auf, sodass sie für die Gesellschaft als Gewinnerin im Kampf gegen die patriarchalischen Familienstrukturen hervorging. Zusammenfassend konnte Hatun Sürücü zu Lebzeiten mit ihrer selbstbewussten Zielstrebigkeit ihren Mitmenschen imponieren,[712] sowie nach ihrem Tod viele junge Frauen zu einem selbstbewussten Leben motivieren. Sie wurde immer mehr zum Vorbild für viele junge Frauen mit Migrationsgeschichte, welche den stagnierten patriarchalischen Familienstrukturen entsagen wollen. Mithin steht sie heute noch für die hiesige Gesellschaft im Mittelpunkt bei der Integrationsfrage junger Frauen mit Migrationsgeschichte.

1. Gedenktafel

Am Todestag von Hatun Sürücü findet jährlich eine Gedenkveranstaltung an ihrer Gedenktafel statt, welche sich unmittelbar am Tatort in Berlin-Tempelhof befindet. Die Teilnehmerinnen und Teilnehmer sprechen sich gemeinsam für ein selbstbestimmtes Leben und gegen Gewalt an Frauen und Mädchen aus. An den Gedenkveranstaltungen nehmen Freunde und Bekannte von Hatun sowie Frauenrechtsorganisationen und Politiker teil. Zu diesem Anlass wird eine Rede zu Themen wie Familienehre, Zwangsheirat oder Gewalt gegen Frauen gehalten und eine Kranzniederlegung

710 Vgl. Ayhan zu seiner Identität, *Deiß/Goll*, Ehrenmord. Ein deutsches Schicksal, S. 223.

711 Vgl. *Honsell/Das Gupta*, „Heute gehen wir einen trinken“, in: Süddeutsche Zeitung vom 13.04.2006.

712 Vgl. *Deiß/Goll*, Ehrenmord. Ein deutsches Schicksal, S. 59.

durchgeführt.[713] Darüber hinaus wird an ihrem Todestag bundesweit über den Fall Sürücü sowie über aktuelle Debatten zum Thema Ehrenmord und Zwangsheirat berichtet. Auf der Gedenktafel steht auf Deutsch und auf Türkisch folgendes geschrieben: *„Hier wurde Hatun Sürücü (geb. 1983) am 7. Februar 2005 ermordet, weil sie sich Zwang und Unterdrückung ihrer Familie nicht unterwarf, sondern ein selbstbestimmtes Leben führte. Zum Gedenken an sie und die weiteren Opfer von Gewalt gegen Frauen in dieser Stadt.“*[714]

2. Filmbiografie „Nur eine Frau“

Im Sommer 2019 erschien die Filmbiografie „Nur eine Frau“[715], welche den Fall Sürücü chronologisch auf Grundlage des Sachbuchs „Ehrenmord. Ein deutsches Schicksal“ von *Deiß* und *Goll* sowie den Gerichtsunterlagen erzählt. Der Film vereint dokumentarische Elemente mit originalen Bildern und Videos zum Fall und ist daher sehr dynamisch.[716] So werden in der Eröffnungsszene Hatuns Leichnam am Tatort, ihre Gewalterfahrungen oder auch Bilder mit ihrem Sohn in ihren Armen gezeigt. Regisseurin *Sherry Hormann* lässt Hatun Sürücü selbst den Fall Sürücü erzählen, „quasi aus dem Jenseits“. Nach ihrer Ansicht äußerten sich sehr viele Personen zum Fall Sürücü, nur Hatun blieb dies verwehrt. Deshalb wollte die Regisseurin Hatun im Film eine Stimme verleihen. Hatun Sürücü wird im Film als zielstrebige, starke, mutige und lebensfreudige Person inszeniert. Die Intention der Verfilmung nach vierzehn Jahren ist, genauso wie die regelmäßigen Berichtserstattungen, dass der Fall Sürücü nicht in Vergessenheit gerät. Auf der Homepage zum Film steht umfassendes Schulmaterial (ca. 31 Seiten) zur Verfügung, damit der Fall Sürücü bzw. Ehrenmorde ausführlich in Schulen thematisiert und diskutiert werden können. Für die Produzentin *Sandra Maischberger* ist der Fall Sürücü insbesondere in der heutigen Zeit von großer Wichtigkeit, da fundamentalistisch-religiöse Ten-

---

713 *Geithe*, Der Nachhall der Schüsse: Der Fall Hatun Sürücü, in: Tip-Berlin vom 01.09.2020.

714 Informationen zum Gedenkstein abrufbar unter http://www.berlin.de/ba-tempelhof-schoeneberg/ueber-den-bezirk/gedenken/artikel.358192.php (21.11.2021).

715 Vgl. zu den folgenden Ausführungen: http://www.nureinefrau-derfilm.de/ (21.11.2021).

716 Deshalb ist der Film auch sehr ansprechend für Jugendliche als hauptsächliche Zielgruppe.

denzen in der Gesellschaft zunehmen würden.[717] Der Film verdeutlicht, wie sich die Konflikte zwischen den Familienangehörigen kontinuierlich zuspitzen. Zudem zeigt er Hatuns Zwangslage zwischen einem selbstbestimmten Leben sowie ihrem Wunsch, als Teil ihrer Familie akzeptiert zu werden, auf. Sie sucht ständig den Kontakt zu ihrer Familie und wird depressiv, weil ihre Annäherungsversuche auf strikte Ablehnung stoßen. Der Filmtitel „Nur eine Frau" suggeriert, dass der Fall Sürücü nicht nur ein Fall einfacher Kriminalität unter Familienangehörigen ist, sondern stellvertretend für viele Frauen herangezogen werden kann, welche in patriarchalischen Strukturen aufwachsen.

IV. Beratungsstellen

Bereits vor Hatuns Ermordung gab es in Deutschland Ehrenmorde und Zwangsheirat. Deshalb waren die gravierenden Folgen, die mit den spezifischen Ehrvorstellungen im Einzelfall einhergehen können, den Behörden durchaus bekannt. Es fehlte jedoch an Erfahrung im Hinblick auf den (richtigen) Umgang mit gefährdeten Opfern. Auch Hatun brachte bei der Polizei sowie an unterschiedlichen Stellen immer wieder zum Ausdruck, dass ihr Leben in Gefahr sei und sie Hilfe benötige. Dennoch konnte ihr kein ausreichender Schutz geboten werden. Dazu bezog Hatuns ehemalige Betreuerin, Sozialpädagogin *Heidi Koselowsky,* wie folgt Stellung: „*Wir wussten damals einfach viel zu wenig über den Einfluss fremder Kulturkreise. Niemand hat mit uns über Tradition wie Ehre gesprochen, weder während unserer Ausbildung noch später bei Schulungen oder Seminaren. So konnte am Ende keiner die Zeichen lesen, die da waren. Heute ist das komplett anders. Auf einmal spricht man über diese Themen. Wenn Hatuns Tod eines bewirkt hat, dann ist es das.*"[718] Viele Behörden sind seit dem Fall Sürücü sensibler und aufmerksamer hinsichtlich Themen wie Ehrenmord, Zwangsheirat oder Kopftuchzwang geworden. Gleichzeitig haben viele Sozialämter und Frauenhäuer heute noch große Probleme, betroffenen Frauen die ausreichende bzw. notwendige Unterstützung anzubieten. Unter anderem bringen

---

717 Vgl. Schulmaterialien zum Film, S. 23, abrufbar auf der Homepage zum Film, Fn. 716.

718 *Deiß/Goll*, Ehrenmord. Ein deutsches Schicksal, S. 77.

finanzielle Engpässe mangelnde räumliche sowie personelle Kapazitäten mit sich.[719]

Viele Bürgerinnen und Bürger versuchen deshalb ehrenamtlich, Behörden bzw. betroffene Mädchen und Frauen physisch wie psychisch zu unterstützen. Einrichtungen und Organisationen wie *Terre des Femmes*[720] oder *Papatya*[721] bieten bereits seit vielen Jahren hilfesuchenden Frauen die notwendige Unterstützung an. Darüber hinaus gibt es viele kleinere Einrichtungen, die auf Mikroebene Frauen unterstützen, wenn ihnen ein Ehrenmord, Zwangsheirat oder häusliche Gewalt droht. In diesem Zusammenhang ist etwa die BIG-Hotline (Berliner Initiative gegen Gewalt an Frauen)[722] zu erwähnen, welche bei häuslicher Gewalt gegen Frauen und ihre Kinder telefonischen Kontakt anbietet. Diese Institutionen widmen sich aber auch vermeintlich kleineren Problemen, wie dem Auferlegen einer Kopftuchpflicht in jungen Jahren. Denn ihnen ist bewusst, dass im Falle eines Widerspruchs gegen die Kopftuchpflicht der jungen Frau im Extremfall ein Ehrenmord oder eine Zwangsheirat droht. Spätestens seit dem Fall Sürücü ist den Behörden bewusst, dass dies keine überspitzte Betrachtung, sondern Realität ist.[723] Dennoch haben sie große Schwierigkeiten, potenzielle Opfer vor einem fest entschlossenen Täter zu schützen.[724] Die Täter involvieren meistens auf der Suche nach dem Opfer viele Verwandte oder Bekannte in fremden Städten, auch sind teilweise die Unterkünfte von hilfesuchenden Frauen bekannt. Zudem werden die weiblichen Familienangehörigen dazu angehalten, die flüchtige Frau zu kontaktieren und dadurch Informationen über ihren Aufenthaltsort zu erlangen.

Die Aufopferungsbereitschaft der Helferinnen und Helfer in den genannten Einrichtungen ist dessen ungeachtet unermesslich. Für viele gehen damit gravierende körperliche und mentale Belastungen einher, dennoch sind sie im Umgang mit den Hilfesuchenden sehr geduldig. Denn die hilfesuchenden Frauen haben sehr große Angst vor der Entdeckung durch die Familie, wodurch sie oftmals verzweifeln und nicht (mehr) rational handeln können. Deshalb entstehen regelmäßig auch Konflikte mit den Helfenden. Die Helferinnen und Helfer hingegen vernachlässigen

---

719 Vgl. *Haarbach/Ringelstein*, Hatun Sürücüs Vermächtnis, in: Der Tagesspiegel vom 07.02.2020.
720 https://www.frauenrechte.de/ (21.11.2021).
721 https://beratung.papatya.org/ (21.11.2021).
722 https://www.big-hotline.de/ (21.11.2021).
723 Siehe zur Zwangsheirat Teil 2 Kap. 3.
724 Vgl. *Deiß/Goll*, Ehrenmord. Ein deutsches Schicksal, S. 181 f.

zum Teil ihre eigene Familie bzw. Bedürfnisse und werden zusätzlich von Menschen aus patriarchalischen Kreisen bedroht und beleidigt, weil sie den flüchtigen Frauen helfen.[725]

Deshalb wurde unter anderem im Jahr 2013 der *Hatun-Sürücü-Preis* von der Grünen-Fraktion im Berliner Abgeordnetenhaus eingeführt. Besonders engagierten Einzelpersonen, Initiativen oder Organisationen aus Berlin, welche sich für das Recht von Mädchen und jungen Frauen auf Chancengleichheit und Selbstbestimmung einsetzen und sie auf den Weg dorthin begleiten und fördern, werden mit 1.000,- Euro Preisgeld honoriert.[726] Solche Förderungsstellen sind grundsätzlich zu begrüßen, sollten aber in Zukunft weiter ausgebaut und finanziell unterstützt werden. Den Beratungsstellen müssen weitreichendere finanzielle Möglichkeiten zur Verfügung stehen, um dadurch der großen Zahl der hilfesuchenden Frauen gerecht zu werden. Der bundesweite Disput zur Situation junger Frauen in patriarchalischen Kreisen zog viele Spenden für helfende Einrichtungen nach sich. Problematisch ist indes, dass die darin enthaltene übersteigerte Emotionalität der Spendenden missbraucht werden kann und teilweise missbraucht wurde. So wurde beispielsweise im Jahr 2006 die „Hatun & Can e.V." gegründet, welche Frauen und Mädchen, die von Zwangsheirat und Misshandlung bedroht sind, schnelle Hilfe anbieten sollte. Der Verein wurde von vielen gelobt und finanziell unterstützt.[727] Jedoch wurde der Gründer im Jahre 2011 wegen Spendenbetrugs zu einer Haftstrafe verurteilt und der Verein wurde aufgelöst.[728]

V. Zusammenfassung

Hatuns Ermordung durch ihren jüngeren Bruder zur vermeintlichen Wiederherstellung der Familienehre war nicht nur ein Tötungsdelikt unter Familienangehörigen, sondern rief zahlreiche Diskussionen hervor. Insbesondere die Billigung der Tat durch Schüler in der achten Klasse zog viele Debatten nach sich, gleichzeitig beschleunigte sie jedoch die Einführung des obligatorischen Ethikunterrichts in den Schulen in Berlin. Die Familie

725 Ein gutes Beispiel hierfür ist *Balci*, die solche Erfahrungen nur in Bruchteilen in ihrem Buch „Aliyahs Flucht" schildert, S. 237 ff.

726 Für weitere Informationen: https://gruene-fraktion.berlin/kampagne/hsp/ (25.02.2021).

727 *Kögel*, „Ihr seid nicht allein", in: Der Tagesspiegel vom 14.02.2007.

728 *Gehrke*, "Hatun und Can"-Chef zu knapp fünf Jahren Gefängnis verurteilt, in: Der Tagesspiegel vom 21.09.2011.

Sürücü wurde von der Gesellschaft als Kollektiv für Hatuns Ermordung verantwortlich gemacht, sodass teilweise eine Abschiebung der gesamten Familie gefordert wurde. Zudem wird die Familie seit dem Fall als Repräsentantin für Personen mit Migrationsgeschichte herangezogen, die einen Ehrenmord billigen und die hiesige gesellschaftliche Grundordnung nicht achten bzw. nicht anerkennen. Dies führte jedoch gleichzeitig dazu, dass viele Stimmen von Personen mit Migrationsgeschichte, welche die Tat verurteilten, nicht hinreichend im Rahmen der Debatten berücksichtigt wurden bzw. als kleine Minderheit ungehört blieben. Folglich distanzierten sich viele Bürgerinnen und Bürger mit Migrationsgeschichte noch mehr von der Gesellschaft. Denn viele fühlten sich auf Ehrenmord, Zwangsheirat oder Kopftuch reduziert.

Im Gegensatz zu ihrer Familie, integrierte sich Hatun in die deutsche Gesellschaft, sodass sie als Deutsch-Kurdin betrachtet wurde, die Opfer einer fremden Großfamilie geworden ist. Für die Integrationsfrage von jungen Frauen mit Migrationsgeschichte ist Hatuns Geschichte und ihre selbstbewusste Zielstrebigkeit maßgeblich. An ihrem Todestag findet jedes Jahr eine Veranstaltung an ihrem Gedenkstein statt, in der auf die aktuelle Situation und die bevorstehenden Herausforderungen zum Thema „Gewalt im Namen der Ehre“ aufmerksam gemacht wird.

Zum Fall Sürücü gibt es viele Berichterstattungen, Reportagen und Filme. Zuletzt erschien im Jahr 2019 die Filmbiografie „Nur eine Frau“. Der Film richtet sich insbesondere an Jugendliche und dient als Grundlage für Schulen, um im Unterricht Ehrenmorde mit Schülerinnen und Schülern zu besprechen. Immer mehr junge Frauen konsultieren Beratungsstellen, wenn sie einen Ehrenmord oder eine Zwangsheirat befürchten bzw. sie regelmäßig Opfer häuslicher Gewalt sind. Auf der einen Seite bewirkte der Fall Sürücü, dass viele pädagogische Fachkräfte auf Themen wie divergierende Traditionen bzw. Ehrvorstellungen aufmerksamer geworden sind. Auf der anderen Seite bringen finanzielle Engpässe mangelnde räumliche und personelle Kapazitäten mit sich, sodass viele hilfesuchende Frauen nicht die notwendige Unterstützung erfahren. Die ehrenamtlichen Helferinnen und Helfer werden teilweise von Personen aus patriarchalischen Kreisen beleidigt und bedroht, wenn sie die flüchtigen Frauen unterstützen. Dies stellt eine enorme Belastung für die Helfenden dar. Seit dem Jahr 2013 erhalten besonders engagierte Einzelpersonen, Initiativen oder Organisationen aus Berlin, die sich für das Recht von Mädchen und jungen Frauen auf Chancengleichheit und Selbstbestimmung einsetzen, eine finanzielle Unterstützung im Rahmen des Hatun-Sürücü-Preises.

Teil 4: Schlussfolgerungen aus dem Fall

Die umfassende Aufarbeitung der Ermordung von Hatun Sürücü verdeutlichte, dass die Tat kein Fall einfacher Kriminalität unter Familienangehörigen gewesen ist. Vielmehr hat der Fall zahlreiche gesellschaftspolitische wie auch rechtliche Probleme aufgezeigt, die auch nach fast achtzehn Jahren weiterhin aktuell sind. Der Fall Sürücü ist ein Präzedenzfall, in dem alle gängigen Durchgangsstadien zu einem Ehrenmord enthalten sind. Hierzu zählen der Kopftuchzwang, die Zwangsheirat[729], häusliche Gewalt und schließlich die Tötung durch ein Familienmitglied. Grundsätzlich unterscheiden sich andere Ehrenmorde in Deutschland nur um wenige Nuancen vom Fall Sürücü. Daher ist dieser Fall für eine umfassende Analyse der Ehrenmordproblematik unerlässlich. Deshalb ist zu untersuchen, welche Schlussfolgerungen aus dem Fall Sürücü zu ziehen sind und inwiefern präventive Maßnahmen zur Verhinderung von weiteren Ehrenmorden generiert werden können. Im Mittelpunkt der nachfolgenden Ausführungen stehen vor allem Heranwachsende mit Migrationsgeschichte, die infolge der patriarchalischen Wertvorstellungen Ehrenmorde begehen.

Zunächst ist zu analysieren, inwieweit Ehrenmorde mit Ehre im Sinne von „Ehrenhaftigkeit" zusammenhängen. Die Untersuchung der spezifischen Ehrvorstellungen, die einem Täter eines Ehrenmordes innewohnen, verdeutlicht, dass die Ehre nicht homogen ausgelegt wird und dadurch eine Doppelmoral der Ehre zu beobachten ist.[730] Die Täter fordern eine strikte Achtung der eigenen Ehre, während sie (ihren eigenen Ehrvorstellungen zufolge) die Ehre anderer verletzen, indem sie beispielsweise vorehelichen Geschlechtsverkehr haben. Zudem sind zwei weitere Aspekte besonders relevant, welche eine genauere Untersuchung erfordern. Zum

---

729 Wie bereits erwähnt, lässt sich bis heute nicht abschließend klären, ob es sich um eine Zwangsheirat oder um eine arrangierte Ehe handelte. Auch wenn die Ehe mit ihrem Cousin in Istanbul nicht als Zwangsheirat im rechtlichen Sinne nach § 237 Abs. 1 S. 1 StGB einzuordnen ist, spricht vieles dafür, dass es sich um eine Zwangsheirat im faktischen Sinne vorlag. Denn es war sicherlich nicht ihr Wunsch gewesen, die Schule mit sechzehn Jahren zu verlassen und als Braut in die Türkei auszuwandern. Zudem konnte sie sich der Ehe nicht entziehen. Vgl. dazu Teil 2 Kap. 3 VIII.

730 Die Doppelmoral der Ehre nach: *Toprak*, Das schwache Geschlecht – die türkischen Männer, S. 152 ff.

einen ist in patriarchalischen Gemeinschaften Sexualität grundsätzlich ein Tabuthema, sodass Heranwachsende im Entwicklungsprozess Defizite vorweisen, da die sexuelle Orientierung ein wichtiger Bestandteil für die eigene Entwicklung ist. Zum anderen führt das Leben in einer Parallelgesellschaft bei vielen Jugendlichen zu Identitätsproblemen, die einen Ehrenmord im Extremfall forcieren.

Darüber hinaus ist es notwendig, Maßnahmen zur Vorbeugung von Ehrenmorden zu analysieren. In Betracht kommen präventive Maßnahmen, wie gezielte Integrationsarbeit und die Regulierung sowie die Ausweitung des Ethikunterrichtes in Schulen. So könnte bundesweit der Ethikunterricht als Regelfach eingeführt werden. Des Weiteren ist es förderlich, interkulturelle Kompetenzen in die Juristenausbildung zu integrieren. Viele Rechtsanwender sehen sich zunehmend mit interkulturellen Sachverhalten konfrontiert, die sich mangels Kenntnis der unterschiedlichen kulturellen Gegebenheiten einer fundierten juristischen Würdigung entziehen. Der Unterschied zwischen einem Ehrenmord und Blutrache kann hierfür als Beispiel herangezogen werden, der teilweise nicht geläufig ist.

Kapitel 1: Zusammenhang zwischen Ehrenmord und Ehrenhaftigkeit

Die vermeintlich verletzte Ehre des Ehrenmörders dient als Legitimation für die Tötung einer Frau, die für die Verletzung verantwortlich gemacht wird. Durch die Tötung intendiert der Täter die Wiederherstellung der vermeintlich verletzten (Familien-)Ehre. Demzufolge findet der Täter in patriarchalisch orientierten Kreisen Zuspruch für seine Tat, da aus der Sicht der Betroffenen ein ehrenvolles Leben wichtiger als ein Leben ohne Ehre ist.[731] Somit ist ein ehrenloses Leben nicht schützenswert und wird innerhalb dieser patriarchalischen Gesellschaft nicht akzeptiert. Die zwingende Konsequenz der obligatorischen Ehrvorstellungen der Beteiligten ist jedoch, dass diese den äußeren Rahmen für die eigene Lebensgestaltung des Einzelnen bilden sollten. Denn für die Beteiligten ist der Ehrenkodex obligatorisch und keinem Diskurs zugänglich. Folglich müssten die Täter die Ehre von anderen Personen respektieren, indem sie selbst beispielsweise keinen außerehelichen (sexuellen) Kontakt zu einer fremden Frau pflegen. Dies ist jedoch nicht der Fall. Aus diesem Grund werden unter anderem die Ehrvorstellungen von Ayhan Sürücü, die hier stellvertretend für

---

731 *Baumeister*, Ehrenmorde, S. 145 ff.; *Elyafi-Schulz*, Das Phänomen des „Ehrenmordes“, S. 73 ff.

die Mehrheit der patriarchalischen Gesellschaft herangezogen wurden,[732] die Doppelmoral der Ehre aufzeigen. Demnach werden die Maxime des Ehrenkodexes nach eigenen Vorlieben modifiziert und je nach Einzelfall ausgelegt.

I. Doppelmoral der Ehre

Im Folgenden soll die *Doppelmoral der Ehre* bzw. die *Doppelmoral der sich auf die Ehre Berufenden* insbesondere im Fall Sürücü aufgezeigt werden.[733] Von den weiblichen Familienmitgliedern wird gefordert, dass sie ihre Jungfräulichkeit bis zur Ehe nicht verlieren und das Ansehen der Familie durch ein sexuelles Fehlverhalten in der Gesellschaft nicht schädigen. Als Beispiele für dieses Fehlverhalten zählen unter anderem eine Unterhaltung mit einem fremden Mann auf der Straße,[734] das Ablegen des Kopftuchs oder aber auch eine von der Frau ausgehende Scheidung. Bereits Gerüchte im Hinblick auf ein vermeintlich sexuelles Fehlverhalten der Frau werden sanktioniert, weil es von der betroffenen Familie als Rufschädigung aufgefasst wird.[735] Die Frau ist somit von ihrer Geburt an eine potenzielle Gefahrenquelle für die Ehre der gesamten Familie.[736] Daher sind die Männer den weiblichen Familienangehörigen gegenüber grundsätzlich sehr misstrauisch eingestellt. Nach ihrer Auffassung sind die Frauen generell dazu geneigt, den Kontakt zu fremden Männern aufzunehmen und dadurch die Familienehre zu beschädigen.[737] Dieses Misstrauen lässt sich insbesondere am Wandel der Vater-Tochter-Beziehung im zunehmenden Alter der Tochter aufzeigen. Zu Beginn ist die Beziehung noch sehr zärtlich und liebevoll. Je älter die Tochter wird, umso mehr befürchtet der Vater, dass sie seine Ehre verletzen wird, wodurch sich die Beziehung kontinuierlich verschlechtert und von Misstrauen geprägt ist. Das Verhältnis verbessert

---

732 Teil 2 Kap. 1 VI.

733 *Toprak* stellt die Doppelmoral der Ehre durch einen anderen Fall dar, *Toprak*, Das schwache Geschlecht – die türkischen Männer, S. 164.

734 Vgl. zuletzt BGH NStZ 2020, 86 (86): Ausgangspunkt für einen versuchten Ehrenmord war der Umstand, dass sich die 48 Jahre alte Tochter des Angeklagten vor der Schule ihrer Tochter mit Vätern von Mitschülern unterhielt.

735 *Cöster*, Ehrenmord in Deutschland, S. 60 und S. 185; *Kizilhan*, „Ehrenmorde“, S. 96 ff.

736 Vgl. *Schirrmacher*, Mord im „Namen der Ehre“, S. 7.

737 Vgl. *Schiffauer*, Die Gewalt der Ehre, S. 91.

sich erst wieder nach der Hochzeit der Tochter.[738] Deshalb werden die weiblichen Familienangehörigen regelmäßig früh verheiratet, damit die Verantwortung von der Familie auf den Schwiegersohn übergeht, der nach der Eheschließung primär für die Wahrung der Ehre seiner Ehefrau (bzw. dadurch seiner eigenen) zuständig ist.[739]

Diese paternalistischen Wertvorstellungen reglementieren lediglich die Lebensweise der weiblichen Familienangehörigen. Wie bereits dargelegt, wird nach den patriarchalischen Ehrvorstellungen zwischen der Männer- und Frauenehre differenziert.[740] Die Doppelmoral der Ehre hierbei ist, dass die Männer grundsätzlich nicht die Ehre fremder Frauen berücksichtigen (bzw. nach deren Verständnis die Ehre anderer Männer und Familien, da die Frauenehre diesen zugeordnet wird). Beispielsweise verhalten sich Männer aus der Perspektive der spezifischen Ehrvorstellungen unehrenhaft, indem sie vor der Ehe (sexuellen) Kontakt zu anderen Frauen haben und dadurch die Familienehre anderer beschädigen. Zwangsläufig müsste eine strikte Befolgung des Ehrenkodexes zur Folge haben, dass die Männer sowohl ihre eigene Ehre als auch die Ehre anderer Männer oder Familien schützen bzw. achten und respektieren. Zumal sie die strikte Beachtung ihrer eigenen Ehre und damit das verbundene Ansehen in der Gesellschaft einfordern.

Für gewöhnlich ist dies nicht der Fall, da voreheliche sexuelle Beziehungen den Männern nicht verwehrt werden. Teilweise wird sogar vor der Ehe dem Mann ein Bordellbesuch durch den Vater oder dem älteren Bruder nahegelegt, wenn er bis dahin keine sexuellen Erfahrungen gemacht hat.[741] Aufgrund solcher Handlungen wird der Mann weder von der Gesellschaft noch von der eigenen Familie verurteilt bzw. sanktioniert. Vielmehr wird dieses Vorgehen gemeinhin akzeptiert, da dies zum „Mann-Sein" dazugehört. Nach dem spezifischen Ehrverständnis kann somit einem Mann kein sexuelles Fehlverhalten zur Last gelegt werden.[742] Dies ist nach *Schiffauer* auf das geschlechtsspezifische Ehrverständnis zurückzuführen, wonach für die Beurteilung und das Selbstverständnis des Mannes die Dichotomie stark oder schwach entscheidend ist, während für die Frau der Gegensatz rein oder unrein gilt. In diesem Zusammenhang

---

738 *Schiffauer*, Die Gewalt der Ehre, S. 75.

739 *Toprak*, Das schwache Geschlecht – die türkischen Männer, S. 147; ferner *Schiffauer*, Die Gewalt der Ehre, S. 75.

740 Teil 2 Kap. 1 II.

741 Vgl. *Toprak*, Das schwache Geschlecht – die türkischen Männer, S. 148.

742 *Levin*, Ehrenmorde, S. 65.

bedeutet die Unreinheit der Frau, dass sie ehrlos und schmutzig ist.[743] Hinzu kommt, dass ein Fehlverhalten der Frau obligatorisch durch die Männer bestraft wird.[744] Auch lässt sich die Doppelmoral hinter dem Ehrverständnis am Beispiel der Prostitution verdeutlichen. Während die Prostituierten seit je her einem ehrenlosen Stand zugeordnet wurden, blieben ihre Besucher ehrbar.[745]

Nach diesem spezifischen Ehrkonzept ist Kontrolle, Demonstration von Stärke und Machtausübung ein elementarer Bestandteil der Ehre. Die strikte Verteidigung der (Familien-)Ehre intendiert nicht nur die Wahrung des Ansehens in der Gesellschaft, sondern auch die Demonstration von Stärke und Dominanz nach außen.[746] Damit ein Mann vor der eigenen Gesellschaft nicht als ehrlos gilt, muss er entschieden und gegebenenfalls extrem reagieren, wenn ein weibliches Familienmitglied beleidigt oder belästigt wird.[747] Machtausübung und Kontrolle ist von Ehre im Sinne von Ehrenhaftigkeit zu unterscheiden. Denn die Demonstration von Stärke und Dominanz führt zwischen den Männern innerhalb dieser Gesellschaft zu einem Kräftemessen durch gegenseitige Provokationen, indem beispielsweise die Mutter beleidigt wird oder Tatsachen bzw. Gerüchte über weibliche Familienangehörige durch perfide Anspielungen zum Ausdruck gebracht werden. Die Männer interpretieren diese Provokationen als Ehrverletzung, um teilweise ihre persönlichen Aggressionen zu legitimieren. Diese Gewaltbereitschaft bzw. -anwendung führen sie auf ihre vermeintlich verletzte Ehre zurück, obwohl sie faktisch Macht und Dominanz demonstrieren wollen. Aus diesem Grund werden kulturelle Werte und Normen für persönliche Bedürfnisse wie Ansehen und Macht instrumentalisiert.[748] Somit ist die Ehre für die Beteiligten lediglich ein Vorwand zur Legitimation sowie Förderung der gesellschaftlichen Akzeptanz von persönlichen Präferenzen, wie Macht, Ansehen und Steigerung ihrer „Männlichkeit“.

Dieses ambivalente Ehrkonzept ist ebenfalls im Fall Sürücü zu beobachten. Hatun hatte sich von ihrem Mann getrennt und lebte anschließend

---

743 *Schiffauer*, Die Gewalt der Ehre, S. 75.

744 *Toprak*, Das schwache Geschlecht – die türkischen Männer, S. 158.

745 *Kizilhan*, „Ehrenmorde“, S. 83; *Wilms*, Ehre, Männlichkeit und Kriminalität, S. 48.

746 *Erben*, Gewalt und Ehre, S. 51; *Kizilhan*, „Ehrenmorde“, S. 84; *Schiffauer*, Die Gewalt der Ehre, S. 105; *Toprak*, Unsere Ehre ist uns heilig, S. 36.

747 *Kizilhan*, „Ehrenmorde“, S. 82; *Schiffauer*, Die Gewalt der Ehre, S. 65; *Toprak*, Unsere Ehre ist uns heilig, S. 36.

748 *Kizilhan*, „Ehrenmorde“, S. 84; *Toprak*, Unsere Ehre ist uns heilig, S. 37.

erneut bei ihren Eltern. Dies stellte eine große Belastung für die Familie Sürücü dar, weil sie ohne Ehemann und schwanger aus Istanbul zurückkam und somit die Ehre der Familie in Gefahr brachte. Somit wurde sie lediglich in der Hoffnung geduldet, dass sie sich mit ihrem Mann wieder versöhnt. Durch den Auszug aus der elterlichen Wohnung sowie das Ablegen des Kopftuchs signalisierte Hatun ihrer Familie jedoch, dass sie nicht länger den traditionellen Wertvorstellungen der Familie entsprechend leben wird. Diese Entscheidung rief regelmäßige verbale und nonverbale Sanktionen durch die Familie hervor. Denn ab diesem Zeitpunkt schädigte sie das Ansehen der Familie in der Gesellschaft, welche Hatuns Veränderung wahrgenommen hatte und somit eine Grundlage für Gerüchte gegeben war.[749] Mithin stand im Mittelpunkt der Streitereien zwischen Hatun und ihrer Familie nicht die Tatsache, dass sie sich nicht den Wertvorstellungen entsprechend verhielt, sondern primär die Rufschädigung bzw. der befürchtete Ehrverlust. Dieser Gesichtspunkt resultiert aus der Ethik der patriarchalischen Ehrvorstellung, wonach nur die Tatsache, dass eine Ehrverletzung vorliegt berücksichtigt wird, nicht jedoch die Gründe hierfür. In diesem Zusammenhang konstatiert *Schiffauer*, dass die Ethik der Ehre partikularistisch ist, sodass die Handlungsmaximen auf das Wohl der eigenen Gruppe ausgelegt sind.[750]

Ayhan Sürücü hatte hingegen voreheliche Beziehungen mit Frauen, darunter ein kurzes Verhältnis mit einer deutschen Frau.[751] Den Journalisten *Deiß* und *Goll* gegenüber erzählte Ayhans bester Freund Ilhan, dass sie sich früher gemeinsam mit Frauen trafen und sehr viel Freude im Leben hatten. Den Journalisten zufolge wollte Ayhan seiner Schwester diese Freude am Leben verwehren. Zumal die meisten Jugendlichen in patriarchalischen Kreisen von zu Hause den Grundsatz kennen, dass Männer auf die Straße und Frauen in die Wohnung gehören.[752] Im Gefängnis lernte Ayhan seine Freundin durch Briefkontakt kennen, die nach ihren Besuchen im Gefängnis bei Hanim Sürücü in der Wohnung übernachtete.

---

749 Vgl. *Deiß/Goll*, Ehrenmord. Ein deutsches Schicksal, S. 237.

750 *Schiffauer*, Die Gewalt der Ehre, S. 65.

751 Ayhan habe diese Beziehung besonders gefallen, weil er sich mit dem Mädchen offen unterhalten konnte, vgl. *Deiß/Goll*, Ehrenmord. Ein deutsches Schicksal, S. 239. Viele türkische Männer haben vor der Ehe mit einer türkischen Frau Beziehungen mit nichttürkischen Frauen. In den meisten Fällen werden diese Beziehungen von den Familien geduldet. Im heiratsfähigen Alter werden die Jungen von der Familie schließlich aufgefordert, die Beziehung zu beenden, um ein türkisches Mädchen zu heiraten.

752 *Deiß/Goll*, Ehrenmord. Ein deutsches Schicksal, S. 235.

Die Tatsache, dass eine unverheiratete junge Frau in der Wohnung ihres Freundes übernachtet, stellt nach dem spezifischen Ehrverständnis eine Ehrverletzung dar und kann einen Ehrenmord nach sich ziehen (wenn dieser Aufenthalt vom sozialen Umfeld wahrgenommen wird). Anders verhält es sich jedoch, wenn die junge Frau nicht Teil der eigenen Gesellschaft des Mannes in der Familie ist. In diesem Zusammenhang drängt sich die Frage auf, wie Ayhan reagiert hätte, wenn Hatun wie seine Freundin ihren Freund in einer fremden Stadt besuchen und anschließend in der elterlichen Wohnung übernachten würde. In so einem Fall hätte Hatun mit schwerwiegenden Repressalien rechnen müssen. Somit werden männlichen Familienangehörigen Freiheiten eingeräumt, während sie gleichzeitig dazu angehalten sind, die weiblichen Familienangehörigen zu reglementieren und ihnen diese Freiheiten zu verwehren. Indem sie jedoch nicht selten außerehelichen (sexuellen) Kontakt mit anderen Frauen haben, suggerieren sie damit, dass anderen Frauen und Familien keine schützenswerte Ehre zukommen. Die Ehre ist insoweit nur dann relevant, wenn es die eigenen weiblichen Familienangehörigen betrifft.

Zudem war der Aspekt der Machtausübung im Fall Sürücü entscheidend für die Tat gewesen. Ayhan Sürücü verstand sich als Familienoberhaupt, der die Familienordnung beaufsichtigt, indem er die weiblichen Familienangehörigen kontrolliert. Nachdem Hatun aus der elterlichen Wohnung auszog, wollte Ayhan ihr den Kontakt zu ihren Schwestern nicht gestatten, weil er befürchtete, dass Hatun sie negativ beeinflusst. Hatun hingegen wollte den Kontakt zu ihrer Familie aufrechterhalten, sodass sie regelmäßig ihre Familie besuchte. Ungeachtet Ayhans ablehnender Haltung hielten ihre Mutter und ihre Schwestern den Kontakt zu Hatun aufrecht. Dies hatte Ayhan als Missachtung seiner Machtposition empfunden, da Hatun seine geschaffene Familienordnung gefährdete.[753] Dieser Aspekt war ein wesentlicher Grund für Hatuns Ermordung. Ayhan Sürücü bestätigte dies gegenüber den Journalisten wie folgt: *„Ich tat es, um die Ordnung in der Familie wiederherzustellen.“*[754]

Zusammenfassend lässt sich daher die Doppelmoral der Ehre durch den Fall Sürücü stilisieren. Auf der einen Seite wird von den Frauen die strikte Befolgung der Ehrvorstellungen verlangt, auf der anderen Seite orientieren sich die Männer selbst nicht an den diktierten Verhaltenskodex. Vielmehr instrumentalisieren sie die Ehre, um ihre eigenen Bedürfnisse zu legitimieren. Ayhan tötete seine Schwester nicht nur zur vermeintlichen Wieder-

---

753 *Deiß/Goll*, Ehrenmord. Ein deutsches Schicksal, S. 253.
754 *Deiß/Goll*, Ehrenmord. Ein deutsches Schicksal, S. 252.

herstellung der Familienehre, sondern auch um seine Machtposition zu erhalten bzw. zu stärken. Er fühlte sich durch ihr Verhalten provoziert und konnte dem nicht standhalten. In dieser Hinsicht sind Ehrenmorde von Ehrenhaftigkeit zu differenzieren. Die Ehre dient für die Beteiligten nur als gesellschaftlich akzeptierter Deckmantel, um einerseits ihren eigenen Bedürfnissen nachzugehen und andererseits dem sozialen Ansehen innerhalb des patriarchalischen Umfeldes nicht zu schaden. Denn aufgrund der Legitimation der Tat durch die Ehre suggeriert der Täter, dass er damit ein hehres Ziel verfolgt.[755]

II. Ursachen für die Doppelmoral der Ehre

Das spezifische Ehrverständnis der Beteiligten ist nicht schriftlich fixiert, sondern wird gemeinhin von den Eltern vorgelebt und diktiert. Die Beziehung zwischen Kindern und Eltern ist von einer stark dominanten Haltung letzterer geprägt, wodurch die Kinder früh lernen, gehorsam zu sein und somit die vorgeschriebenen Wertvorstellungen zu adaptieren.[756] Deshalb ist es für die Jugendlichen besonders schwierig, die auferlegten Ehrvorstellungen kritisch zu hinterfragen. Insbesondere wird das Thema Sexualität tabuisiert. Somit sind die Jugendlichen dazu angehalten, ihre Fragen unabhängig und geheim von der Familie in Erfahrung zu bringen. Auf diese Weise gelingt es den Jugendlichen nicht immer, befriedigende Antworten auf spezifische Fragen zu erhalten. Letztlich führt dies bei Heranwachsenden mit Migrationsgeschichte zu einer Identitätsdiffusion.

1. Sexualität als Tabuthema

Das Thema Sexualität ist für die Erziehung eines Kindes fundamental. In der Regel findet die Sexualaufklärung in unserer Gesellschaft durch die Eltern statt, teilweise aber auch erst in der Schule. Die Kinder haben jedenfalls die Möglichkeit ihre Fragen offen zu kommunizieren, weil Sexualität kein Tabuthema ist. Demgegenüber wird das Thema in patriarchalisch-traditionellen Kreisen grundsätzlich vermieden. In der Regel lernten die Eltern selbst nicht offen über Sexualität zu sprechen und erachten dies daher nicht als notwendigen Entwicklungsprozess. Zudem befürchten

755 Vgl. *Deiß/Goll*, Ehrenmord. Ein deutsches Schicksal, S. 254.
756 *Kizilhan*, „Ehrenmorde“, S. 34; *Toprak*, Unsere Ehre ist uns heilig, S. 63.

die Eltern, dass durch das generelle Thematisieren von Sexualität das Interesse der Kinder angeregt und damit eine Gefahr für die Familienehre hervorgerufen wird.[757] Insbesondere für religiöse Familien stellt Sexualität eine große Herausforderung dar, weil das Thema mit ihrem Verständnis von Schamgefühl konfligiert.[758] Somit beschränkt sich die geschlechtsspezifische Sexualaufklärung ausschließlich auf den Geschlechtsverkehr.[759] In Bezug auf die weibliche Sexualität steht lediglich die Bewahrung der Jungfräulichkeit im Mittelpunkt. Die Männer sollen hingegen bereits vor der Ehe sexuelle Erfahrungen machen, um auf die Hochzeitsnacht vorbereitet zu sein.[760] Darüber hinaus sollen sie ihre (Familien-)Ehre verteidigen, indem sie die weiblichen Familienangehörigen kontrollieren und ein vermeintlich sexuelles Fehlverhalten sanktionieren.

Diese sexuelle Erziehungspraxis wirkt sich dementsprechend auf das Verständnis der Sexualität von Jugendlichen aus. Die jungen Männer sind der Überzeugung, dass der Koitus hauptsächlich zur Befriedigung des Mannes dient, sodass die weibliche Sexualität nicht respektiert oder berücksichtigt wird. Aus diesem Grund wird die Frau aus der Perspektive der Beteiligten lediglich als Objekt zur Befriedigung der eigenen Bedürfnisse entwürdigt. Die Männer definieren sich durch ihre vermeintlich sexuelle Dominanz über die Frauen, indem sie ihr beim Geschlechtsakt ihre „Männlichkeit unter Beweis stellen."[761] Letztlich führen die patriarchalischen Ehrvorstellungen im Extremfall zu sexuellem Missbrauch gegenüber der Ehefrau, weil ihr die Freiheit abgesprochen wird, den Beischlafwunsch des Mannes abzulehnen. Die Männer fühlen sich in so einem Fall teilweise dazu herausgefordert, die Frau zu sexuellen Handlungen zu nötigen, weil es sie zusätzlich befriedigt, ihre Machtposition zu demonstrieren.[762]

2. Gewalt als Kontrollmechanismus

Ehrenmorde sind für die deutsche Gesellschaft insbesondere deshalb nebulös, weil bereits die Bezeichnung der Tat paradox ist. Die Zusammensetzung von Tugendhaftigkeit und Zerstörung (sprich „Ehre" und „Mord")

---

757 *Toprak*, Jungen und Gewalt, S. 64.
758 *Toprak*, Unsere Ehre ist uns heilig, S. 112.
759 *Toprak*, Jungen und Gewalt, S. 61.
760 *Toprak*, Unsere Ehre ist uns heilig, S. 113.
761 Vgl. *Toprak*, Das schwache Geschlecht – die türkischen Männer, S. 148.
762 Vgl. *Toprak*, Das schwache Geschlecht – die türkischen Männer, S. 149 f.

ist paradox.[763] Die Täter erfahren jedoch grundsätzlich selbst in jungen Jahren Gewalt in der Erziehung. Insbesondere in konservativ-autoritären Familien stellt *Toprak* Überforderung der Eltern und mangelnde Kommunikation als Ursachen für Gewaltanwendung in der Erziehung fest.[764] Einerseits sind die männlichen Familienangehörigen selbst Gewalt durch ihre Eltern ausgesetzt, andererseits werden sie zur Gewaltanwendung gegenüber ihren Schwestern motiviert, wenn sie ein sexuelles Fehlverhalten registrieren. Durch die Ehe wird die Gefahr, dass die Frau die (Familien-)Ehre verletzen kann, auf den Mann übertragen. Aus diesem Grund entwickelt der Ehemann ein generelles Misstrauen gegenüber seiner Frau. Die Gewaltanwendung intendiert somit die Durchsetzung von Loyalität und Gehorsamkeit der Frau, damit der Mann seine Ehre nicht verliert.[765] Mithin überfordert der gesellschaftliche Druck zunehmend viele Männer. Auch im Fall Sürücü war die Überforderung Ayhans ein Grund für die Ermordung seiner Schwester. Er konnte ihre Lebensweise und die damit verbundene Rufschädigung der Familie in der Gesellschaft nicht akzeptieren, gleichzeitig sie von ihrem Entschluss aber nicht abbringen.

3. Identitätsdiffusion

Die Identitätsdiffusion vieler Jugendlicher mit Migrationsgeschichte ist signifikant für die Doppelmoral der Ehre. Jugendliche mit Migrationsgeschichte müssen sich bereits sehr früh die Frage nach ihrer Identität stellen und diese reflektieren. Insbesondere die Diskrepanz zwischen den traditionellen Wertvorstellungen der Eltern und der westlichen Lebensweise, die ihnen von der hiesigen Gesellschaft vorgelebt wird, stellt eine große Herausforderung dar. Oftmals wollen die Jugendlichen ihre Fragen diesbezüglich nicht offen kommunizieren, weil ihnen in ihrem Umfeld kein adäquater Ansprechpartner zur Verfügung steht oder sie das Nachfragen an sich als Zeichen von Schwäche interpretieren. Die gesellschaftlichen Bedingungen bieten somit keine ideale Grundlage für die Identitätsfindung Jugendlicher mit Migrationsgeschichte. Deshalb suchen die Jugendlichen Orientierung und Halt in einem gesellschaftlichen Umfeld, welches sie

---

763 Siehe dazu Teil 2 Kap. 1 III.

764 *Toprak*, Das schwache Geschlecht – die türkischen Männer, S. 135 ff.; *ders.*, Unsere Ehre ist uns heilig, S. 71.

765 *Kizilhan*, „Ehrenmorde", S. 31 f.; *Toprak*, Das schwache Geschlecht – die türkischen Männer, S. 146; *Wilms*, Ehre, Männlichkeit und Kriminalität, S. 78.

akzeptiert und ihre Situation nachvollzieht. Dies kann unter anderem das Aufkommen von Parallelgesellschaften begünstigen.

a) Die Frage nach der Herkunft

Die Frage nach der Herkunft einer Person ist in unserer Gesellschaft regelmäßig mit großen Schwierigkeiten verbunden. Grundsätzlich ist die Frage nach der Herkunft nicht unüblich, jedoch für einen Menschen mit Migrationsgeschichte zum Teil mit Problemen verknüpft. In der Gegenwart sind sehr viele Jugendliche mit Migrationsgeschichte in Deutschland geboren und aufgewachsen. Die Frage nach der Herkunft zielt jedoch nicht immer auf die Stadt in Deutschland ab, sondern auf das Land, aus dem die Eltern ursprünglich herkommen. Wenn Jugendliche mit Migrationsgeschichte die Frage mit der deutschen Stadt beantworten, in der sie geboren wurden und welche sie zugleich als ihre Heimatstadt empfinden, wird es nicht als konkrete Antwort angenommen, sodass die Frage gewöhnlich präzisiert wird. Im zweiten Schritt wird in der Regel gefragt, wo die Eltern geboren wurden. Die Frage nach der Herkunft wird mithin von den Beteiligten unterschiedlich ausgelegt. Dies suggeriert, dass dem Jugendlichen mit Migrationsgeschichte die deutsche Herkunft per se abgesprochen wird, obwohl die Heimat der Eltern für den Jugendlichen regelmäßig fremd ist. Daher empfinden sie die Frage nach der Herkunft als subtile Ausgrenzung.[766] Die Familie verbringt grundsätzlich die Sommerferien gemeinsam in der Heimatstadt der Eltern, beispielsweise in der Türkei, sodass sich die Jugendlichen nur für wenige Wochen in dem Land aufhalten. Sie kennen die Lebensweise des Landes nur oberflächlich und werden dort regelmäßig als Deutsche angesehen. Indem sie gleichzeitig in Deutschland als Türken angesehen und bezeichnet werden, führt dies zu einer Identitätsdiffusion, weil den Betroffenen von beiden Seiten die jeweilige Zugehörigkeit abgesprochen wird.[767]

Nach einer gewissen Zeit fühlen sich die Jugendlichen nicht mehr als Deutsche oder Türken und suchen neue Orientierungspunkte zur Iden-

---

766 Vgl. *Terkessidis*, Die Banalität des Rassismus, S. 180.

767 Vgl. *Schiffauer*, Migration und kulturelle Differenz, S. 20, der das „doppelte Anerkennungsproblem" der zweiten Migrantengeneration auch im eigenen Umfeld aufzeigt.

titätsfindung.[768] Insbesondere in Deutschland arrangieren sie sich nach einer gewissen Zeit mit der Tatsache, dass sie ungeachtet ihrer Selbstdefinition nicht als Deutsche akzeptiert werden. Folglich beantworten sie die Frage nach der Herkunft mit dem Land, in dem die Eltern geboren wurden, um dadurch weiterer Nachfragen und den damit teilweise für die Jugendlichen einhergehenden Unannehmlichkeiten auszuweichen. Dies ist ein erheblicher Rückschritt im Hinblick auf eine gelungene Integration. Viele Jugendliche können diese Thematik nur selten offen kommunizieren, da insbesondere männliche Heranwachsende mit Migrationsgeschichte dies als ein Zeichen von Unsicherheit und Schwäche auffassen, welche es insbesondere im sozialen Umfeld zu vermeiden gilt. Somit beantworten sie für sich selbst die Frage nach ihrer Herkunft durch alltägliche Erfahrungen, die sich aus unterschiedlichen Begegnungen herauskristallisieren. Daher ist es nicht abwegig, dass sie sich selbst von ihrer deutschen Identität abwenden, wenn ihnen stets eine türkische Herkunft in Deutschland attribuiert wird.

In diesem Zusammenhang ist jedoch hervorzuheben, dass derartige Nachfragen nicht per se als rassistisch auszulegen sind, sondern meistens authentisches Interesse hinsichtlich der jeweiligen Lebensgeschichte impliziert.[769] Grundlegende Überempfindlichkeiten in Bezug auf Themen wie Migration sind nicht konstruktiv, sondern erschweren jeglichen (rationalen) Dialog. Aktuelle Themen mit interkulturellem Hintergrund und von fundamentaler Bedeutung werden regelmäßig durch eine voreilige Rassismus-Etikettierung beeinträchtigt. Jedoch ist zu beachten, dass viele Aussagen und Nachfragen nicht rassistisch sind, selbst wenn der Empfänger sie als Rassismus bezeichnet. Eine Aussage ist regelmäßig rassistisch konnotiert, wenn sie dadurch eine Abwertung der jeweiligen ethnischen Herkunft suggeriert.[770] Dies wird etwa bei der Frage nach der Herkunft einer Person regelmäßig nicht der Fall sein, obwohl diese zum Teil bei den Adressaten eine empfindliche Reaktion hervorruft.[771]

Viele Aussagen bzw. Nachfragen sind gewöhnlich nicht beleidigend im strafrechtlichen Sinne oder rassistisch, sondern möglicherweise zum Teil

---

768 *Toprak*, Unsere Ehre ist uns heilig, S. 154; vgl. zudem *Schiffauer*, Schlachtfeld Frau, in: Süddeutsche Zeitung vom 17.05.2010.

769 *Kazim*, „Wo kommst du eigentlich richtig her?“, in: Spiegel-Online vom 11.08.2018.

770 Vgl. zum Rassismus-Begriff statt vieler *Barskanmaz*, Recht und Rassismus, S. 19 ff.; *Hill*, Migrationsfamilien und Rassismus, S. 11 ff.; *Hund*, Rassismus, S. 34 ff.

771 Ein Beispiel findet sich bei *Terkessidis*, Die Banalität des Rassismus, S. 181.

taktlos. Bloße Taktlosigkeiten sollten indes nicht auf eine Stufe mit Rassismus gestellt werden. Darüber hinaus sind auch Aussagen, die als taktlos gewertet werden können, relativ und kulturbedingt. Deshalb sollten in einer grundsätzlich wohlwollenden Nachfrage nicht eilfertig rassistische Hintergründe ermittelt werden. Für ein gedeihliches Miteinander ist es unerlässlich, dass interkulturelle Probleme analysiert und rational diskutiert werden. Dabei kommt es immer auf den Einzelfall an. Unvermittelte Fragen nach der Herkunft gilt es zu meiden, da diese Frage vom Adressaten als subtile Ausgrenzung und somit als grundlegende Geringschätzung interpretiert werden kann.[772] Gleichzeitig sollte die Frage nach der Herkunft nicht tabuisiert, aber auch nicht zu stark gewichtet werden. Im weiteren Verlauf des Gesprächs ergibt sich regelmäßig die Möglichkeit, das Thema aufzugreifen und so die Lebensgeschichte der anderen Person in Erfahrung zu bringen. Aus der Perspektive der Befragten ist es jedoch nicht zweckmäßig, die Frage nach der Herkunft (der Eltern) grundsätzlich als Diskriminierung zu interpretieren.

b) Religiöse Identität

In der Gegenwart ist für viele Menschen die Religion ein identitätskonstruierender Aspekt. Für einige Heranwachsende mit Migrationsgeschichte gewinnt die Religion proportional zur Distanzierung von der ethnischen Herkunft zunehmend an Bedeutung. Je öfter einem Jugendlichen die deutsche bzw. türkische Zugehörigkeit abgesprochen wird, desto essenzieller wird die Religion, weil sie grundsätzlich unabhängig von einer ethnischen Herkunft Zugehörigkeit verspricht. Der Bedeutungsgehalt der Religion beschränkt sich damit nicht auf eine praktizierte Lebensphilosophie durch vorgegebene Wertmaßstäbe, sondern dient als Identität, die es offen zu kommunizieren gilt. Deshalb bekennen sich Jugendliche mit Migrationsgeschichte zunehmend öffentlich zum Islam, weil es für sie einen Ausdruck der Zugehörigkeit darstellt. Die religiöse Identität bietet

---

772 *Hill*, Migrationsfamilien und Rassismus, S. 22; *Terkessidis*, Die Banalität des Rassismus, S. 180; ferner *Richter*, Eine Frage, die stigmatisieren kann, in: Süddeutsche Zeitung vom 01.03.2019.

den Jugendlichen eine begrüßenswerte Lösung zur Identitätsproblematik, weil ihnen diese nicht abgesprochen werden kann.[773]

Mit der religiösen Orientierung geht jedoch nicht immer ein Bestreben einher, die Religion als Handlungsmaxime in den eigenen Alltag zu adaptieren. Das öffentliche Bekennen zur Religion ist für viele lediglich ein Ausdruck von Gruppenzugehörigkeit und Identität.[774] Vor allem bei Taten, die im Namen der Ehre begangen werden, lässt sich dieser Aspekt der Religion illustrieren. In vielen Fällen legitimieren die Täter ihre Tat durch die Religion, die ihnen vorschreibe, ein vermeintliches Fehlverhalten der Frau durch Gewalt zu bestrafen.[775] Direkte Nachfragen in Bezug auf die religiösen Vorschriften, welche Gewalt gegen Frauen postulieren, können von den Beteiligten jedoch nicht beantwortet werden, weil sie dann einräumen (müssen), dass ihnen diesbezüglich kein fundiertes Wissen zur Verfügung steht.[776] Trotzdem ist es für die Beteiligten fundamental gegen islamkritische Stimmen Stellung zu beziehen, selbst wenn sie zu einem Thema kein entsprechendes Wissen vorweisen können. Denn die Religion bedeutet für sie Identität und Gruppenzugehörigkeit, die es zu verteidigen gilt.

c) Diskrepanz zwischen kulturellen Wertvorstellungen und westlichem Lebensstil

Ein wesentlicher Aspekt für eine Identitätsdiffusion von Heranwachsenden mit Migrationsgeschichte ist außerdem die Diskrepanz zwischen den kulturellen Wertvorstellungen der Eltern und den Lebensgewohnheiten der Jugendlichen. Die Kinder werden streng nach den traditionellen Wertvorstellungen erzogen, sodass unter anderem Respekt vor Autoritäten eine zentrale Rolle einnimmt. Folglich wird von den Jugendlichen Loyalität und Gehorsamkeit gegenüber älteren Familienangehörigen eingefor-

---

773 *Akkuş/Toprak/Yılmaz/Götting*, Zusammengehörigkeit, Genderaspekte und Jugendkultur im Salafismus, S. 72 f.; *Elyafi-Schulz*, Das Phänomen des „Ehrenmordes“, S. 244.

774 *Akkuş/Toprak/Yılmaz/Götting*, Zusammengehörigkeit, Genderaspekte und Jugendkultur im Salafismus, S. 73; *Beck-Gernsheim*, „Ein Türke geht nicht in die Oper“, S. 118 f.

775 *Toprak*, Das schwache Geschlecht – die türkischen Männer, S. 12 f. und S. 145.

776 *Elyafi-Schulz*, Das Phänomen des „Ehrenmordes“, S. 245; *Toprak*, Das schwache Geschlecht – die türkischen Männer, S. 148 f.

dert.[777] Dennoch darf nicht verkannt werden, dass ein sehr großer Teil der Jugendlichen mit sehr viel Liebe und Zuneigung aufwächst.[778] Deshalb räumen die Jugendlichen bewusst den Eltern eine dominante Stellung in ihrem Leben ein, sodass sie auch im zunehmenden Alter den Eltern ein Mitbestimmungsrecht bei zentralen Fragen zugestehen.[779] Ungeachtet dessen identifizieren sich die Jugendlichen regelmäßig nicht mit den Wertvorstellungen der Eltern, wodurch es verstärkt zu einem Dilemma kommt.

Auf der einen Seite werden die Jugendlichen zu einem sehr stark kollektivistischen Denken erzogen. Ihnen wird aufgezeigt, dass das Ansehen der Familie in der jeweiligen Gesellschaft sehr wichtig ist, sodass sie sich an die gesellschaftlichen Anforderungen anpassen müssen, um dem familiären Ansehen nicht zu schaden.[780] Den Heranwachsenden wird eingeprägt, dass ihr Ehrgefühl und ihre Wertschätzung nicht von ihrem subjektivem Empfinden abhängen, sondern ausschließlich das gesellschaftliche Urteil, also das Ansehen in der jeweiligen Gesellschaft, maßgeblich ist.[781] Nachdem die Jungen eine gewisse körperliche Reife erlangt haben, sollen sie die Ehre der Familie resolut verteidigen, auch wenn es im Extremfall die Tötung des Verantwortlichen der Ehrverletzung erfordert.[782] Auf der anderen Seite wird den Heranwachsenden mit Migrationsgeschichte ein individuelles Denken nach westlichen Maßstäben, beispielsweise in der Schule, vorgelebt. Daher definieren sich die Jugendlichen mehr durch ihr subjektives Empfinden als über das gesellschaftliche Ansehen.

Die Heranwachsenden lernen in der Schule unter anderem selbständig und kritikfähig zu sein. Deshalb entsteht die Fähigkeit zur Selbstreflexion, sodass für viele die Ehre faktisch an Relevanz verliert.[783] Trotzdem ist Loyalität und Gehorsamkeit gegenüber den Eltern ein sehr wichtiger Aspekt für die Jugendlichen. Insbesondere stellt es für junge Frauen mit Migrationsgeschichte der dritten und vierten Generation eine große Herausforderung dar, sich zwischen den zwei Kulturen, den traditionellen

---

777 *Kizilhan*, „Ehrenmorde", S. 34; *Toprak*, Unsere Ehre ist uns heilig, S. 64 f.

778 *Karakaşoğlu*, ZAR 2006, 22 (23).

779 Vgl. hierfür *Karakaşoğlu*, ZAR 2006, 22 (24).

780 *Erbil*, Toleranz für Ehrenmörder?, S. 153; *Kizilhan*, „Ehrenmorde", S. 43; *Yerlikaya*, Zwangsehen, S. 74.

781 *Elyafi-Schulz*, Das Phänomen des „Ehrenmordes", S. 109; *Erbil*, Toleranz für Ehrenmörder?, S. 155; *Yazıcı*, Jung, männlich, türkisch – gewalttätig?, S. 73.

782 *Erbil*, Toleranz für Ehrenmörder?, S. 170; *Schiffauer*, Die Gewalt der Ehre, S. 74.

783 Vgl. *Toprak*, Unsere Ehre ist uns heilig, S. 39, welcher durch den Generationenwandel den Stellenwert der Ehre gemindert sieht; ferner *Schiffauer*, Die Gewalt der Ehre, S. 102 ff.

Wertvorstellungen der Eltern einerseits und der westlichen Lebensweise andererseits, zu bewegen.[784] Indem die Heranwachsenden eine westliche Lebensweise anstreben und ihre Einstellungen offen kommunizieren, führt dies zu Konflikten innerhalb der Familie.[785]

Dennoch wird der Lebenswandel von den Jugendlichen in der Regel intern akzeptiert und geduldet, solange keine von der Gesellschaft wahrgenommene (vermeintliche) Ehrverletzung eintritt.[786] Die Konflikte spitzen sich erst dann zu, wenn die Familie mit einer vermeintlichen Ehrverletzung konfrontiert ist und ihren Sohn zur Wiederherstellung der Ehre beauftragt. Im Extremfall werden die jungen Männer dazu gedrängt, ihre Schwester oder Ehefrau zu töten, um die vermeintlich verletzte Familienehre wiederherzustellen. Im Falle einer vermeintlichen Ehrverletzung, indem sich beispielsweise eine Frau von ihrem Mann trennt, intensivieren sich die Umstände innerhalb des familiären Umfelds rapide. Nahe wie entfernte Verwandte besuchen die Familie, um ihnen für dieses vermeintlich tragische Ereignis Beistand zu leisten. Zudem distanziert sich das direkte Umfeld von der Familie und täglich wird in der Familie über den Ehrverlust und den damit einhergehenden Schaden des Ansehens gesprochen. Insbesondere die männlichen Heranwachsenden fühlen sich zunehmend unter Druck gesetzt, weil ihnen gesagt wird, dass sie noch jung seien und handeln müssen.[787] Folglich fühlen sich diese ihrer Familie gegenüber verpflichtet, sodass sie ihre (westliche) Lebensweise aufgeben und den familiären Wertvorstellungen entsprechend die Tat begehen. Dieser Aspekt lässt sich an der Stellungnahme eines Täters exemplarisch aufzeigen, welcher einen Mordversuch an seiner Schwester beging, weil sie sich von ihrem Mann trennte: *„Verstehen Sie, es ging nicht um mich, es ging auch nicht um meine Schwester, es ging eigentlich um unser Ansehen in der Öffentlichkeit. Man darf der Frau nicht einfach so verzeihen, man darf nicht nachgeben, wenn sie die Ehre der Familie beschmutzt hat (…). Ich habe das damals gemacht, weil es um unsere Familie ging.“*[788] Nach einiger Zeit erzählte die hier genannte Schwester dem Täter, dass der Ehemann sie körperlich misshandelt und der Vater sie sexuell missbraucht hatte. Sodann brach der Täter den Kontakt zur Familie ab und bereute seine Tat.[789] Somit wird deutlich, dass

784 *Elyafi-Schulz*, Das Phänomen des „Ehrenmordes“, S. 248 f.
785 *Erbil*, Toleranz für Ehrenmörder?, S. 170; *Kizilhan*, „Ehrenmorde“, S. 43.
786 *Toprak*, Unsere Ehre ist uns heilig, S. 39.
787 *Erben*, Gewalt und Ehre, S. 39 f.; Ein konkretes Fallbeispiel findet sich bei *Toprak*, Das schwache Geschlecht – die türkischen Männer, S. 160 f.
788 *Toprak*, Das schwache Geschlecht – die türkischen Männer, S. 171.
789 *Toprak*, Das schwache Geschlecht – die türkischen Männer, S. 58.

die Drucksituation bei vielen Jugendlichen die Hemmschwelle zur Tat unermesslich abschwächt.

Deshalb hat das ambivalente Ehrkonzept in den patriarchalischen Kreisen für die Männer zur Folge, dass sie Mitgefangene eines Systems sind, in dem sie nicht mehr autonom ihre Handlungsmaxime bestimmen können, sondern ein von der patriarchalischen Gesellschaft vordiktiertes Leben führen müssen.[790] Von den Jugendlichen wird erwartet, dass sie sich jedenfalls formal an den Regeln der traditionellen Wertvorstellungen orientieren, selbst wenn sie nicht von diesen überzeugt sind.[791] Wichtig ist lediglich die Aufrechterhaltung des äußeren Anscheins in der Gesellschaft, indem sie den traditionellen Wertvorstellungen entsprechend leben und somit die Familienehre nicht gefährden.[792]

d) Konservierte Ehrvorstellungen

Die Doppelmoral der Ehre ist insbesondere auf die Migrantinnen und Migranten der ersten Generation zurückzuführen, die größtenteils aus den ländlichen Gebieten der Türkei nach Deutschland auswanderten und daher ihren heimatlichen Wertvorstellungen entsprechend einen sehr großen Wert auf die Ehre legten.[793] In den ländlichen Regionen der Türkei werden Normen und Werte einer strengen sozialen Kontrolle unterzogen, sodass ein Fehlverhalten eine entsprechende gesellschaftliche Sanktion nach sich zieht. Diese Kontrolle ist in Deutschland insbesondere infolge der Anonymität in den Großstädten weggefallen.[794] Damit gingen zwar Lockerungen einher, gleichzeitig aber auch die Befürchtung, dass sich die nachkommenden Generationen von den tradierten Wertvorstellungen distanzieren. Zugleich brachten neue Freiheiten auch die Angst vor dem Verlust der eigenen Identität mit sich. Aus diesem Grund konservierten die Migrantinnen und Migranten der ersten Generation ihre alten Werte und Traditionen, weil es ihnen die Aufrechterhaltung der eigenen Identität versprach. Die äußeren Einflüsse in der unbekannten Umgebung in

---

790 Vgl. *Levin*, Ehrenmorde, S. 30 f.; *Saric*, Ehre, Scham und Schande, S. 31 ff.; *Schirrmacher*, Mord im „Namen der Ehre", S. 12 ff.

791 *Levin*, Ehrenmorde, S. 30; *Schiffauer*, Die Gewalt der Ehre, S. 136.

792 *Levin*, Ehrenmorde, S. 66.

793 *Schiffauer*, Die Gewalt der Ehre, S. 103; *Toprak*, Unsere Ehre ist uns heilig, S. 37; *Yıldız*, in: Hill/Yıldız (Hrsg.), Postmigrantische Visionen Bd. 1, S. 50.

794 *Schiffauer*, Die Gewalt der Ehre, S. 103 f.; *Toprak*, Unsere Ehre ist uns heilig, S. 39.

Deutschland wurden als schädlich erachtet, sodass die Aufrechterhaltung von alten Werten und Traditionen einen Abwehrmechanismus für sie darstellte.[795] Dies führte jedoch dazu, dass der Begriff der Ehre nicht mehr das Ansehen in der Gesellschaft ausdrückte, sondern auf die Sexualität der Frau relativiert wurde, weil sich dies für die Familien als noch kontrollierbarer Teil der Ehre in der hiesigen Gesellschaft herausstellte.[796] Integration wurde gelegentlich mit Assimilation gleichgesetzt, sodass die Bezeichnung, „deutsch zu sein", als ein Affront betrachtet wurde. „Deutsch zu sein" wurde darüber hinaus auch als Abwendung vom Islam interpretiert. Deshalb fokussierten sich die Migrantinnen und Migranten der ersten Generation noch sehr stark auf die Praktizierung und Vermittlung ihrer alten Werte und Traditionen. Spätestens mit dem Generationenwechsel stellte sich indes heraus, dass die traditionellen Wertvorstellungen in Deutschland nicht in den Alltag integrierbar sind.[797] Daher distanzieren sich insbesondere die Personen mit Migrationsgeschichte der dritten und vierten Generation sukzessiv von den traditionellen Wertvorstellungen. Aus dem bereits beschriebenen Verhältnis der Eltern und der Kinder konnte dennoch die starke Dominanz der Ehre im Alltagsleben nicht gänzlich zurücktreten.

e) Einfluss des Bildungsgrades

Ein ausschlaggebender Faktor für die Doppelmoral der Ehre könnten darüber hinaus Bildungsdefizite der Heranwachsenden mit Migrationsgeschichte sein. In älteren Studien zu Ehrenmorden wurde festgestellt, dass die Täter einen niedrigen Bildungsstatus aufweisen.[798] *El-Mafaalani* und *Toprak* zufolge haben Jugendliche mit geringer Bildung in der Regel wenige Erfolgsaussichten im Beruf, wodurch ihr Selbstwertgefühl beeinträchtigt wird. Deshalb klammern sich Jugendliche mit Migrationsgeschichte teilweise rigider als ihre Eltern an den traditionellen Werten fest, weil sie soziale Anerkennung in dem patriarchalischen Umfeld anstreben. Im Gegensatz dazu definieren sich gebildete Heranwachsende mit Migrations-

---

795 *Beck-Gernsheim*, „Ein Türke geht nicht in die Oper", S. 117; *Elyafi-Schulz*, Das Phänomen des „Ehrenmordes", S. 209 f.; *Yerlikaya*, Zwangsehen, S. 83.

796 *Toprak*, Unsere Ehre ist uns heilig, S. 39 und S. 71.

797 *Toprak*, Unsere Ehre ist uns heilig, S. 71.

798 *Cöster*, Ehrenmord in Deutschland, S. 178; *Oberwittler/Kasselt*, Ehrenmorde in Deutschland 1996-2005, S. 90.

geschichte über ihren Beruf oder ihr Studium.[799] Somit geht grundsätzlich mit mangelnder Bildung eine verstärkte Orientierung an traditionellen Werten einher.[800] Dies führt letztlich dazu, dass bildungsferne Jugendliche mit Migrationsgeschichte generell ein fehlendes Unrechtsbewusstsein in Bezug auf Gewaltanwendung für vermeintliche Ehrverletzungen entwickeln. Somit ist Gewalt nach der Auffassung der Beteiligten ein legitimes Mittel zur Verteidigung der Ehre.[801] Bildungsdefizite führen mithin dazu, dass sich die Jugendlichen nicht über ihr subjektives Selbstempfinden definieren, sondern über das gesellschaftliche Urteil.

Ferner ist in diesem Zusammenhang Bildung nicht nur auf die schulische Ausbildung begrenzt, sondern auch auf die Vermittlung der traditionellen Wertvorstellungen der Eltern. Insbesondere in konservativ-autoritären Familien sind die verbalen Fähigkeiten der Eltern in der Regel eingeschränkt, sodass sie nicht in der Lage sind, die Fragen der Kinder, die durch das Leben in der hiesigen Gesellschaft entstehen, ausreichend zu beantworten. Deshalb ist den Eltern lediglich wichtig, dass die Kinder ihren Anweisungen folgen. Die Wertvorstellungen der Eltern erlernen die Kinder somit grundsätzlich durch Beobachtung und Imitation.[802] Auf diese Weise erfolgt auch in der Regel die religiöse Erziehung der Kinder.[803] Teilweise übernehmen in Deutschland Moscheevereine ausschließlich die religiöse Erziehung, weil die Eltern selbst die Religion durch Imitation ihrer eigenen Eltern lernten und somit dem Erziehungsauftrag nicht nachkommen können.

4. Ursachen für die Doppelmoral der Ehre im Fall Sürücü

Die Journalisten *Deiß* und *Goll* stellten in ihrem Resümee zum Fall Sürücü fest, dass die Eltern nicht in der Lage waren, den Kindern Orientierung in der deutschen Gesellschaft zu bieten.[804] Die Heterogenität zwischen dem gesellschaftlichen Leben in Deutschland und den traditionellen Wertvorstellungen der Eltern rief auch bei den Kindern der Sürücüs innere Kon-

---

799 *El-Mafaalani/Toprak*, Muslimische Kinder und Jugendliche in Deutschland, S. 96 f.

800 *Schirrmacher*, Mord im „Namen der Ehre“, S. 23 f.

801 *Erben*, Gewalt und Ehre, S. 90; *Toprak*, Das schwache Geschlecht – die türkischen Männer, S. 171.

802 *Toprak*, Unsere Ehre ist uns heilig, S. 72 f.

803 *Toprak*, Unsere Ehre ist uns heilig, S. 90.

804 *Deiß/Goll*, Ehrenmord. Ein deutsches Schicksal, S. 253.

flikte hervor, welche alle auf unterschiedliche Weise beeinflussten. Mutlu Sürücü orientierte sich an der islamischen Religion, Hatun adaptierte die deutsche Lebensweise, Ayhan hingegen wurde zum Verteidiger der traditionellen Werte und letztlich zum Ehrenmörder.[805] Für alle stellte die Identitätssuche eine große Herausforderung dar. Sowohl die traditionellen Wertvorstellungen als auch die religiöse Erziehung erfolgte nicht von den Eltern durch grundlegende Erläuterungen. Mutlu Sürücü las den Koran in seiner Zeit bei der Bundeswehr und adaptierte den religiösen Wertekanon in seinem Leben nach dem Grundwehrdienst. Für ihn stand insbesondere eine strenge Auslegung der Offenbarungen und Rechtsvorschriften im Mittelpunkt. Aus diesem Grund verbannte er Hatun aus seinem Leben, weil sie seiner Ansicht nach eine irreligiöse Lebensweise führte.[806] Gleichzeitig adaptierte Ayhan die religiösen Ansichten seines Bruders, da er ihn als Autorität und Vorbild erachtete.[807] Mutlu Sürücü fand somit in der fundamentalistischen Auslegung des Islams Orientierung und Halt in seinem Leben.

Im Jahr 2003 erwarb Ayhan seinen Realschulabschluss mit der Note befriedigend; das Abitur über ein Fernstudium schloss er im Gefängnis nicht ab.[808] Nach eigenen Angaben lernte er seine Ehrvorstellung nicht von seiner Familie, sondern von seinem gesellschaftlichen Umfeld. Hierzu nahm er wie folgt Stellung: *„Das war ein langer Prozess in meinem Kopf, der auch von der Gesellschaft und der Umgebung, in der ich aufgewachsen bin, beeinflusst wurde. Die klassische Denkweise ungebildeter Menschen.“*[809] Ayhan konnte sich nicht über seinen Beruf oder Studium definieren, sondern über seine sich selbst zugeschriebene Rolle als Familienoberhaupt. Dennoch war er stets auf der Suche nach einer Identität, die sich zwischen den traditionellen Wertvorstellungen und der westlichen Lebensweise bewegte. Er konnte Hatuns westlich orientierte Lebensweise nicht akzeptieren und tolerieren, da diese seinen Ruf als angemessenes Familienoberhaupt in der Gesellschaft negierte. In diesem Zusammenhang stellten die Journalisten fest, dass Ayhan die Rolle des Familienoberhaupts überforderte.[810] Er habe keinen adäquaten Ansprechpartner in seinem Leben, dem er ohne Vorbehalt seine Gedanken, Gefühle oder Zweifeln zu bestimmten The-

---

805 *Deiß/Goll*, Ehrenmord. Ein deutsches Schicksal, S. 181.
806 *Deiß/Goll*, Ehrenmord. Ein deutsches Schicksal, S. 109 f.
807 *Deiß/Goll*, Ehrenmord. Ein deutsches Schicksal, S. 111.
808 *Deiß/Goll*, Ehrenmord. Ein deutsches Schicksal, S. 21 und S. 33.
809 *Deiß/Goll*, Ehrenmord. Ein deutsches Schicksal, S. 32.
810 *Deiß/Goll*, Ehrenmord. Ein deutsches Schicksal, S. 24 und S. 231.

men offenlegen konnte, um darüber rational zu diskutieren.[811] In seinem sozialen Umfeld konnte Ayhan Hatuns Veränderung und seine Gedanken diesbezüglich nicht äußern, weil dies aus seiner Sicht ein Zeichen von Schwäche war und somit seinem Ansehen schadete. Zudem werden ohnehin in patriarchalischen Gesellschaften Familienangelegenheiten nicht offen kommuniziert.[812] Die religiösen Vorschriften adaptierte Ayhan zwar nicht genauso wie Mutlu in seinem Leben.[813] Dennoch war für ihn neben seiner selbstzugeschriebenen Rolle als Familienoberhaupt die religiöse Identität ein wichtiger Orientierungspunkt. Ayhan äußerte sich gegenüber den Journalisten zu seiner Selbsteinschätzung wie folgt: „*In erster Linie bin ich Moslem. Als Deutscher fühle ich mich überhaupt nicht. Ich bin türkischer Staatsbürger kurdischer Abstammung. Das war schon immer so.*“[814]

III. Zusammenfassung

Die Doppelmoral der Ehre verdeutlicht, dass Ehrenmorde nicht mit Ehre im Sinne von Ehrenhaftigkeit in Verbindung gebracht werden können. Während die Beteiligten die Achtung ihrer Ehre einfordern, beachten sie selbst nicht die Ehre anderer. Das spezifische Ehrkonzept impliziert vielmehr Kontrolle, Demonstration von Stärke und Machtausübung durch die Männer. Der Ehrenmörder beruft sich regelmäßig zur Rechtfertigung seiner Tat auf die vermeintlich verletzte Ehre. Aus der skizzierten Doppelmoral der Ehre wurde hingegen aufgezeigt, dass die Ehre in dieser Hinsicht nur als Deckmantel dient, um einerseits den eigenen Bedürfnissen nachzukommen und andererseits dem sozialen Ansehen innerhalb des patriarchalischen Umfeldes nicht zu schaden. Dadurch suggeriert der Täter, dass seine Beweggründe ein hehres Ziel darstellen.

Das Thema Sexualität ist ein Grund für die bestehende Doppelmoral der Ehre. Für viele Jugendliche mit Migrationsgeschichte stellt das Thema eine große Herausforderung dar, weil es in der Familie tabuisiert wird. Dies führt letztlich dazu, dass die Sexualität grundsätzlich auf die Jungfräulichkeit der Frau sowie die Befriedigung der sexuellen Bedürfnisse des Mannes reduziert wird. Regelmäßig wird Gewalt als Kontrollmechanismus bean-

811 Vgl. *Deiß/Goll*, Ehrenmord. Ein deutsches Schicksal, S. 244.
812 Vgl. *Deiß/Goll*, Ehrenmord. Ein deutsches Schicksal, S. 237.
813 Vgl. *Deiß/Goll*, Ehrenmord. Ein deutsches Schicksal, S. 47 f.
814 *Deiß/Goll*, Ehrenmord. Ein deutsches Schicksal, S. 223.

spruchte, sodass Männer häufig gegenüber der Frau gewalttätig werden, um Loyalität und Gehorsamkeit zu erzielen.

Des Weiteren ist die Identitätsdiffusion der Jugendlichen mit Migrationsgeschichte ein elementarer Aspekt für die Doppelmoral der Ehre. Die Diskrepanz zwischen den traditionellen Wertvorstellungen der Eltern und der westlichen Lebensweise führt zu einem Dilemma. Auf der einen Seite identifizieren sich die Jugendlichen nicht (mehr) mit den tradierten Wertvorstellungen, weil sie in ihrem Alltagsleben keine Resonanz finden. Auf der anderen Seite werden sie zu Loyalität und Gehorsamkeit gegenüber den älteren Familienangehörigen erzogen und fühlen sich grundsätzlich den Eltern gegenüber verpflichtet. Bei einer vermeintlichen Ehrverletzung intensivieren sich die Umstände in der Gesellschaft und innerhalb der Familie sehr schnell, sodass junge Männer unter Druck gesetzt werden, die Ehre wiederherzustellen. Oftmals können die Betroffenen diesem Druck nicht standhalten und begehen die Tat, obwohl sie sich nicht zu den spezifischen Ehrvorstellungen bekennen. Die Doppelmoral der Ehre verdeutlicht somit, dass der Ehrbegriff, der einem Ehrenmord regelmäßig zugrunde gelegt wird, die tatsächliche Komplexität des Phänomens verschleiert. Die Ehre ist dynamisch und dient im Einzelfall als Provisorium zur Legitimation der Tat, unabhängig davon, ob die Beteiligten von diesen Ehrvorstellungen überzeugt sind. Die Determinanten dieser spezifischen Ehrvorstellungen sind die männliche Dominanz gegenüber der Frau sowie die Demonstration von Stärke im sozialen Umfeld.

Kapitel 2: Perspektiven für präventive Maßnahmen

Die langanhaltende Medienpräsenz des Falles Sürücü hat die Gesellschaft auf das kulturelle Phänomen des Ehrenmordes aufmerksam gemacht und gleichzeitig sensibilisiert. Die Ermordung von Hatun auf offener Straße wurde als „öffentliche Hinrichtung" einer integrationswilligen Deutsch-Türkin aufgefasst, welche Opfer einer fremden Großfamilie wurde, sodass damit teilweise affektive Debatten einhergegangen sind. Auf Grundlage der sehr umfassenden und interdisziplinären Aufarbeitungen des Falles können Maßnahmen zur Verhinderung von künftigen Ehrenmorden entwickelt werden. Hatuns Bestreben, ein selbstbestimmtes Leben zu führen und sich von den patriarchalischen Strukturen zu lösen, dient als Ausgangspunkt für die Untersuchung geeigneter präventiver Maßnahmen.

Die im Folgenden genannten Aspekte werden in diesem Zusammenhang näher beleuchtet. Zunächst ist es unerlässlich, dass Fachkräfte in Behörden, die den potenziellen Opfern zur Seite stehen, fundierte Kenntnisse über Ehrenmorde aufweisen. Dies ist eine zwingende Voraussetzung, um den potenziellen Opfern angemessene Unterstützung zu gewährleisten. Des Weiteren ist es insbesondere für den angehenden Rechtsanwender unentbehrlich, sich bereits im Studium interkulturelle Kompetenzen anzueignen, um in der Praxis Probleme mit interkulturellem Hintergrund juristisch aufarbeiten zu können. Hierfür kann beispielsweise der Unterschied zwischen einer Blutrache und einem Ehrenmord herangezogen werden, der nicht von theoretischer Natur ist, sondern im Einzelfall maßgeblich für die juristische Würdigung einer Tat sein kann. Schließlich ist eine religiös und weltanschaulich neutrale Wertevermittlung für ein gedeihliches Miteinander in einer pluralisierten Gesellschaft obligatorisch. Dies lässt sich insbesondere durch die Einführung von Ethik als Regelfach in Schulen realisieren. Dadurch kann ein Unrechtsbewusstsein für Gewaltanwendung bei Konflikten entwickelt werden, indem eine Gesprächskultur vermittelt wird, die einen Konsens anstrebt sowie Dissens akzeptiert und toleriert. Auf diese Weise kann eine gelungene Integration gefördert werden.

I. Umgang mit Gefährdeten auf behördlicher Ebene

In der Regel wenden sich junge Frauen an Behörden oder Frauenhäuser, wenn sie eine Zwangsheirat befürchten. Zumal eine geplante Zwangsheirat regelmäßig der Auftakt zahlreicher Konflikte ist, die schließlich zu einem Ehrenmord führen können. Daher benötigen potenzielle Opfer rechtzeitige sowie adäquate Unterstützung. Zudem müssen sie mit absoluter Bestimmtheit wissen, dass die konsultierte Institution die Familie nicht informiert oder in sonstiger Weise mit Familienbekannten in Verbindung steht. Das Fundament für einen angemessenen Umgang mit Gefährdeten auf behördlicher Ebene ist die interkulturelle Kompetenz der Fachkräfte, mit der sie im Einzelfall die zu befürchtende Bedrohung abwägen müssen. Denn ein fahrlässiger Umgang mit den Gefährdeten kann gravierende Folgen für Leib und Leben nach sich ziehen. Hierfür sind sporadische Seminare zur Aneignung interkultureller Kompetenzen wohl förderlich, jedoch nicht geeignet, um kognitive Fähigkeiten zu erlernen, die für den Umgang mit den Hilfesuchenden notwendig sind.[815]

815 Vgl. *Toprak*, Das schwache Geschlecht – die türkischen Männer, S. 178.

Häufig stellt es insbesondere für junge Frauen eine sehr große Hürde dar, generell Hilfe zu konsultieren, wenn ihnen eine Zwangsheirat droht. Sie werden regelmäßig von der Familie eingeschüchtert und bedroht, sodass sie Angst um Leib und Leben haben. Darüber hinaus sind die Betroffenen von Schuldgefühlen geprägt, weil die Liebe zu ihrer Familie dazu führt, dass sie ihr eigenes Verhalten kritisieren und sich von ihrem Entschluss ein selbstbestimmtes Leben zu führen, distanzieren.[816] Die betroffenen jungen Frauen werden oft über einen langen Zeitraum unterdrückt und in ihrer freien Lebensgestaltung erheblich eingeschränkt. Daraus folgt, dass sie regelmäßig nicht ihrem Alter entsprechend selbstständig sind und demzufolge umfassende Hilfe benötigen, die über eine einfache Beratung hinausgeht.[817] Hierbei stellt die Tatsache eine große Herausforderung dar, dass viele Personen mit Migrationsgeschichte auch in der dritten Generation den Behörden wie etwa dem Jugendamt misstrauen und die Konsultierung von Beratungsstellen teilweise als Verrat an der Familie auffassen.[818] Zwar kontaktieren junge Frauen die Polizei, wenn sie Opfer von häuslicher Gewalt werden, kurz vor einer Zwangsheirat stehen und die Flucht ergreifen wollen oder von männlichen Familienangehörigen bedroht werden. Regelmäßig wollen sie aber keine Anzeige erstatten, weil sie dadurch befürchten, den Eltern schaden zu können oder sie Angst haben, dass sich der familiäre Druck intensiviert.[819] Aus diesem Grund sollten Sonderbeauftragte in der Polizei zugegen sein, die für Präventions- und Opferschutzmaßnahmen geschult sind, um die Opfer angemessen beraten und betreuen zu können.[820] Insbesondere ist von den Gefährdeten kein rationales Verhalten vorauszusetzen, weil sie dauerhaft von Angst begleitet sind und deshalb eine geringe Frustrationstoleranz vorweisen.

Des Weiteren sind nicht nur junge Frauen als Gefährdete hilfesuchend, sondern auch die potenziellen Täter. Somit sind männliche Heranwachsende, die regelmäßig zur Tat gedrängt werden, nicht per se als Hilfesuchende auszuschließen.[821] Wie bereits gezeigt, ist die Identitätsdiffusion für viele Jugendliche mit Migrationsgeschichte einer der Beweggründe für einen Ehrenmord, sodass zwei Möglichkeiten in Betracht kommen.[822] Auf

816 *Terre des Femmes*, Im Namen der Ehre, S. 12 f.
817 Dazu bereits Teil 2 Kap. 3 VI; ferner *Terre des Femmes*, Im Namen der Ehre, S. 20.
818 *Toprak*, Unsere Ehre ist uns heilig, S. 147.
819 *Terre des Femmes*, Im Namen der Ehre, S. 40.
820 *Terre des Femmes*, Im Namen der Ehre, S. 21.
821 *Erben*, Gewalt und Ehre, S. 92.
822 Teil 4 Kap. 1 II 3.

der einen Seite identifiziert sich der Jugendliche, der zur Tötung eines weiblichen Familienmitglieds gedrängt wird, nicht mit den traditionellen Wertvorstellungen der Familie und strebt nach einem Leben außerhalb des patriarchalischen Umfelds der Familie.[823] Dennoch kann er in vielen Fällen dem kollektiven sowie permanenten Druck nicht standhalten und begeht letztlich die Tat, um die vermeintlich verletzte Familienehre wiederherzustellen. Auf der anderen Seite führt die Identitätsdiffusion dazu, dass sich der Heranwachsende in Ermangelung von Zukunftsaussichten über das gesellschaftliche Ansehen definiert und damit zur Tatbegehung nicht abgeneigt ist. Denn nach seiner Auffassung wird die vermeintlich wiederhergestellte Familienehre seinen Ruf steigern und ihn als „Held“ in der Gesellschaft auszeichnen.

Im erstgenannten Fall ist der Jugendliche auf Hilfe angewiesen und wird regelmäßig diese aufsuchen, wenn ihm verdeutlicht wird, dass er sich in keiner ausweglosen Situation befindet und adäquate Hilfe möglich ist. Die große Herausforderung für die Fachkräfte hierbei ist, dass diese sich die Gesinnung der Hilfesuchenden zutreffend erschließen müssen sowie erkennen, dass sie selbst Opfer der spezifischen Ehrvorstellungen sind. Die Tatbegehung zieht eine lange Haftstrafe nach sich und führt anschließend dazu, dass die Zukunftsaussichten der Jugendlichen stark beeinträchtigt werden. Bei einer Enthaltung müssen sie wiederum in Kauf nehmen, von dem eigenen Kollektiv, also der Familie, ausgestoßen zu werden und gegebenenfalls selbst Gewalt zu erfahren. Deshalb ist es besonders wichtig, dass den Jugendlichen rechtzeitig geholfen wird und sie nicht bereits als Täter attribuiert werden. Ihnen muss aufgezeigt werden, dass die Tatbegehung das Problem nicht lösen kann, sondern gemeinsam ein individuelles Konzept erarbeitet werden muss. Es gibt zahlreiche schlichtende Personen, die in solchen Fällen aushelfen und oft erfolgreich einen Ehrenmord verhindern konnten.[824] Regelmäßig agieren diese aber nicht in Kooperation mit den Staatsorganen, sodass nur im Ausnahmefall auf ihre Tätigkeit zurückgegriffen werden sollte. Vielmehr müssen speziell für Behörden ausgerichtete Handlungsempfehlungen generiert werden, um auf dieser Grundlage Maßnahmen durchzuführen.[825] Hierfür ist es unter anderem erforderlich, die Eltern der betroffenen Jugendlichen miteinzubeziehen und die betroffene Person zunächst von der Familie zu distanzieren. Oft-

---

823 Vgl. Fallbeispiel: *Kizilhan*, „Ehrenmorde“, S. 37.

824 Z.B. *Deiß/Goll*, Ehrenmord. Ein deutsches Schicksal, S. 189.

825 Vgl. für polizeiliche Maßnahmen *Dienstbühl*, Ehrgewalt in Deutschland, S. 100 ff.

mals sind die Begegnungen zwischen den konservativ-geprägten Familien und den Behörden jedoch mit großen Schwierigkeiten verbunden, weil bereits wenige Nuancen, beispielsweise bei der Begrüßung die Hand zu geben, das gesamte Gespräch zum Scheitern bringen und somit zu keinem befriedigenden Ergebnis führen können.[826] Deshalb ist die Vermittlung von interkulturellen Kompetenzen für Fachkräfte von großer Bedeutung.

Ungeachtet der beschriebenen Probleme gibt es heute noch viele junge Frauen, die sich von den patriarchalischen Familienstrukturen lösen wollen und dafür Beratungs- und Hilfestellen aufsuchen. Meistens konsultieren sie hierfür ehrenamtlich unterhaltene Institutionen, die in der jeweiligen Region bekannt sind und in der Regel die jungen Frauen beispielsweise zum Jugendamt oder in Frauenhäuer weitervermitteln bzw. selbst umfassende Hilfeleistungen anbieten. Diese Institutionen verfügen regelmäßig nicht über ausreichende finanzielle und personelle Möglichkeiten, wodurch vielen jungen Frauen keine ausreichende Unterstützung zur Verfügung steht und die Frauen wiederum zurück zu ihren Familien gehen.[827] Es ist daher notwendig, in Kooperation mit staatlichen Stellen zu agieren und sich gegenseitig (auch finanziell) zu unterstützen. Hierfür appellieren regelmäßig am Todestag von Hatun Sürücü viele ehrenamtlich geführte Institutionen in der Hoffnung, dass die Politik auf die bestehenden Missverhältnisse aufmerksam wird und gezielte Maßnahmen durchführt.

Die große Bedeutung interkultureller Kompetenzen für Fachkräfte auf behördlicher Ebene lässt sich auch am Fall Sürücü aufzeigen. Hatun beschloss nach der Geburt ihres Kindes das Elternhaus zu verlassen, um ihr Kind nach ihren Wertvorstellungen zu erziehen. Deshalb konsultierte sie zunächst das Jugendamt. Mit dessen Unterstützung bezog sie eine kleine Wohnung und holte ihren Hauptschulabschluss nach. Hatun wurde sehr zügig geholfen, weil die Beamten sie als hilfebedürftig einschätzten.[828] Sie musste selbstständig sein und konnte sich durch die umfassende Unterstützung der Betreuerinnen in kurzer Zeit positiv entwickeln.[829] So vielfältig die Unterstützung des Jugendamts für ein selbstbestimmtes Leben war, so wenig konnte sich Hatun dieser Stütze konstant bedienen, weil der sukzessive Ausschluss aus der Familie sie stark beeinträchtigte. Hatun wurde

826 Für Empfehlungen: *El-Maafalani/Toprak*, Muslimische Kinder und Jugendliche in Deutschland, S. 181 ff.

827 *Haarbach/Ringelstein*, Hatun Sürücüs Vermächtnis, in: Der Tagesspiegel vom 07.02.2020.

828 *Deiß/Goll*, Ehrenmord. Ein deutsches Schicksal, S. 55 f.

829 *Deiß/Goll*, Ehrenmord. Ein deutsches Schicksal, S. 66 f.

zwar gemeinsam mit ihrem Sohn durch das Jugendamt umfassend betreut und unterstützt, jedoch war die Familie nicht in diesen Prozess involviert, weil diese unter anderem selbst kein großes Interesse an einem Gespräch mit den Betreuerinnen hatte. Zudem konnten die Betreuerinnen nicht abschätzen, inwieweit Hatuns Leib und Leben durch die Familie tatsächlich gefährdet war.

Ein halbes Jahr vor der Tat erkundigte sich Hatun bei einer Betreuerin, ob ihr Sohn adoptiert werden kann, falls Hatun etwas zustoße. Sie wollte unbedingt verhindern, dass ihr Sohn bei der Familie aufwächst. Als sich die Drohungen erneut intensivierten, brachte Hatun den Betreuerinnen gegenüber zum Ausdruck, dass sie Angst um ihre Sicherheit hat und sich nicht mehr auf die Straße traut. Gegen ihren ältesten Bruder erstattete Hatun bei der Polizei wegen Bedrohung Anzeige, jedoch wurde das Ermittlungsverfahren in Ermangelung von Beweisen eingestellt.[830] Somit deutete Hatun zwar oft an, dass sie explizit gefährdet ist, die Ernsthaftigkeit konnte sie jedoch nicht überzeugend kommunizieren.[831] Zudem beeinträchtigte der Spagat zwischen einem selbstbestimmten Leben und der Zuneigung zur Familie Hatuns Geisteszustand zunehmend.[832] Deshalb wurde ihr Verhalten von den Betreuerinnen als „sprunghaft“ und „theatralisch“ wahrgenommen.[833] Der Einfluss fremder Kulturen war zu dieser Zeit für die Betreuerinnen noch unbekannt, sodass sie heute nach eigenen Angaben vieles besser deuten können, um den Betroffenen angemessene Hilfestellung anzubieten.[834]

Der Fall Sürücü zeigte somit bereits vor vielen Jahren auf, dass die Familie im Umgang mit den Gefährdeten ein nicht zu vernachlässigender Faktor für eine angemessene und dauerhafte Hilfeleistung ist. In nur sehr wenigen Fällen wird eine junge Frau sich vollständig von der Familie lösen wollen. Selbst wenn der Wunsch nach einem autonomen Leben die Bemühungen junger Frauen aus den patriarchalischen Kreisen auszubrechen dominiert, so bringt die Liebe zur Familie dieses Vorhaben regelmäßig zu Fall. Dennoch ist insbesondere für gefährdete Frauen eine große Distanz zur Familie unerlässlich, um sie vor einer Zwangsheirat oder einem Ehrenmord tatsächlich zu schützen. Die Betroffenen sind jedoch nicht in einer fremden Stadt zu isolieren, sondern benötigen ein soziales Umfeld und

---

830 *Deiß/Goll*, Ehrenmord. Ein deutsches Schicksal, S. 87 f.
831 *Deiß/Goll*, Ehrenmord. Ein deutsches Schicksal, S. 72 ff.
832 Vgl. *Deiß/Goll*, Ehrenmord. Ein deutsches Schicksal, S. 69 und S. 71.
833 *Deiß/Goll*, Ehrenmord. Ein deutsches Schicksal, S. 74 und S. 77.
834 *Deiß/Goll*, Ehrenmord. Ein deutsches Schicksal, S. 77.

regelmäßige Tagesabläufe, um nicht depressiv zu werden. Hatun Sürücü wollte kurz vor ihrer Ermordung Berlin verlassen und gemeinsam mit ihrer Freundin in eine fremde Stadt ziehen, um ein neues Leben zu beginnen.[835] Obwohl sie wahrscheinlich trotzdem ihre Familie angerufen hätte, würden sie zumindest nicht wissen, wo sich Hatun befindet, sodass sie heute noch am Leben gewesen wäre.

II. Interkulturelle Kompetenzen in der Juristenausbildung[836]

Grundsätzlich geht mit einer kulturellen Pluralisierung eine Bereicherung für die Gesellschaft einher, die sich beispielsweise durch die Zunahme von Gaststätten mit einer internationalen Küche oder die Beliebtheit von interkulturellen Veranstaltungen aufzeigen lassen. Interkulturelle Kontakte bergen jedoch für den Alltag und die Rechtspraxis zahlreiche Probleme, die größtenteils auf nicht stark ausgeprägte interkulturelle Kompetenzen zurückzuführen sind. Für die Rechtsberatung von Mandantinnen und Mandanten aus einer fremden Kultur oder die Aufarbeitung eines spezifisch kulturell bedingten Rechtskonflikts sind in Zeiten von Globalisierung und Internationalisierung interkulturelle Kompetenzen erforderlich.[837] Bereits bei der Begrüßung einer Person aus einer anderen Kultur kann ein Problem entstehen, wenn beispielsweise aus religiösen Gründen ein Händeschütteln verweigert wird. Darüber hinaus sind im Justizalltag interkulturelle Kompetenzen nicht zu vernachlässigen, da beispielsweise Kommunikationsprobleme beim Umgang mit fremdkulturell geprägten Personen zu Konflikten führen können. In diesem Zusammenhang ist das Vermeiden von Augenkontakt oder die Interpretation des Schweigens hervorzuheben, welche kulturell bedingt unterschiedlich ausgelegt werden.[838] Beispielsweise kann das Vermeiden eines Augenkontakts vor Gericht von der vernehmenden Person als Zeichen von Unehrlichkeit aufgefasst werden; von der vernommenen Person jedoch als Ausdruck von Respektbekundung gegenüber der Amtsperson.[839] In der Regel weichen indes die kulturellen Werte von Menschen mit Migrationsgeschichte nicht gravierend von den

---

835 *Deiß/Goll*, Ehrenmord. Ein deutsches Schicksal, S. 76.
836 Vgl. *Weis-Dalal*, Rechtspraxis in einer globalisierten Lebenswelt, 2021.
837 Vgl. *Hilgendorf*, JZ 2009, 139 (139); *Marschelke*, in: FG Knemeyer, S. 617 ff.
838 Vgl. *Hilgendorf*, in: FS Heinz, S. 865 f.
839 *Marschelke*, in: Hdb. Rechtsphilosophie, S. 450; *ders.*, in: FG Knemeyer, S. 621; *Yalçin*, BJ 2011, 112 (117).

traditionellen westlichen Wertvorstellungen ab.[840] Die bestehenden Unterschiede, die hier stellvertretend durch Ehrenmorde verdeutlicht wurden, sind teilweise aber so schwerwiegend, dass sie die Gemeinsamkeiten in den Hintergrund drängen. Aufgrund der anzutreffenden kulturellen Differenzen bilden sich somit Konfliktfelder heraus, die interkulturelle Kompetenzen erforderlich machen, also die Fähigkeit, kulturell bedingte Konflikte zu erkennen, zu analysieren und (im Idealfall) zu entschärfen.[841]

Deshalb ist es sinnvoll, interkulturelle Kompetenzen in die Juristenausbildung zu integrieren, um dadurch die Fähigkeiten zu vermitteln, Sachverhalte mit interkulturellem Hintergrund unvoreingenommen juristisch analysieren und bewerten zu können.[842] In der vorliegenden Arbeit wurde das kulturelle Phänomen der Ehrenmorde durch die Aufarbeitung des Falles Sürücü näher beleuchtet. Auf Grundlage der rechtlichen Würdigung von Ehrenmorden wurde ersichtlich, dass sich Tötungsdelikte aufgrund des hohen Rangs des Lebensschutzes in unserer Werteordnung kulturbedingter Relativierungen entziehen. Zwar können grundsätzlich kulturelle Hintergründe einer Tat eine strafschärfende Wirkung entfalten, wenn sie als sonst niedriger Beweggrund im Sinne des § 211 Abs. 2 Gr. 2 Var. 4 StGB einzustufen sind und somit den Totschlag zum Mord qualifizieren.[843] Die schematisch rechtliche Bewertung einer Tat mit (fremd-)kulturellem Hintergrund ist jedoch im Einzelfall nicht subsidiär zu einer umfassenden Prüfung der Beweggründe. So ist beispielsweise die Blutrache nicht per se als sonst niedriger Beweggrund einzustufen, weil die Etikettierung der Tat bereits eine Qualifikation zum Mord zur Folge hat. Vielmehr ist zu prüfen, ob die Rachegefühle des Täters im Einzelfall noch als menschlich nachvollziehbar erscheinen oder sittlich auf tiefster Stufe stehen. Diese Differenzierung ist für die rechtliche Würdigung der Tat maßgeblich. Für eine solche umfassende Aufarbeitung des Einzelfalls nehmen daher interkulturelle Kompetenzen keine untergeordnete Rolle ein. Beispielsweise werden Ehrenmorde und Blutrache teilweise als Synonym erachtet, obwohl die damit einhergehenden Auswirkungen nicht identisch sind.[844] Deshalb entstehen unter anderem im Rahmen der rechtlichen Würdigung Schwierigkeiten, die durch rudimentäre interkulturelle Kenntnisse entschärft werden können.

---

840 *Hilgendorf*, JuS 2008, 761 (763).

841 *Hilgendorf*, JuS 2008, 761 (764).

842 *Hilgendorf*, in: FS Heinz, S. 866; *ders.*, JZ 2009, 139 (140).

843 *Jung*, JZ 2012, 926 (929).

844 Hierzu bereits Teil 2 Kap. 1 III 1; Vgl. auch *Kretschmer*, in: FS Fischer, S. 425.

Die signifikante Bedeutung interkultureller Kompetenzen zeichnet sich nicht nur bei Tötungsdelikten bzw. allgemein im Strafrecht ab. Auch außerhalb des Strafrechts sind interkulturelle Kompetenzen unerlässlich, weil eine Vielzahl von Rechtskonflikten mit interkulturellem Hintergrund im Bereich des öffentlichen Rechts und im Zivilrecht aufzufinden sind. Hierfür sind stellvertretend einige Problemfelder exemplarisch zu nennen: Dazu zählen unter anderem das Kopftuchverbot für Rechtsreferendarinnen bzw. Lehrerinnen, religiöse Symbole im Gerichtssaal bzw. in der Schulklasse, die Kreuz-Pflicht in Behörden sowie das Schächtungsverbot für muslimische Metzger. Aber auch familienrechtliche Angelegenheiten, bei denen die Ehe im Ausland geschlossen worden ist oder die Kündigung eines Mitarbeiters, der aus religiösen Gründen eine Weisung des Arbeitgebers verweigert.[845] Den genannten Fällen ist gemein, dass religiöse und kulturelle Aspekte nicht strikt getrennt betrachtet werden können, sodass auch die Religion im Einzelfall für die rechtliche Würdigung zu berücksichtigen ist, um das Risiko des Verstoßes gegen Art. 4 GG zu verhindern. In einer zunehmend globalisierten Lebens- und Arbeitswelt werden sich sukzessiv neue Konfliktfelder herauskristallisieren, welche unter anderem die Rechtspraxis vor neue Herausforderungen stellt. Interkulturelle Kompetenzen bilden jedenfalls die Grundlage zur Reflexion über den kulturellen Wertewandel in der hiesigen Gesellschaft und die damit möglicherweise einhergehenden rechtlichen Konsequenzen.[846]

Im Jahr 2008 hat *Hilgendorf* an der Julius-Maximilians-Universität Würzburg das Projekt „Globale Systeme und interkulturelle Kompetenz“ und Jura (im Folgenden „GSiK-Jura“) mit dem Ziel der Identifikation, Analyse und Lösung von interkulturellen Problemen initiiert.[847] Das Lehrprojekt ist seit Beginn darauf ausgelegt, den Studierenden entsprechende Fertig-

845 Vgl. zu diesen und weiteren exemplarischen Fällen: *Hilgendorf*, StV 2014, 555 (556 ff.); *Marschelke*, in: FG Knemeyer, S. 622 ff.

846 *Marschelke*, in: FG Knemeyer, S. 622.

847 Zu Beginn wurde das GSiK-Lehrprojekt gemeinsam mit weiteren Fachbereichen ausgetragen, wobei die Juristische Fakultät federführend gewesen ist, vgl. *Marschelke*, in: FG Knemeyer, S. 617; seit 2016 wird zwischen Uni-GSiK und GSiK-Jura unterschieden. GSiK-Jura legt insbesondere den Schwerpunkt auf die Schnittstellen zwischen Interkulturalität und Recht. Dabei werden auch insbesondere Themen aufgegriffen und juristisch analysiert, die aktuell im medialen Diskurs anzutreffen sind. Das Uni-GSiK Projekt ist fakultätsübergreifend und bietet ebenfalls jedes Semester Seminare, Vorträge und Workshops an, dabei werden jedoch nicht schwerpunktmäßig vorhandene Probleme angesprochen, siehe allgemein zum Projekt: https://www.uni-wuerzburg.de/gsik/gsik-startseite/ (21.11.2021).

keiten zu vermitteln, indem beispielsweise aktuelle rechtliche Probleme mit interkulturellen Hintergründen gemeinsam besprochen werden.[848] In diesem Zusammenhang werden den Studierenden die Gefahren eines „Schwarz-Weiß"-Denkens aufgezeigt und somit die Notwendigkeit des Blickes „über den Tellerrand" verdeutlicht. Hierfür ist insbesondere ein interdisziplinäres Studieren förderlich, da viele wichtige Aspekte für die Vermittlung von interkulturellen Kompetenzen nicht rechtswissenschaftlicher Natur sind. Dadurch wird unter anderem für Jurastudierende auch eine Grundlage geschaffen, menschliche Interaktionen auf Basis der verschiedenen kulturellen Prägungen in der Gesellschaft nachzuvollziehen.[849] Somit werden durch interkulturelle Kompetenzen gleichzeitig soziale und kommunikative Fähigkeiten wie Empathie und Perspektivwechsel vermittelt, die auch für das spätere Berufsleben (der Jurastudierenden) förderlich sind.[850]

Das Projektteam der Juristischen Fakultät Würzburg veranstaltet jedes Semester Seminare, Workshops oder Vorlesungen, um gemeinsam mit Studierenden aktuelle Rechtsprobleme mit interkulturellem Hintergrund zu identifizieren sowie zu analysieren.[851] Zu diesem Zweck versuchte die Vorlesung „Interkulturalität und Recht in Fällen" im Sommersemester 2020, die interkulturelle Kompetenz in Form von tatsächlichen und hypothetischen Strafrechtsfällen zu vermitteln. Inhaltlich umfasste sie Themen wie Ehrenmord, Blutrache, Verweigerung des Händeschüttelns aus religiösen oder kulturellen Gründen, Exorzismus, unterlassene Hilfeleistung aus religiösen Gründen, Clankriminalität, weibliche Genitalverstümmelung, Zirkumzision sowie Zwangsheirat. Zunächst wurden die kulturellen Hintergründe der besprochenen Themen ausführlich behandelt, um dadurch eine Grundlage für eine fundierte juristische Würdigung zu schaffen. Erst dadurch ist es möglich, auch gegebenenfalls einschlägige Rechtfertigungs- bzw. Schuldausschließungsgründe zu untersuchen. Die freiwillige Veranstaltung wurde sehr wohlwollend aufgenommen und wurde von den Studierenden besonders gut evaluiert.[852] Die positive Resonanz und die ausführlichen Diskussionen in den Veranstaltungen zeigten, dass Jurastudierende sich der bevorstehenden Herausforderung bewusst sind und

---

848 Auch Studierende anderer Fachbereiche besuchen GSiK-Jura Veranstaltungen und fördern dadurch eine interdisziplinäre Diskussion, vgl. *Weis-Dalal*, Rechtspraxis in einer globalisierten Lebenswelt, S. 354 ff.

849 *Marschelke*, in: FG Knemeyer, S. 625.

850 Vgl. *Marschelke*, in: FG Knemeyer, S. 619.

851 *Weis-Dalal*, Rechtspraxis in einer globalisierten Lebenswelt, S. 354.

852 Zum Projekt und der Vorlesung: www.gsik.de (21.11.2021).

während des Studiums entsprechende Schwerpunkte setzen wollen.[853] Deutschlandweit sollten an Juristischen Fakultäten entsprechende Veranstaltungen durchgeführt werden. Das GSiK-Jura Projekt dient hierfür als empfehlenswertes Modell, welches noch weiter ausgebaut werden kann, indem beispielsweise die Fakultät die entsprechenden Lehrveranstaltungen in die Curricula integrieren.[854]

Aus der genannten Vorlesung im Sommersemester ist eine der zahlreichen Diskussionen an dieser Stelle besonders erwähnenswert, um die Bedeutung der Vermittlung interkultureller Kompetenzen exemplarisch aufzuzeigen. Gemeinsam mit den Studierenden wurde ein Fall besprochen, der aus zwei Teilen besteht. Im ersten Teil verweigert eine Person das Händeschütteln aus religiösen Gründen; im zweiten Teil bezeichnet eine Person seinen nichtjüdischen Kommilitonen als „Juden", um seinen Unmut über den verweigerten Handschlag kundzutun. In beiden Teilen wurde nach einer möglichen Strafbarkeit wegen Beleidigung gemäß § 185 StGB gefragt. Im ersten Teil sind nicht viele Diskussionen entstanden, da viele Studierende sich bis zu diesem Zeitpunkt nicht ausführlich mit der Thematik auseinandergesetzt hatten und somit überwiegend die Ausführungen des Dozierenden bearbeiteten sowie reflektierten.

Ein völlig anderes Bild zeichnete sich im zweiten Teil des Falles ab. Vor der Besprechung des zweiten Teils wurden die Studierenden gefragt, ob die Bezeichnung einer nichtjüdischen Person als „Jude" nach ihrem Rechtsgefühl als Beleidigung einzustufen ist. Nahezu alle Teilnehmenden haben diese Frage positiv beantwortet und entsprechende Argumente, historisch bedingt sehr behutsam, vorgebracht. Die Bezeichnung als „Jude" sei historisch bedingt in unserer Gesellschaft negativ konnotiert und daher als Beleidigung im Sinne des § 185 StGB auszulegen. Im Gegensatz zur überwiegenden Meinung der Studierenden hat die Lösungsskizze eine Strafbarkeit aus folgenden Gründen abgelehnt. Zum einen ist die Bezeichnung als „Jude" im Fall nicht als Herabsetzung im Sinne der Rassenideologie einzustufen, wodurch der Tatbestand der Beleidigung nicht erfüllt ist.[855] Zum anderen kann die Markierung als „Jude" nicht per se als Herabwürdigung charakterisiert werden. Dadurch kommt der Äußerung in dem besprochenen Fall eine über die Taktlosigkeit hinausgehende beleidigende

853 Vgl. dazu auch *Marschelke,* in: FG Knemeyer, S. 632.

854 *Marschelke,* in: FG Knemeyer, S. 629.

855 Vgl. OLG Celle, NStZ-RR 2004, 107 (107); BeckOK StGB/*Valerius*, § 185 Rn. 25.1.

Qualität nicht zu.[856] Ein Jude zu sein, ist darüber hinaus nichts Ehrenrühriges, selbst wenn es im Einzelfall ehrverletzend gemeint ist.[857] Wenn die Bezeichnung als „Jude“ für sich als Beleidigung im Sinne des § 185 StGB einzustufen wäre, so impliziert dies erst recht eine Herabsetzung. Denn die Bezeichnung als „Christ“, „Muslim“, „Atheist“ oder „Buddhist“ wird ebenfalls nicht als ehrenrührige Aussage aufgefasst und als Beleidigung qualifiziert. Als plakative Quintessenz dieser Diskussion erkannten viele Studierende, dass das subjektive Beleidigungsempfinden historisch und kulturell bedingt sein kann.[858] Die Auslegung von Rechtsnormen nach diesem Empfinden kann aber zum Teil unerwünschte Konsequenzen mit sich bringen. In diesem Fall wäre dadurch grundsätzlich die Zugehörigkeit zum Judentum als generelle Herabstufung zu bewerten. Auch nach der Veranstaltung änderten viele Studierende ihre Meinung nicht und hielten es für sehr gut vertretbar, eine Beleidigung anzunehmen.[859] Viele Argumente basieren auf der Erfahrung der Studierenden im Alltag, die beispielsweise bereits in der Schule die Bezeichnung als „Jude“ ausschließlich abwertend erfahren haben. Letztlich erhielten die Studierenden durch die Vorlesung Impulse, um ihre Meinung zu reflektieren und eine andere Sichtweise kennenzulernen.

Die Vermittlung interkultureller Kompetenzen beschränkt sich nicht auf Studierende ohne Migrationsgeschichte. Die interkulturelle Kompetenz ist nicht nur für die Mehrheitsgesellschaft notwendig und förderlich, sondern gerade auch für Minderheiten. Personen mit Migrationsgeschichte müssen die deutschen Wertvorstellungen in Erfahrung bringen, um die Grundlage für einen Integrationsprozess zu schaffen. Darüber hinaus kennen viele Studierende mit Migrationsgeschichte der jüngeren Generationen den Zusammenhang von vielen Taten mit kulturellem Hintergrund nicht. Deshalb können sie auch von der Vermittlung entsprechender Fertigkeiten profitieren, indem sie ihre eigene Sichtweise und ihre kulturelle Prägung reflektieren. Dieser Aspekt wurde auch in der genannten Vorlesung deutlich. Im ersten Fall wurde der Fall Sürücü besprochen und im Sachverhalt angemerkt, dass Ayhan unter anderem die Tat aus religiösen Gründen beging. Bevor die Falllösung besprochen wurde, meldete sich ein Student und konstatierte, dass er den Sachverhalt dahingehend richtigstellen wolle, dass Ehrenmorde nichts mit dem Islam zu tun hätten. Er

856 Vgl. *Fischer*, StGB, § 185 Rn. 8c.
857 *Fischer*, Ehre, Würde und Integration, in: Zeit-Online vom 21.04.2015.
858 Zur kulturellen Berücksichtigung *Valerius*, JA 2010, 481 (483).
859 Vgl. BGH NJW 1956, 312 (312 ff.); BeckOK StGB/*Valerius*, § 185 Rn. 25.1.

selbst wisse nicht viel darüber, aber der Sachverhalt solle im Lichte dieser Information ausgelegt werden. Hier wird ersichtlich, dass die Konfrontation mit einem Fall, der möglicherweise einen religiösen Aspekt negativ beleuchtet, dazu führt, dass die Religion verteidigt wird, selbst wenn den Beteiligten entsprechendes Wissen nicht zur Verfügung steht. Dieser Gesichtspunkt wurde bereits im Rahmen der Identitätsdiffusion ausführlich erläutert.[860] Jedenfalls hat der Student aufgrund dieser Erfahrung die Möglichkeit, sein Wissen über Ehrenmorde und die Verbindung zum Islam kritisch zu reflektieren bzw. sich fundiertes Wissen anzueignen. Wichtig ist hierfür indes, dass weder der Dozent noch andere Studierende ihn aufgrund seines mangelnden Wissens kritisiert oder desavouiert haben. Dies ist für die Vermittlung interkultureller Kompetenzen von großer Bedeutung.

Des Weiteren ist es nicht förderlich, wenn Probleme ausgeblendet, abstrahiert bzw. verharmlost werden. Teilweise ist bei der Vermittlung interkultureller Kompetenzen zu beobachten, dass bestimmte Themen explizit vermieden werden, wenn sie die Gefahr bergen, die Gesellschaft bzw. die Teilnehmenden zu polarisieren. Interkulturelle Kompetenzen können indes nicht nur vermittelt werden, indem beispielsweise gemeinsam mit Angehörigen verschiedener Kulturen gekocht wird oder verschiedene Veranstaltungen organisiert werden, in der sich Kulturen von ihren besten Seiten präsentieren können. Grundsätzlich ist es förderlich, auf bestehende und somit zusammenfügende Gemeinsamkeiten zu rekurrieren, um ein gedeihliches Miteinander zu stärken. Es ist jedoch nicht minder wichtig, Probleme bewusst anzusprechen und rational zu diskutieren, um dadurch Impulse für Lösungen zu generieren. Stets unbehandelte Probleme führen sukzessiv zu einer Zuspitzung der Konfliktlage, sodass eine friedliche Lösungsmöglichkeit immer unwahrscheinlicher wird. Es ist notwendig, dass die Wissenschaft interkulturelle Probleme rational diskutiert, da sich grundsätzlich in der Gesellschaft Diskussionen rasch zuspitzen und polarisieren können.

Abschließend ist hervorzuheben, dass die Vermittlung interkultureller Kompetenzen in die Juristenausbildung zu integrieren ist. Das GSiK-Jura Projekt hat sich dieser Herausforderung angenommen und ist seit vielen Jahren ein wichtiger Bestandteil der Juristischen Fakultät Würzburgs. Dieses Angebot sollte deutschlandweit weiter ausgebaut werden. Das Projekt wurde bis heute nicht in die Curricula der Fakultät aufgenommen. Um die Jurastudierenden zu einer intensiven Auseinandersetzung mit interkultu-

860 Teil 4 Kap. 1 II 3.

rellen Kompetenzen zu motivieren, erhalten sie deshalb ein GSiK-Jura-Zertifikat, welches als Zusatzqualifikation für ihre berufliche Karriere dient.[861] Für den Erwerb des Zertifikats ist mindestens die Teilnahme an fünf Veranstaltungen sowie eine bestandene Klausur im vhb-Kurs „Interkulturalität, Ethik und Recht“ erforderlich.[862] In diesem Kurs werden insbesondere die Wechselwirkungen zwischen Recht und Kultur unter anderem durch eine Einführung in kulturwissenschaftliche Grundlagen näher beleuchtet und vertieft. Alternativ wird zur Vorlesungsreihe „Interkulturalität und Recht in Fällen“ eine Klausur angeboten, die als Falllösung konzipiert ist und daher ebenfalls für das Zertifikat geeignet ist.

III. Wertevermittlung in Schulen – Ethik als Regelfach

Eine besonders wichtige präventive Maßnahme zur Verhinderung von (Rechts-)Konflikten mit interkulturellem Hintergrund ist letztlich die Wertevermittlung in Schulen durch das Einführen von Ethik als Regelfach.[863] Die Vermittlung von freiheitlichen Werten in einer zunehmend pluralistischen Gesellschaft ist von großer Bedeutung. Grundlegende Werte wie Menschenwürde, Frieden und Toleranz kann das Strafrecht allein nicht sichern, da das Strafrecht regelmäßig erst dann eingreift, wenn es zu einer Rechtsgutsverletzung bzw. -gefährdung gekommen ist. Deshalb ist es sinnvoll, durch eine gezielte Erziehung Jugendliche vor der Verübung von Straftaten im Voraus weitestgehend fernzuhalten, anstatt diese im Nachgang lediglich zu bestrafen.[864] Durch eine Wertevermittlung in Schulen ist es möglich, Heranwachsende bereits sehr früh die Fähigkeit zu vermitteln, grundlegende Werte zu reflektieren sowie ihnen die Möglichkeiten für ein gedeihliches Miteinander in der Gesellschaft und insbesondere im eigenen sozialen Umfeld aufzuzeigen.

---

861 *Marschelke*, in: FG Knemeyer, S. 626 ff.

862 Vhb = Virtuelle Hochschule Bayern, siehe https://www.vhb.org/ (21.11.2021). Der Kurs „Interkulturalität, Ethik und Recht“ wird von Prof. Dr. Dr. Eric Hilgendorf angeboten. Zu diesem und weiteren Kursen: www.gsik.de (21.11.2021).

863 So auch *Nida-Rümelin* vgl. *Schäfers*, Für besseren Ethik-Unterricht in: Deutschlandfunk vom 19.05.2017.

864 *Hilgendorf*, in: Kirste/Sprenger (Hrsg.), Menschliche Existenz und Würde im Rechtsstaat, S. 122 f.

1. Ethikunterricht im Land Berlin

Zur Einführung des Ethikunterrichts im Land Berlin trug der Fall Sürücü einen entscheidenden Teil bei.[865] Vor allem die offenkundige Billigung der Ermordung Hatuns durch türkische Schüler einer Hauptschule in Berlin-Neukölln, die zudem Ayhan wie einen Märtyrer feierten, war ausschlaggebend. Zuvor wurde schon sehr lange über die Einführung eines obligatorischen Ethikunterrichts in Berlin diskutiert, der Fall Sürücü beschleunigte die Debatte jedoch, sodass im April 2005 die Berliner SPD auf ihrem Bildungsparteitag beschloss, einen verpflichtenden Werteunterricht für alle Schüler einzurichten.[866] Durch § 12 Abs. 6 BerlSchulG wurde der Ethikunterricht seit dem Schuljahr 2006/2007 zunächst in der Jahrgangsstufe 7 unterrichtet und in den Folgejahren auf weitere Jahrgangsstufen erstreckt.[867] Gemäß § 12 Abs. 6 BerlSchulG ist das Ziel des Ethikunterrichts *„die Bereitschaft und Fähigkeit der Schülerinnen und Schüler unabhängig von ihrer kulturellen, ethnischen, religiösen und weltanschaulichen Herkunft zu fördern, sich gemeinsam mit grundlegenden kulturellen und ethischen Problemen des individuellen Lebens, des gesellschaftlichen Zusammenlebens sowie mit unterschiedlichen Wert- und Sinnangeboten konstruktiv auseinander zu setzen."* Darüber hinaus bestimmt § 12 Abs. 6 BerlSchulG, dass weltanschaulich und religiös neutral unterrichtet wird sowie einzelne Themenbereiche in Kooperation mit Trägern des Religions- und Weltanschauungsunterrichts gestaltet werden sollen.

Gegen die Einführung des obligatorischen Ethikunterrichts ohne Abmeldemöglichkeit und neben dem Religionsunterricht wurde eine Verletzung der Grundrechte aus Art. 4 Abs. 1 und 2 sowie Art. 6 Abs. 2 GG diskutiert. Zudem wurde eine Verfassungsbeschwerde vor dem Bundesverfassungsgericht erhoben. Insbesondere kritisierten die protestantischen Berliner Kirchen den obligatorischen Ethikunterricht vehement.[868] Nach der Entscheidung des Bundesverfassungsgerichts verletzt die Einführung eines verbindlichen Ethikunterrichts ohne Abmeldemöglichkeit nach § 12 Abs. 6 BerlSchulG die Grundrechte der Betroffenen jedoch nicht.[869]

865 Teil 3 Kap. 2 I.

866 *Hilgendorf*, in: Kirste/Sprenger (Hrsg.), Menschliche Existenz und Würde im Rechtsstaat, S. 124; *Renck*, NJ 2006, 493 (493).

867 *Renck*, NJ 2006, 493 (493).

868 Vgl. *Hilgendorf*, in: Kirste/Sprenger (Hrsg.), Menschliche Existenz und Würde im Rechtsstaat, S. 125.

869 BVerfG NVwZ 2008, 72 (74); DÖV 2007, 653; bestätigt durch EGMR NVwZ 2010, 1353.

Denn der Ethikunterricht in Berlin ist weltanschaulich und religiös neutral und wahrt damit das Gebot der staatlichen Neutralität.[870]

2. Zulassung und Rechtfertigung des Ethikunterrichts in Deutschland

Bereits vor der Einführung eines verpflichtenden Ethikunterrichts im Land Berlin wurde grundsätzlich über die Zulassung und Rechtfertigung des Schulfachs in Deutschland diskutiert.[871] Vor allem die Frage, ob der Ethikunterricht als Ersatzfach für Schülerinnen und Schüler, die nicht am Religionsunterricht teilnehmen, vorgesehen ist oder obligatorisch für alle eingeführt werden soll, wurde intensiv disputiert. In der generellen Verpflichtung für alle wurde eine Mehrbelastung für Schülerinnen und Schüler aufgefasst, die am Religionsunterricht teilnehmen und zusätzlich noch den Ethikunterricht wahrnehmen müssen. Dies würde dazu führen, dass sich mehr Schülerinnen und Schüler vom Religionsunterricht befreien lassen, um dieser Mehrbelastung zu entziehen.[872] Dadurch wurde die Einführung eines obligatorischen Ethikunterrichts für alle Schülerinnen und Schüler als eine faktische Verdrängung des Religionsunterrichts interpretiert und als Konkurrenzfach zum Religionsunterricht kritisiert.[873] Die Teilnahmepflicht für alle Schülerinnen und Schüler führe daher zu einer faktischen Aushöhlung und somit zur Relativierung der Gewährleistung des Religionsunterrichts in Schulen.[874] Aus diesem Grund wurde durch den verpflichtenden Ethikunterricht ein Verstoß gegen Art. 4 Abs. 1 und 2 GG der betroffenen Schülerinnen und Schüler geltend gemacht. Zudem wurde vorgebracht, dass der verpflichtende Ethikunterricht in den Schutzbereich des Erziehungsrechts der Eltern aus Art. 6 Abs. 2 GG eingreift, die ausschließlich eine Wertevermittlung für ihre Kinder durch den Religionsunterricht billigen.[875] Im Folgenden sind die aufgeführten Vorwände näher zu betrachten.

---

870 BVerfG NVwZ 2008, 72 (74 f.).

871 Vgl. BVerfG NVwZ 2002, 980 (980 f.); *Unruh*, DÖV 2007, 625 (625).

872 So sei dies bereits in Berlin nach der Einführung des obligatorischen Unterrichts geschehen, vgl. *Unruh*, DÖV 2007, 625 (630 f.); vgl. auch *Renck*, LKV 2006, 210 (211).

873 *Bader*, NVwZ 1998, 256 (256 ff.); *Renck*, NJ 2006, 493 (494 f.); *Unruh*, DÖV 2007, 625 (632 f.).

874 v. Mangoldt/Klein/Starck/*Robbers* GG, Art. 7 Rn. 138; *Unruh*, DÖV 2007, 625 (630); *Frisch*, DÖV 2004, 462 (467 f.).

875 *Unruh*, DÖV 2007, 625 (635 f.); *Traub/Staufenbiel*, NVwZ 2014, 1142 (1143 f.).

Zunächst ist die Einführung eines obligatorischen Ersatzunterrichts in Ethik bzw. Philosophie für Schülerinnen und Schüler, die sich vom Religionsunterricht abmelden, rechtmäßig und daher zulässig.[876] Dies ergibt sich aus Art. 7 Abs. 1 GG, der dem Staat die Befugnis einräumt, neue und zusätzliche Unterrichtsfächer wie das Fach Ethik einzuführen.[877] Denn Art. 7 Abs. 1 GG regelt nicht nur die Aufsicht des Staates über das Schulwesen, sondern normiert auch das umfassende Recht für dessen Gestaltung durch Festlegung der Unterrichtsziele.[878] Für den Fall, dass das Fach Ethik ausschließlich für die nicht am Religionsunterricht teilnehmenden Schülerinnen und Schüler verpflichtend eingerichtet wird, muss es als ein dem ordentlichen Lehrfach Religion gleichwertiges Fach ausgestaltet sein.[879] Im Unterschied zum Bekenntnisunterricht muss der Ethikunterricht jedoch hinsichtlich des Inhalts weltanschaulich und religiös neutral konzipiert werden.[880] Ein verfassungsrechtlicher Anspruch auf die Einrichtung eines Ethikunterrichts als Ersatzfach besteht indes nicht, denn nur dem Staat obliegt die Gestaltungsfreiheit, Schulfächer einzurichten.[881]

Daraus ergibt sich zugleich der Umstand, dass die Einführung eines verpflichtenden Ethikunterrichts für sämtliche Schülerinnen und Schüler als ordentliches Fach von der schulischen Gestaltungsfreiheit der Länder umfasst und somit zulässig ist.[882] Den rechtlichen und faktischen Bedenken gegenüber einer verpflichtenden Teilnahme für alle Schülerinnen und Schüler ist zunächst entgegenzuhalten, dass der Ethikunterricht nicht als Konkurrenzfach zum Religionsunterricht ausgelegt werden kann, weil der Ethikunterricht bekenntnisneutral und als Wissensfach ausgestaltet ist.[883] Solange der Ethikunterricht religiös und weltanschaulich neutral unterrichtet wird, liegt daher kein Verstoß gegen Art. 4 Abs. 1 und 2 GG vor, weil kein Eingriff in die Religionsfreiheit der Schülerinnen und Schüler

---

876 v. Mangoldt/Klein/Starck/*Robbers* GG, Art. 7 Rn. 137; BeckOK GG/*Uhle*, Art. 7 Rn. 41; *Werner*, NVwZ 1998, 816 (818).

877 Maunz/Dürig/*Badura*, GG, Art. 7 Rn. 78; *Bader*, NVwZ 1998, 256 (257).

878 BVerwG NVwZ 1999, 769 (770); *Traub/Staufenbiel*, NVwZ 2014, 1142 (1143).

879 BVerwG NVwZ 1999, 769 (769 und 772 f.).

880 BVerwG NVwZ 1999, 769 (770); Maunz/Dürig/*Badura*, GG, Art. 7 Rn. 78; Sachs/*Thiel* GG, Art. 7 Rn. 54; BeckOK GG/*Uhle*, Art. 7 Rn. 41a.

881 BVerfG NVwZ 2018, 728 (728); BVerwG NVwZ 2014, 1163 (1163); BeckOK GG/*Uhle*, Art. 7 Rn. 41b; *Traub/Staufenbiel*, NVwZ 2014, 1142 (1144 f.).

882 Maunz/Dürig/*Badura*, GG, Art. 7 Rn. 79; Dreier/*Brosius-Gersdorf*, Art. 7 Rn. 50; v. Mangoldt/Klein/Starck/*Robbers* GG, Art. 7 Rn. 139; Sachs/*Thiel* GG, Art. 7 Rn. 54; BeckOK GG/*Uhle*, Art. 7 Rn. 42.

883 *Renck*, NJ 2006, 493 (494); *ders.*, LKV 2006, 210 (211); a.A. *Frisch*, DÖV 2004, 462 (468); *Unruh*, DÖV 2007, 625 (631).

gegeben ist.[884] Deshalb besteht auch kein verfassungsrechtlicher Zwang, eine Abmeldeoption für diejenigen Schülerinnen und Schüler zu ermöglichen, die am Religionsunterricht teilnehmen.[885] Dies birgt zwar grundsätzlich die Gefahr einer Mehrbelastung für Schülerinnen und Schüler, die freiwillig am Religionsunterricht teilnehmen. Art. 7 Abs. 3 GG nimmt jedoch eine zusätzliche Belastung der Schülerinnen und Schüler, die nicht von ihrem Abmelderecht aus Art. 7 Abs. 2 GG Gebrauch machen, bewusst in Kauf.[886]

Letztlich steht auch das Recht der Eltern aus Art. 6 Abs. 2 GG dem obligatorischen Ethikunterricht für alle Schülerinnen und Schüler nicht entgegen. Das Erziehungsrecht der Eltern und der staatliche Auftrag zur Bildung und Erziehung der Kinder sind gleichgeordnet, sodass keinem ein absoluter Vorrang zukommt. Nach dem Bundesverwaltungsgericht schließt der schulische Ethikunterricht nicht die elterliche Moralerziehung aus, sondern ergänzt diese.[887] Daher muss das elterliche Erziehungsrecht und der staatliche Erziehungsauftrag nach den Regeln der praktischen Konkordanz abgewogen werden.[888] Insbesondere in einer pluralistisch und individualistisch geprägten Gesellschaft ist es notwendig, dass der Staat durch unabhängige inhaltliche Vorgaben seinem Bildungs- und Erziehungsauftrag nachkommt.[889] Der Gestaltungsspielraum des Staates ist erst dann erschöpft, wenn die Festlegung der Unterrichtsfächer und die didaktischen Konzepte offensichtlich ungeeignet sind, den staatlichen Bildungs- und Erziehungsauftrag zu erfüllen.[890] Demnach ist die (vermeintliche) Einschränkung des elterlichen Erziehungsrechts durch die Einführung eines religiös und weltanschaulich neutralen Ethikunterrichts, der den Erhalt der Grundlagen eines weitgebundenen demokratischen Gemeinwesens intendiert, statthaft.[891] Schließlich ist eine Wertevermittlung in Schulen außerhalb des Religionsunterricht nicht ungewöhnlich. Schulfächer wie Deutsch oder Geschichte beinhalten stoffbedingt eine Wertever-

---

884 BVerwG NVwZ 1999, 769 (770); BeckOK GG/*Germann*, Art. 4 Rn. 42.2; *Engelbrecht*, RdJB 2006, 362 (374).

885 *Renck*, NJ 2006, 493 (494).

886 BVerwG NVwZ 1999, 769 (771); *Bader*, NVwZ 1998, 256 (258).

887 BVerwG NVwZ 1999, 769 (771); *Traub/Staufenbiel*, NVwZ 2014, 1142 (1143).

888 BVerwG NVwZ 2014, 237 (239); *Traub/Staufenbiel*, NVwZ 2014, 1142 (1143).

889 *Traub/Staufenbiel*, NVwZ 2014, 1142 (1144).

890 *Traub/Staufenbiel*, NVwZ 2014, 1142 (1144).

891 BVerwG NVwZ 1999, 769 (771); a.A. insbesondere zum § 12 Abs. 6 BerlSchulG *Unruh*, DÖV 2007, 625 (636).

mittlung.[892] Mithin ist ein obligatorischer Ethikunterricht auch für alle Schülerinnen und Schüler zulässig.

3. Vor- und Nachteile des Ethikunterrichts in einer pluralisierten Gesellschaft

Ungeachtet der rechtlichen Zulassung und Rechtfertigung, sind die Vor- und Nachteile eines obligatorischen Ethikunterrichts für alle Schülerinnen und Schüler in einer pluralisierten Gesellschaft ausführlich zu untersuchen. Bereits im Kindergarten bilden sich heterogene Gruppen, sodass viele Kinder teilweise zum ersten Mal intensiven Kontakt zu anderen Kindern mit verschiedener Hautfarbe, Kultur oder Religion pflegen. Regelmäßig macht es für die Kinder aber keinen Unterschied, ob die Spielpartnerin oder der Spielpartner einer anderen Religion angehört oder eine andere Hautfarbe hat. Spätestens in der Schule realisieren die Schülerinnen und Schüler aber die Heterogenität zwischen den unterschiedlichen Nationen und Kulturen, weil sie im Zuge ihres Entwicklungsprozesses die Pluralität der Gesellschaft sukzessiv wahrnehmen. Deshalb ist es erforderlich, dass Schülerinnen und Schüler mit unterschiedlichen religiösen Orientierungen und unterschiedlichen Werten miteinander über grundlegende ethische Fragen sprechen, um dadurch die Möglichkeit zu erhalten, Gemeinsamkeiten in Erfahrung zu bringen und grundlegende Werte wie Toleranz, Verständnis sowie Respekt einzuüben.[893] Durch den Dialog zwischen Schülerinnen und Schüler wird die Grundlage für ein gedeihliches Miteinander in der Gesellschaft und die Teilnahme am demokratischen Willensbildungsprozess geschaffen.[894] Die Fähigkeit zum Dialog kann indes nicht vorausgesetzt werden, sondern bedarf eines langen Entwicklungsprozesses, damit ein Austausch unvoreingenommen und konstruktiv stattfinden kann. Auch das Bundesverfassungsgericht bewertet den Ethikunterricht als die Möglichkeit, eine dialogische Gesprächskultur der Schülerinnen und Schüler zu fördern, in der Konsens angestrebt und Dissens akzeptiert

892 Vgl. BVerwG NVwZ 2014, 1163 (1164); *Hilgendorf*, in: Kirste/Sprenger (Hrsg.), Menschliche Existenz und Würde im Rechtsstaat, S. 130.

893 *Hilgendorf*, in: Kirste/Sprenger (Hrsg.), Menschliche Existenz und Würde im Rechtsstaat, S. 126.

894 Vgl. BVerfG DÖV 2007, 653 (654).

sowie ausgehalten wird. Dabei wird insbesondere die Entwicklung von Empathie gefördert.[895]

Die Entwicklung von Empathie sowie die Akzeptanz und Toleranz von Dissens ist für ein gedeihliches Miteinander unabdingbar. Dies zeigt sich auch am Fall Sürücü. Ayhan konnte die Lebensweise seiner Schwester nicht akzeptieren und fühlte sich verpflichtet, sie zu einem religiösen und traditionellen Leben zu bekehren. Nach seiner Auffassung ist allein die Einhaltung der religiösen und traditionellen Vorschriften ein richtiges und tolerierbares Leben. Die Kluft zwischen Hatuns Lebensweise und der Familientradition rief bei ihm Gefühlsregungen wie Ausgrenzung und Hass hervor. Deshalb war kein konstruktives Gespräch als Grundlage für eine Versöhnung oder gegenseitigen Respekt möglich. Ayhan hätte ohnehin nur bedingt Empathie für seine Schwester entwickeln können. Denn im Gegensatz zu Hatun wurden Ayhan keine Bekleidungsvorschriften, Kontaktbeschränkungen oder ein Gebot zur Reserviertheit gegenüber Fremden auferlegt. Zusätzlich sprach er sich selbst eine Entscheidungshoheit über seine Schwester zu, sodass keine Basis für Empathie existierte. Denn das soziale Umfeld billigt dieses Rollenverständnis und bestärkte dadurch Ayhan in seinem Standpunkt. Aus diesem Grund ist es für viele Heranwachsende mit Migrationsgeschichte eine große Herausforderung, die eigene Sichtweise zu reflektieren. An diesem Punkt setzt der obligatorische Ethikunterricht an und offeriert die Möglichkeit, in einer Gruppe über verschiedene Sichtweisen zu diskutieren und Lösungsmöglichkeiten für ein gedeihliches Miteinander aufzuzeigen.

Dieser Aspekt knüpft an einen weiteren Vorteil des Ethikunterrichts an. Indem junge Menschen nicht mit differenzierten Sichtweisen konfrontiert werden, besteht die Gefahr, dass sie die eigene Kultur bzw. die eigenen Werte verabsolutieren. Dies kann wiederum Unverständnis und Intoleranz oder sogar fundamentalistische Haltungen sowie gewalttätige Konfliktlösungen hervorrufen. Die Vermittlung der Fähigkeit, kulturelle Differenzen zu tolerieren und sachlich zu behandeln, ist in einer pluralisierten Gesellschaft notwendig, um schwere Konflikte wie einen Ehrenmord unterbinden zu können.[896] Gewalttätige Konflikte entstehen regelmäßig erst dann, wenn die Beteiligten nicht in der Lage sind, ihre Differenzen sachlich verbal auszutragen. Denn regelmäßig wissen sie nicht, wie sie mit sachlicher (und teilweise berechtigter) Kritik an ihrem eigenen Standpunkt umgehen

895 BVerfG DÖV 2007, 653 (655).

896 Vgl. *Hilgendorf*, in: Kirste/Sprenger (Hrsg.), Menschliche Existenz und Würde im Rechtsstaat, S. 126 f.

sollen. Insbesondere die Tatsache, dass im eigenen Familienkreis (weibliche) Angehörige nicht den traditionellen Wertvorstellungen entsprechend leben und daher aus der Sicht der Betroffenen die Familienehre verletzen, zieht gewalttätige Konflikte nach sich. Exemplarisch sei hierfür auf den Fall Sürücü verwiesen. Ayhan verabsolutierte seine eigene Kultur sowie Religion und akzeptierte eine westlich-orientierte Lebensweise nicht. Er konnte seine Schwester nicht dazu bewegen, den Wertvorstellungen der Familie entsprechend zu leben. Daher erachtete er die Ermordung seiner Schwester als alternativlose Möglichkeit zur Konfliktlösung.

Gewalttätige Konflikte sind auch unter Mitschülerinnen und Mitschüler nicht unüblich, die zwar der gleichen Kultur angehören, aber den Wertvorstellungen einen unterschiedlichen Stellenwert einräumen. In diesem Fall entstehen beispielsweise Konflikte zwischen türkischen Schülerinnen und Schüler, wenn beispielsweise ein Schüler seine Konfessionslosigkeit artikuliert oder nicht türkisch sprechen kann. Regelmäßig wird dieser Schüler ausgegrenzt, verbal wie nonverbal attackiert und als Deutscher bezeichnet (die Bezeichnung als „Deutscher" dient hierbei regelmäßig als Synonym für „Verräter" oder „Ungläubiger").[897] Deshalb ist der religiös und weltanschaulich neutrale Ethikunterricht wichtig, um auch Konflikte zwischen Angehörigen der gleichen Kultur vorzubeugen, weil vor allem junge Menschen Religion mit Kultur gleichsetzen und daher der Auffassung sind, dass beispielsweise mit der Türkischstämmigkeit die Zugehörigkeit zum Islam zwingend einhergeht.

Der Ethikunterricht ist darüber hinaus notwendig, um in einer pluralisierten Gesellschaft den gesellschaftlichen Minimalkonsens in ethischen Fragen sicherzustellen, welcher von der Verfassung konstruiert wird.[898] Diesem Anspruch können insbesondere Eltern mit Migrationsgeschichte, die teilweise in ihrer Heimatkultur verwurzelt sind, nicht nachkommen. Denn vor allem Migrantinnen und Migranten der ersten Generation sind regelmäßig die Leitwerte unserer Gesellschaft, wie Freiheit, Gleichheit und Toleranz, fremd. Vielmehr lag im Fokus, in kurzer Zeit viel Geld zu verdienen, um dadurch sowohl die Angehörigen in der Heimat zu unterstützen als auch ihre eigenen Zukunftspläne in der Heimat zu realisieren,

---

897 Zur Bezeichnung als „Deutscher" vgl. *Akkuş/Toprak/Yılmaz/Götting*, Zusammengehörigkeit, Genderaspekte und Jugendkultur im Salafismus, S. 81 f.; *Schiffauer*, Migration und kulturelle Differenz, S. 40.

898 Vgl. *Seiferlein*, Ethikunterricht, S. 184.

anstatt sich in die Gesellschaft zu integrieren.[899] Zudem wurden die Kinder der ersten Migrantengeneration getrennt von deutschen Kindern unterrichtet, damit sie sich in dem Herkunftsland reintegrieren können, sodass sich diese Defizite noch auf die heutigen Generationen auswirken.[900] Deshalb ist eine frühzeitige ethische Erziehung in der Schule notwendig, damit die jüngeren Generationen in einer pluralisierten Gesellschaft einen Wertekonsens ausbilden können.[901] Dieser Aspekt kann durch einen konfessionell gebundenen Unterricht nicht gewährleistet werden. Denn in einer multikulturellen Gesellschaft gibt es nicht nur die beiden großen christlichen Konfessionen, sondern auch Muslime, Juden, Buddhisten und viele weitere religiöse Gemeinschaften. Zudem ist ein signifikanter Teil der Gesellschaft konfessionslos.[902] An vielen Schulen gibt es jedoch nicht viele Schülerinnen und Schüler der jeweiligen Glaubensrichtung, sodass es sich lohnen würde, einen eigenen Religionsunterricht für jede einzelne Religion anzubieten. Deshalb ist ein obligatorischer Ethikunterricht erforderlich, um eine flächendeckende Werteerziehung zu ermöglichen.[903]

Schließlich ist das Ziel eines obligatorischen Ethikunterrichts, der deskriptiv, informativ und frei von verbindlichem Appell ist, Schülerinnen und Schüler bei ihrer religiös-weltanschaulichen Orientierung zu helfen sowie diese mit der Kultur ihres Landes vertraut zu machen.[904] Dieser Gesichtspunkt des Ethikunterrichts dient vornehmlich als Hilfeleistung für die mit der Identitätsdiffusion verknüpften Probleme von jungen Menschen mit Migrationsgeschichte.[905] Dies kann mittels der Frage nach der Herkunft stilisiert werden. Die Frage nach der Herkunft in einer pluralisierten Gesellschaft birgt die Gefahr, Ausgrenzung und Rassismus hervorzurufen.[906] Zudem kann es sich integrationshemmend auswirken, wenn Heranwachsende mit Migrationsgeschichte sich deshalb von ihrer deutschen Identität distanzieren. Die Frage nach der Herkunft bzw. der

---

899 *Elyafi-Schulz*, Das Phänomen des „Ehrenmordes", S. 215 f.; *Schiffauer*, Migration und kulturelle Differenz, S. 16.
900 *El-Mafaalani*, Das Integrationsparadox, S. 37 f.
901 *Hilgendorf*, in: Kirste/Sprenger (Hrsg.), Menschliche Existenz und Würde im Rechtsstaat, S. 127.
902 Zur sozialen Situation in Deutschland vgl. https://www.bpb.de/nachschlagen/zahlen-und-fakten/soziale-situation-in-deutschland/145148/religion (21.11.2021).
903 *Hilgendorf*, in: Kirste/Sprenger (Hrsg.), Menschliche Existenz und Würde im Rechtsstaat, S. 128 f.; *Fuß*, ZEE 2009, 286 (288).
904 *Renck*, NJ 2006, 493 (493 f.); *Fuß*, ZEE 2009, 286 (288).
905 Zur Identitätsdiffusion Teil 4 Kap. 1 II 3.
906 *Terkessidis*, Die Banalität des Rassismus, S. 173 ff.

Identität ist daher von großer Bedeutung und bedarf nicht nur im Interesse des Staates eine ausführliche Aufklärung, die an alle Schülerinnen und Schüler adressiert ist. Indem das Thema gemeinsam mit allen Schülerinnen und Schüler aufgearbeitet wird, können künftige Probleme unterbunden werden. Heranwachsende mit Migrationsgeschichte haben dann die Möglichkeit, gegenüber Personen ohne Migrationsgeschichte ihre Sichtweise zu artikulieren und gegebenenfalls ihre Probleme im Hinblick auf die Herkunft auszudrücken, ohne hierfür desavouiert zu werden.[907]

Zudem ist der Ethikunterricht eine adäquate Hilfestellung, um der Frage nach der eigenen Identität nachzugehen. Jugendliche mit Migrationsgeschichte werden durch die Besprechung der hiesigen Leitwerte feststellen, dass sie sich mit sehr vielen Werten identifizieren können. Denn sie sind im Gegensatz zu den älteren Generationen nicht in den Leitwerten der Heimatkultur verwurzelt, sodass vor diesem Hintergrund ein weitreichender Konsens erzielt werden kann. Gleichzeitig können sie aber auch in Erfahrung bringen, welche Intention der Frage nach der Herkunft regelmäßig innewohnt und aus welchem Grund das Thema für die Mehrheitsgesellschaft ebenfalls von großem Interesse ist. Dadurch realisieren sie, dass die Frage nach der Herkunft auch für die fragende Person eine Herausforderung darstellt, wenn etwa ein authentisches Interesse an der Herkunft und Dialogbereitschaft als rassistisch bezeichnet wird. Sicherlich gibt es auch Personen aus der Mehrheitsgesellschaft, die mit der Herkunftsfrage ihre ablehnende Haltung ausdrücken wollen und deshalb rassistische Tendenzen aufweisen. Dies ist jedoch nicht die Regel.[908]

Die bisherigen Ausführungen zum Ethikunterricht sind allerdings der Idealfall; in der Praxis gehen mit der Durchführung größere Schwierigkeiten einher. Beispielsweise sieht § 12 Abs. 6 BerlSchulG vor, dass Schülerinnen und Schüler im Ethikunterricht Grundlagen für ein selbstbestimmtes und verantwortungsbewusstes Leben gewinnen und soziale Kompetenz, interkulturelle Dialogfähigkeit sowie ethische Urteilsfähigkeit erwerben sollen. Dieses begrüßenswerte Ziel ist jedoch in einer Schulklasse mit unterschiedlichen Kulturen und Religionen praktisch schwer realisierbar und stellt für Lehrkräfte eine große Herausforderung dar.[909] Die generelle

907 Diese Gefahr besteht insbesondere, wenn sie ihre Identitätsprobleme in einem patriarchalischen Umfeld kundgeben und daher als schwach bezeichnet und ausgegrenzt werden.

908 Vgl. *Terkessidis*, Die Banalität des Rassismus, S. 181.

909 *Fuß*, in: Schröder/Emmelmann (Hrsg.), Religions- und Ethikunterricht zwischen Konkurrenz und Kooperation, S. 231.

Annahme einer Überforderung der Lehrkräfte suggeriert, dass den Lehrerinnen und Lehrer grundsätzlich mangelnde Kompetenzen zugeschrieben werden. Dies ist jedoch nicht anzunehmen, da mittels einer adäquaten Lehrerausbildung das Problem gelöst werden kann. Darüber hinaus wird teilweise der Ethikunterricht in einer pluralisierten Gesellschaft nicht als förderlich evaluiert, weil es nicht möglich sei, Werte religiös und weltanschaulich neutral zu vermitteln, da die hiesigen Leitwerte ihren Ursprung in der christlich-abendländlichen Tradition haben. Dem ist indes entgegenzuhalten, dass Leitwerte vermittelt werden können, ohne auf eine bestimmte Religion zu rekurrieren. Denn das philosophische Nachdenken über dem Ethos ist viel älter als die großen monotheistischen Religionen.[910] Zudem sind in vielen Religionen gemeinsame Werte vorhanden, die als Fundament für einen Wertekanon herangezogen werden können. Hierfür kann eine Kooperation von den Fächern Ethik und Religion zielführend sein, damit sich unter anderem die Lehrkräfte entsprechende Kompetenzen aneignen können.[911]

Gegen den Ethikunterricht spricht des Weiteren, dass heute noch viele Schülerinnen und Schüler das Fach faktisch als Konkurrenz zu ihrer Religion wahrnehmen und daher den besprochenen Themen gegenüber per se kritisch bzw. ablehnend eingestellt sind. Regelmäßig lernen Schülerinnen und Schüler von ihren Eltern, im Religionsunterricht oder in einer Religionsgemeinschaft die Grundlagen ihres Glaubens. Dementsprechend hören sie Religionskritik nur sporadisch und vielleicht erstmals im Ethikunterricht im Zuge einer Diskussion mit anderen Schülerinnen und Schüler zu gewissen Themen. Dies kann sich auf den erstrebten Zweck des Ethikunterrichts, Konsens anzustreben, negativ auswirken und stattdessen Dissens in der Schulklasse hervorrufen. Problematisch ist insbesondere, wenn glaubensfremde oder sogar glaubensfeindliche Lehrkräfte die Schülerinnen und Schüler durch spezifische Nachfragen zu religiösen Themen verunsichern und somit den Unmut der betroffenen Schüler auf sich ziehen.[912]

Schließlich ist aus der Sicht der Religionsvertreterinnen und Religionsvertreter ein Nachteil des Ethikunterrichts, dass die Religion ohnehin zunehmend in der Gesellschaft an Bedeutung verliert und sich dies durch

910 *Hilgendorf*, in: Kirste/Sprenger (Hrsg.), Menschliche Existenz und Würde im Rechtsstaat, S. 129 f.

911 *Schweitzer*, in: Schröder/Emmelmann (Hrsg.), Religions- und Ethikunterricht zwischen Konkurrenz und Kooperation, S. 312 ff.

912 Zur Kritik bezüglich glaubensfremder Lehrer *Renck*, NJ 2006, 493 (494).

die vermeintlich faktische Verdrängung des Religionsunterrichts in Schulen zusätzlich auf den Entwicklungsprozess der jüngeren Generation auswirkt.[913] Dies muss jedoch nicht die zwingende Konsequenz des Ethikunterrichts sein. Die Religionen werden nicht davon abgehalten, ihre Glaubensgrundsätze zu vermitteln und den Schülerinnen und Schüler wird nicht der Zugang zur Religion verwehrt. Zudem werden sukzessiv neue dialogische Unterrichtsprojekte für den Ethik- und Religionsunterricht konstruiert, um diesem vermeintlichen Konkurrenzverhältnis entgegenzuwirken.[914]

Insgesamt ist ein obligatorischer Ethikunterricht in einer pluralisierten Gesellschaft notwendig und sollte in allen Bundesländern eingeführt werden.[915] Ungeachtet der positiven Wirkung des Ethikunterrichts verläuft heute noch der Ausbau des Unterrichtsfachs graduell.[916] Deshalb sollen im Folgenden aktuelle Herausforderungen des Ethikunterrichts beleuchtet werden.

4. Herausforderungen des Ethikunterrichts

Zunächst ist die Lehrerausbildung für den bundesweiten Ausbau des Ethikunterrichts eine große Hürde. Die Situation in Bayern kann hierfür exemplarisch herangezogen werden. Seit 1946 sieht die Landesverfassung vor, dass für Schülerinnen und Schüler, die nicht am Religionsunterricht teilnehmen, ein Ethikunterricht einzurichten ist.[917] Die Ausbildung von Ethiklehrerinnen und Ethiklehrer an Bayerischen Universitäten wurde aber seitdem vernachlässigt, sodass gegenwärtig der Ethikunterricht größtenteils fachfremd unterrichtet wird. Erstmals im Jahr 2016 erklärte das Bayerische Staatsministerium, dass Ethik in die Lehramtsprüfungsordnung aufgenommen werden soll.[918] Die Defizite in der universitären Ethikausbildung wirken sich auf die erstrebten positiven Auswirkungen des Ethik-

---

913 Dazu Teil 4 Kap. 2 III. 1., insbesondere wird dieses Argument gegen einen obligatorischen Ethikunterricht für alle Schüler vorgebracht.

914 Vgl. *Simon-Winter/Rosskothen*, in: Schröder/Emmelmann (Hrsg.), Religions- und Ethikunterricht zwischen Konkurrenz und Kooperation, S. 253 ff.

915 *Hilgendorf*, in: Kirste/Sprenger (Hrsg.), Menschliche Existenz und Würde im Rechtsstaat, S. 132; *ders.* StV 2014, 555 (563).

916 *Kreß*, ZRP 2019, 22 (22 ff.).

917 Art. 137 Abs. 2 BayVerf.

918 *Kreß*, ZRP 2019, 22 (24); *Günther*, Miese Noten für den Ethikunterricht, in: Süddeutsche Zeitung vom 28.11.2019.

unterrichts für die pluralisierte Gesellschaft eindämmend aus. Fachfremde Lehrerinnen und Lehrer haben oftmals nicht die zeitlichen Ressourcen, um sich umfassend in die Materie einzuarbeiten und im Anschluss die Lehreinheiten pädagogisch aufzuarbeiten. Für einen förderlichen Ethikunterricht ist es nicht ausreichend, dass Texte aus einem Lehrbuch vorgelesen und besprochen werden. Denn der Ethikunterricht ist keine „Laberstunde“[919], in der bloß über theoretische Werte gesprochen werden, die keinen Praxisbezug vorweisen. Vielmehr ist der Ethikunterricht fundamental für die Identitätsbildung in einer zunehmend pluralisierten Gesellschaft, die einen wachsenden ethischen Orientierungsbedarf mit sich bringt.[920] Die religiös und weltanschaulich neutrale Wertevermittlung erfolgt durch einen gelebten, von Lehrkräften moderierten Dialog sowie der damit einhergehenden praktischen Einübung von Koexistenz und Toleranz, sodass dies als Grundlage für ein gedeihliches Miteinander dient.[921]

Zudem haben Schülerinnen und Schüler oft philosophische Fragen, die teilweise kompliziert sind und insbesondere fachfremde Lehrkräfte in dieser Hinsicht stark beanspruchen können. Oftmals werden deshalb diese Fragen unterbunden, sodass Lernende sich abgewöhnen, Fragen zu stellen.[922] Deshalb ist es wichtig, die Lehrerausbildung auszubauen, um den Zielsetzungen des Ethikunterrichts gerecht zu werden. Solange der Ethikunterricht fachfremd unterrichtet wird, besteht die Gefahr, dass das Fach *„in Praxis eine Art verdünnter Religionsunterricht mit christlicher Ausrichtung“*[923] ist. Regelmäßig sind vielmehr Religionslehrerinnen und Religionslehrer als Mathematiklehrerinnen und Mathematiklehrer als fachfremde Lehrkräfte für den Ethikunterricht geeignet. Aus diesem Grund ist die christliche Ausrichtung des Ethikunterrichts zum Teil vorprogrammiert.

Ungeachtet der vorgebrachten Bedenken ist die Intention des Ethikunterrichts nicht die Verdrängung des Religionsunterrichts. Der Ethikunterricht ist in erster Linie ein belehrendes Unterrichtsfach, welches nicht mit missionarischen Absichten überzeugen will.[924] Für diesen gilt daher, dass er nicht als Opposition zur Religion einzustufen ist, der zugunsten

---

919 Vgl. *Keller*, Qualitätskriterien für die „Laberstunde“, in: Der Tagesspiegel vom 01.06.2010.

920 *Fuß*, ZEE 2009, 286 (288).

921 *Seiferlein*, Ethikunterricht, S. 327 f.; *Fuß*, ZEE 2009, 286 (288); *Kreß*, ZRP 2019, 22 (25).

922 Vgl. *Nida-Rümelin* in der Berichtserstattung von *Schäfers*, Für besseren Ethik-Unterricht, in: Deutschlandfunk vom 19.07.2017.

923 Vgl. *Czermak*, in: https://weltanschauungsrecht.de/Ethikunterricht (02.10.2021).

924 *Renck*, NJ 2006, 493 (493).

eines Atheismus oder Agnostizismus einseitig Stellung bezieht.[925] Wie bereits aufgezeigt ist es möglich, die Leitwerte unserer Verfassung durch die Grundlagen der praktischen Philosophie zu vermitteln, ohne dabei auf religiöse Vorschriften rekurrieren zu müssen. Die praktische Philosophie löst jedoch nicht die unvermittelte Kritik an religiösen Werten aus. Dies würde lediglich die Akzeptanz des Ethikunterrichts bei den Schülerinnen und Schüler erheblich schädigen, da die unvermittelte Kritik zur Verletzung religiöser Gefühle führt.

Darüber hinaus ist die authentische Darstellung der verschiedenen Religionen ein wichtiger Bestandteil des Ethikunterrichts.[926] Zu Problemen kommt es indes, wenn besonders religionskritische Lehrkräfte die Religionen verurteilend und negativ darstellen und somit der Intention des Ethikunterrichts, religiös und weltanschaulich neutrale Werte zu vermitteln, zuwiderlaufen. Insbesondere nach Terroranschlägen durch fundamentalistische Religionsangehörige ist in der Schule und insbesondere im Ethikunterricht das Thema „Islam und Gewalt/Terror" vorprogrammiert.[927] Solche Themen müssen angesprochen und rational diskutiert werden, indem aufgezeigt wird, dass keine Religion, die Gewalt verherrlicht und legitimiert, mit den Grundwerten unserer Gesellschaft im Konsens steht und deshalb inakzeptabel ist. Es muss deutlich und bestimmt artikuliert werden, dass Gewalt unter keinen Umständen als Konfliktlösung herangezogen werden sollte, da Gewalt regelmäßig weitere Konflikte nach sich zieht. Diese Aufklärung dient dem allgemeinen Interesse unserer Gesellschaft.

Dabei bergen aber solche Ereignisse zugleich Gefahr, dass wenige Schülerinnen und Schüler in der Klasse als Repräsentierende der islamischen Religion aufgefasst und zu verschiedenen Themen befragt bzw. kritisiert werden. Die Schülerinnen und Schüler sind nicht für derartige Taten verantwortlich und verfügen regelmäßig kein fundiertes Wissen über die eigene Religion, um adäquate Antworten zu präsentieren.[928] Es wäre ungeeignet, Schülerinnen und Schüler muslimischen, christlichen, jüdischen oder buddhistischen Glaubens, im Ethikunterricht als Beauftragte ihres Glaubens bzw. als Religionswissenschaftler schlechthin zu betrachten,

---

925 *Seiferlein*, Ethikunterricht, S. 337.

926 Vgl. unter anderem § 12 Abs. 6 BerlSchulG: „[…] Zu diesem Zweck werden Kenntnisse der Philosophie sowie weltanschaulicher und religiöser Ethik sowie über verschiedene Kulturen, Lebensweise, die großen Weltreligionen und zu Fragen der Lebensgestaltung vermittelt."

927 Wie beispielsweise zwei in kurzer Zeit aufeinanderfolgende Anschläge in Frankreich und Österreich Ende Oktober 2020.

928 Vgl. hierzu *Schiffauer*, Migration und kulturelle Differenz, S. 58 ff.

die zu hochkomplexen Fragen Stellung nehmen können bzw. sollen. Beispielsweise besuchen muslimische Kinder regelmäßig am Wochenende Koranschulen in den Moscheen, in der sie das Rezitieren des Korans, die Durchführung des Gebetes und das Auswendiglernen von Koransuren lernen. Somit beschränkt sich der Unterricht regelmäßig auf das Lernen des Gottesdienstes. Zudem sind viele Imame nicht aus Deutschland und sprechen nicht Deutsch, um gesellschaftliche Herausforderungen zu thematisieren, welche im Besonderen auf Heranwachsende mit Migrationsgeschichte zugeschnitten sind.[929] Die Imame können die Lebenssituation von Heranwachsenden mit Migrationsgeschichte regelmäßig nicht nachvollziehen, um ihnen adäquate Lösungsmöglichkeiten aufzuzeigen, die für das gemeinsame Leben in einer pluralisierten Gesellschaft erforderlich sind. Diesem Anspruch können regelmäßig auch nicht die Eltern nachkommen. Aus diesem Grund können viele Heranwachsende nicht zum Thema „Islam und Gewalt" Stellung beziehen, fühlen sich jedoch herausgefordert ihre religiösen Werte zu verteidigen, weil sie sich in ihren religiösen Gefühlen und der damit verknüpften Identität angegriffen fühlen. Dieses Dilemma muss vor allem von Lehrkräften analysiert und entschärft werden. Denn durch die stets aufgegriffene Islamkritik und der mangelnden Möglichkeit der Schülerinnen und Schüler, der Kritik sachlich zu begegnen, fühlen sie sich diskriminiert und ausgegrenzt. Dies potenziert zuletzt die religiöse Radikalisierung. Denn sie recherchieren die im Unterricht aufgekommene Kritik im Internet und laufen dabei Gefahr, auf Quellen zu stoßen, die beispielsweise direkte Verbindungen zur salafistischen Szene und ihren Predigern haben.[930]

Eine weitere Herausforderung des Ethikunterrichts ist die konkrete Ausgestaltung der Unterrichtseinheiten. Um eine integrative Wirkung des Ethikunterrichts zu ermöglichen, müssen für emotional beladene sowie für ein gedeihliches Miteinander besonders wichtige Themen, wie beispielsweise Ehrenmord, den Lehrkräften angemessene Materialen zur Verfügung stehen. Diese Hilfeleistung ist sowohl für Lehrende als auch Lernende erforderlich, um künftig Ehrenmorden und weiteren Taten mit interkulturellem Hintergrund in der hiesigen Gesellschaft vorzubeugen. Durch tagesaktuelle Ereignisse kristallisieren sich neue Konflikte mit interkulturellem Hintergrund heraus, die im Idealfall Gegenstand des Ethik-

929 Vgl. *Marten*, Neue Imam-Ausbildung in Deutschland, in: Frankfurter Allgemeine vom 27.10.2020.

930 *Akkuş/Toprak/Yılmaz/Götting*, Zusammengehörigkeit, Genderaspekte und Jugendkultur im Salafismus, S. 201 ff.

unterrichts sind. Deshalb müssen Lehrkräfte bei der Aufarbeitung und pädagogischen Umsetzung von spezifischen Themen unterstützt werden. Hierfür kann die Verfilmung des Falles Sürücü als gutes Beispiel herangezogen werden. Gemeinsam mit dem Film „Nur eine Frau" wurden auf der Homepage sehr umfangreiche Schulmaterialien zur Verfügung gestellt, damit der Film und insbesondere Ehrenmorde in der Schule besprochen werden können.[931] In Zukunft sollten weitere Probleme mit interkulturellem Hintergrund durch moderne und für Jugendliche konzipierte Medien thematisiert werden.

Hervorzuheben ist an dieser Stelle, dass dem Ethikunterricht nicht durch interkulturelle Herausforderungen Konturen gesetzt werden dürfen. Im Zuge der sehr raschen Digitalisierung steht unsere Gesellschaft vor neuen Herausforderungen, wie etwa der besonnene Umgang mit Daten und dem Einfluss von sozialen Medien. Im Zeitalter der künstlichen Intelligenz gewinnen ethische Grundlagen an großer Bedeutung.[932] Auch hierfür müssen die Lehrkräfte durch entsprechendes Lehrmaterial und gegebenenfalls Fortbildungen unterstützt werden. Auf die Digitalisierung wurde in der Vergangenheit in Schulen durch das Einführen eines Informatikunterrichts entsprechend reagiert. Jedoch ist über die Vermittlung von technischen Fertigkeiten hinaus, eine umfassende und teilweise kritische Analyse der digitalen Lebens- und Arbeitswelt erforderlich.

5. Fazit

Die Wertevermittlung in Schulen durch das Einführen von Ethik als Regelfach ist für ein gedeihliches Miteinander in einer pluralisierten Gesellschaft fundamental. Der Ethikunterricht steht vor großen Herausforderungen, da er dynamisch ausgestaltet werden muss, um aktuellen gesellschaftlichen Entwicklungen gerecht zu werden. Um künftig Konflikte mit interkulturellem Hintergrund unterbinden zu können, ist eine religiös und weltanschaulich neutrale Wertevermittlung unentbehrlich. Der Fall Sürücü vergegenwärtigt der Gesellschaft, dass unsere Leitwerte von großer Bedeutung sind und nicht selbstverständlich vorausgesetzt werden können.

---

931 Abrufbar auf der Homepage zum Film: http://www.nureinefrau-derfilm.de/ (21.11.2021).

932 *Nida-Rümelin/Weidenfeld*, Digitaler Humanismus, 2018.

IV. Zusammenfassung

Die Vermittlung interkultureller Kompetenzen ist insbesondere auf behördlicher Ebene eine unabdingbare Schlüsselqualifikation in einer pluralisierten Gesellschaft. Somit müssen Handlungsmaxime für den Umgang mit potenziellen Opfern generiert werden, um eine gebotene Hilfeleistung anzubieten. Viele Frauenhäuser und private Einrichtungen sind aufgrund von finanziellen und personellen Kapazitäten ausgelastet, sodass zahlreichen Betroffenen nicht geholfen werden kann. Hinzu kommt, dass ungeachtet der Kapazitäten junge Frauen, die einen Ehrenmord oder eine Zwangsheirat befürchten, vermehrt örtliche Frauenhäuser konsultieren. Der Fall Sürücü bewirkte, dass gegenwärtig die Behörden für Themen wie Ehrenmord und Zwangsheirat sensibilisiert sind. Die Vermittlung interkultureller Kompetenzen darf sich nicht auf den sporadischen Besuch eines Seminars beschränken, sondern muss in die Ausbildung der Fachkräfte eingegliedert werden.

Darüber hinaus müssen interkulturelle Kompetenzen in die Juristenausbildung integriert werden. Für eine unvoreingenommene juristische Würdigung von Konflikten mit interkulturellem Hintergrund ist es zunächst notwendig, das jeweilige Phänomen in seinen Grundzügen zu kennen, um auf dieser Grundlage eine juristische Würdigung vorzunehmen. Das GSiK-Jura Projekt an der Juristischen Fakultät Würzburg versucht dies zu erreichen. Eine interdisziplinäre Aufarbeitung von Rechtskonflikten mit interkulturellem Hintergrund ist für das spätere Berufsleben von Jurastudierenden förderlich.

Schließlich ist es für ein gedeihliches Miteinander in einer pluralisierten Gesellschaft notwendig, in Schulen einen obligatorischen Ethikunterricht für alle Schülerinnen und Schüler einzuführen. Durch die religiös und weltanschaulich neutrale Vermittlung von Leitwerten unserer Verfassung können Schülerinnen und Schüler eine dialogische Gesprächskultur ausbilden, in der Konsens entwickelt sowie Dissens ausgehalten und akzeptiert wird. Die eingeübte und praktizierte Toleranz im Ethikunterricht ist für die nächsten Generationen eine geeignete Grundlage, um einen gemeinsamen Wertekanon zu entwickeln. Durch die zunehmende Globalisierung und Digitalisierung ist der Ethikunterricht dynamisch, sodass Lehrkräfte durch Lehrmaterialien und Fortbildungen unterstützt werden müssen.

Kapitel 3: Ausblick

Hatun Sürücü ist für unsere Gesellschaft nicht lediglich ein beliebiges Opfer eines Ehrenmordes. Vielmehr ist sie für viele junge Frauen eine Heldin, welche bis zu ihrem Tod für ein selbstbestimmtes Leben gegen die patriarchalischen Strukturen kämpfte. Ihre Geschichte wurde vor allem von den Journalisten *Deiß* und *Goll* umfassend dokumentiert. Auf Grundlage dessen folgten zahlreiche Berichtserstattungen zum Fall, sodass Hatuns Geschichte bundesweit publik wurde. Viele junge Frauen sind seitdem in ihrem Vorhaben bestärkt, sich aus den patriarchalischen Familienstrukturen zu lösen und ein selbstbestimmtes Leben zu führen. Genauso wie einst Hatun Sürücü nehmen zahlreiche Frauen hierfür die Gefährdung von Leib und Leben in Kauf. Deshalb ist der Fall Sürücü ein wichtiger Bestandteil des Integrationsprozesses junger Frauen mit Migrationsgeschichte. Die Journalisten konstatieren, dass Hatuns Schicksal ein deutsches Schicksal ist, sodass dieser Fall für die Situation junger Frauen in Deutschland maßgeblich ist. Gegenwärtig werden viele integrationswillige Frauen von ihren Familien und vom sozialen Umfeld daran gehindert, Teil dieser Gesellschaft zu werden. Insbesondere patriarchalische Familien unterbinden bei ihren weiblichen Familienangehörigen den Zugang zur Gesellschaft bzw. zur westlichen Kultur, um der Emanzipierung entgegenzuwirken. Denn die gesellschaftliche Emanzipierung interpretieren sie als Bedrohung für ihre patriarchalische Gesellschaftsstruktur, wodurch sie sich selbst definieren. Das Fortbestehen dieser traditionellen Struktur hat insbesondere in der Migration einen wertstabilisierenden Effekt und ist deshalb gegenwärtig noch von großer Bedeutung.[933] Somit ist die plakative Quintessenz von Ehrenmorden die männliche Dominanz und das Besitzdenken gegenüber den weiblichen Familienangehörigen.

Der Fall Sürücü bzw. Ehrenmorde und die damit einhergehenden gesellschaftlichen Probleme haben auch nach fast achtzehn Jahren nichts an Aktualität verloren. Nach wie vor gehören Ehrenmorde zum Kriminalitätsgeschehen in Deutschland. Jährlich wird am Todestag von Hatun Sürücü bundesweit auf das Thema aufmerksam gemacht und aktuelle Herausforderungen wie etwa die Probleme in Frauenhäusern akzentuiert. Nach dem Fall Sürücü wurden insbesondere Türkischstämmige in Deutschland auf Ehrenmorde, Kopftuchzwang und Zwangsheirat reduziert, obwohl sehr viele nicht den traditionellen Wertvorstellungen entsprechend leben und

---

933 *Elyafi-Schulz*, Das Phänomen des „Ehrenmordes“, S. 209; *Schiffauer*, Migration und kulturelle Differenz, S. 44 ff.

daher selbst auf solche Taten mit Unverständnis und Ablehnung reagieren. Deshalb birgt die Bezeichnung der Tat als „Ehrenmord" die Gefahr, Ausgrenzung, Rassismus sowie Hass gegenüber Personen mit Migrationsgeschichte in der Gesellschaft hervorzurufen bzw. zu potenzieren. Dies ist darauf zurückzuführen, dass sowohl Kriminalität von Migrantinnen und Migranten als auch Gewalt gegen Frauen in jeglicher Form dazu geeignet sind, die Gesellschaft zu mobilisieren und polarisieren. Folglich ist die Verknüpfung beider Aspekte in einer Tat geradezu prädestiniert, Grundsatzdiskussionen regelmäßig neu zu beleuchten und negative Stereotypen gegenüber Personen mit Migrationsgeschichte zu festigen.

Es darf indes nicht der Umstand unberücksichtigt bleiben, dass auch Deutsche ihre Frauen töten und hierbei strukturelle Parallelen zu Ehrenmorden aufweisen.[934] Die Tatmotivation ist bei einem Ehrenmord und einer Intimpartnertötung regelmäßig identisch, da Eifersucht und Besitzdenken gegenüber der Frau bei beiden Delikten geläufig sind. Demzufolge ist in beiden Fällen die Tat de lege lata als Mord aus sonst niedrigen Beweggründen gemäß § 211 Abs. 2 Gr. 1 Var. 4 StGB einzustufen. Es ist nicht per se ausgeschlossen, dass im Einzelfall die Tat als Totschlag im Sinne des § 212 StGB pönalisiert wird. Dies ist jedoch nicht von der Kategorisierung der Tat abhängig, sondern bedarf in beiden Fällen eine gründliche Untersuchung aller inneren und äußeren Umstände der Tat. Jedenfalls ist Gewalt gegen Frauen kein Problem der Minorität in Deutschland. Somit ist es essenziell, dass Empörung und Frust im Zusammenhang mit dieser Thematik nicht kanalisiert werden, um Ausgrenzung und Rassismus gegenüber Personen mit Migrationsgeschichte hervorzurufen. Insbesondere die Verallgemeinerung von Einzelfällen führt zu einer zunehmenden Stigmatisierung.

Eine generelle Sensibilisierung für interkulturelle Herausforderungen ist für einen gelungenen Integrationsprozess und ein gedeihliches Miteinander unerlässlich. Ein „Schwarz-Weiß"-Denken führt regelmäßig dazu, dass Personen aus verschiedenen Kulturkreisen durch negative Stereotypen definiert werden, wodurch ein integrativer Dialog zunehmend beeinträchtigt wird. Dabei werden Personen insbesondere aufgrund von optischen Attributen kategorisiert. Deshalb ist es nicht unüblich, dass eine Frau mit Kopftuch teilweise als potenzielles Opfer von Zwangsheirat und Ehrenmord erachtet und hierdurch stigmatisiert wird. Um dem entgegenzuwirken, neigen viele Frauen dazu, besonders nett und extrovertiert aufzutreten.

---

934 So auch *Kasselt*, vgl. *Goldmann*, „Auch Deutsche töten ihre Frauen", in: Der Tagesspiegel vom 07.02.2020.

Dies wirkt sich auf das Individuum sehr belastend aus. Nach unserer freiheitlich-demokratischen Grundordnung sind alle Menschen gleich und niemand wird aufgrund seiner Religion, seiner Weltanschauung, seiner Hautfarbe, seines Geschlechts (oder seines Kopftuchs) nicht bevorzugt oder benachteiligt.[935]

Dem steht indes nicht die Tatsache entgegen, dass Probleme angesprochen und rational diskutiert werden sollen bzw. müssen. Die mit der Pluralisierung der Gesellschaft einhergehenden Konfliktfelder können durch ein problemorientiertes Denken sowie Eruierung von Gemeinsamkeiten frühzeitig erkannt und entschärft werden. Dies kann insbesondere durch die Entwicklung einer dialogischen Gesprächskultur erzielt werden. Hierfür ist es jedoch nicht förderlich, dass divergierende Meinungen aufgrund von politischer Korrektheit per se unterbunden werden.[936] So muss das Phänomen der Ehrenmorde Gegenstand rationaler Diskussionen sein, ohne dass die Diskutanten unvermittelt als „Rassist" bezeichnet werden, nur weil sie ein spezifisches Problem mit interkulturellem Hintergrund ansprechen. In der Gegenwart ist bei vielen rationalen Diskussionen zu beobachten, dass sie durch eine vorschnelle Rassismus-Markierung zu Fall gebracht werden. Vor diesem Hintergrund ist zu beachten, dass den Rahmen der Diskussionen die Verfassung bildet, sodass unter anderem die Grenze der Meinungsfreiheit bei menschenverachtenden Äußerungen zu ziehen ist.[937]

Das Strafrecht ist kein „Allheilmittel", welches in einer pluralisierten Gesellschaft Toleranz und Akzeptanz gewährleistet.[938] Obwohl ein Ehrenmord grundsätzlich dazu geeignet ist, eine lebenslange Freiheitsstrafe nach sich zu ziehen, werden solche Taten immer noch begangen. Wie bereits gezeigt, verschafft dieser Umstand dem Täter in seinem patriarchalischen Umfeld noch mehr Ansehen, da er ungeachtet der hohen Sanktion fest dazu entschlossen ist, seine Ehre wiederherzustellen. Deshalb sind präventive Maßnahmen vorzugswürdig, die eine gelungene und langfristige Integration intendieren. Hierfür ist es erforderlich, in Schulen Ethik als Regelfach einzuführen, um eine Grundlage für einen gemeinsamen Wertekanon entwickeln zu können. Dadurch ist es möglich, eine dialogische Gesprächskultur bereits in Schulen zu vermitteln, in der Konsens angestrebt sowie Dissens akzeptiert und toleriert wird.[939] Gegenwärtig entstehen durch eine

---

935 Art. 3 Abs. 3 GG.

936 Hiervon sind menschenrechtsverachtende Aussagen ausgenommen.

937 Vgl. zuletzt BVerfG NZA 2020, 1704.

938 *Valerius*, Kultur und Strafrecht, S. 339 ff.

939 Teil 4 Kap. 2 III.

gelungene Integration neue Konfliktfelder, die bis dato in diesem Ausmaß nicht vorhanden gewesen sind (sog. *Integrationsparadox*)[940]. Dieser Aspekt lässt sich mithilfe einer Frau mit Kopftuch stilisieren. Wenn sie in einer Fabrik am Fließband sachgemäß arbeitet, hat der Arbeitgeber regelmäßig nichts an ihr auszusetzen. Teilweise verhält es sich jedoch anders, wenn sie im Außendienst tätig ist und Kundenkontakt hat.[941] Vor diesem Hintergrund drängt sich die Frage auf, ob der Fall Sürücü für die hiesige Gesellschaft weniger relevant gewesen wäre, wenn Hatun Sürücü die gleiche Geschichte mit dem Unterschied widerfahren wäre, dass sie ihr Kopftuch aus Überzeugung nicht ablegt.

Die Ehrverletzung hat auch im Zeitalter der Digitalisierung eine grundlegende Wende erfahren. Insbesondere in sozialen Netzwerken ist ein tendenziell beleidigender Umgang in der Kommunikation zu beobachten.[942] Obwohl in der Gegenwart teilweise das Ehrkonzept als konservativ und obsolet erachtet wird, hat die Schutzbedürftigkeit sowie Schutzwürdigkeit des Achtungsanspruchs des Einzelnen bzw. die Einforderung von Respekt erneut an Relevanz gewonnen.[943] Vor allem bei Jugendlichen ist in der Alltagssprache zu beobachten, dass zum Teil „Respekt“ und „Ehre“ als Synonym verwendet werden. Dieser Aspekt lässt sich unter anderem durch das Jugendwort „Ehrenmann/Ehrenfrau“ aufzeigen, womit Personen bezeichnet werden, die besonders höflich und respektvoll sind. Die Einforderung von Respekt ist wiederum auf den Grundgedanken zurückzuführen, dass ein Achtungsanspruch eingefordert wird, der sich je nach sozialem Ansehen unterscheidet. Deshalb weisen Respekt und Ehre nicht marginale Gemeinsamkeiten auf. Dennoch wird gegenwärtig die Aussage „du verletzt meine Ehre“ als primitiv wahrgenommen, während „du bist respektlos“ gemeinhin als geläufige Form der Kundgabe eines Missstandes akzeptiert wird.[944]

Schließlich vergegenwärtigt der Fall Sürücü, dass Ehrenmorde nicht nur Verbrechen gegenüber dem weiblichen Geschlecht sind, sondern zugleich

940 Vgl. *El-Mafaalani*, Das Integrationsparadox, S. 245 ff.

941 Dazu auch *Toprak*, Muslimisch, Männlich, Desintegriert, S. 227; der das Beispiel einer Lehrerin vorbringt. In seinem Beispiel beachtet er jedoch nicht das Gebot der staatlichen Neutralität, welches gerade beim Tragen eines religiösen Symbols in öffentlichen Schulen maßgeblich ist.

942 *Hilgendorf*, in: Hdb. des Strafrechts Bd. 4, § 12 Rn. 9.

943 Vgl. *Hilgendorf*, in: Hdb. des Strafrechts Bd. 4, § 12 Rn. 8.

944 *Saric* schlägt vor, von Würde, statt von Ehre zu sprechen, *Saric*, Ehre, Scham und Schande, S. 76.

auch gezielte Menschenrechtsverletzungen.[945] Es wird deutlich, dass die Ehre bei einem Ehrenmord lediglich als ein Parameter dient, der je nach Einzelfall vom Täter bestimmt wird, um seine niedrige Gesinnung in ein hehres Ziel zu transformieren. Hierzu zählen etwa Besitzdenken gegenüber der Frau, Kontrollzwang und Ausübung von Macht, welche unter dem Deckmantel der Ehre instrumentalisiert werden. Zudem legitimieren die Täter ihre Tat, indem sie sich auf ihre Ehrvorstellungen berufen, die sie selbst nicht als ihre Handlungsmaxime erachten. In dieser Hinsicht wird die Ambivalenz der Ehre ersichtlich, die zu einem Ehrenmord führt. Während die Täter die bedingungslose Berücksichtigung ihrer Ehre einfordern, verletzen sie zugleich die Ehre anderer.[946] Die Ethik der Ehre hierbei ist, dass nur das Wohl der eigenen (männlichen) Angehörigen maßgeblich ist, jedoch das Individuum hinter der eigenen Gemeinschaft zurücktritt.[947] Das Ehrverständnis ist deshalb für den Erhalt der patriarchalischen Gesellschaftsstruktur essenziell. Diese Struktur ist von der Vorrangstellung des Mannes gekennzeichnet, welchem zusätzlich ein Bestimmungsrecht über die weiblichen Familienangehörigen zugesprochen wird.[948] Deshalb ist es für die Beteiligten wichtig, die Emanzipation der Frauen zu verhindern, damit dieses Rollenverständnis nicht zu Fall gebracht wird. Dennoch ist faktisch dieses traditionelle Rollenverständnis schon seit der Migration aufgebrochen, weil viele Frauen in Deutschland mit der Zustimmung der Männer berufstätig sind. Dadurch wurde die geschlechtsspezifische Zuteilung von Mann und Frau nach „außen“ und „innen“ umgestaltet und den Frauen die Emanzipierung grundsätzlich ermöglicht. Dies führte indes gleichzeitig dazu, dass sich die Männer in ihrer „Männlichkeit“ herabgesetzt fühlen. Als Reaktion auf die veränderte Geschlechterrolle nahm die Gewalttätigkeit gegenüber Frauen zu, damit die Männer ihre vermeintliche Machtstellung wiederherstellen können.[949]

Hatun Sürücüs Ermordung ist kein Einzelfall. Viele Frauen sind Opfer dieser stagnierten Wertvorstellungen, weil sie ein selbstbestimmtes Leben führen wollen. Ehrenmörder suggerieren durch die Tat, dass sie keine achtenswerte Ehre haben, weil sie ihren Frust und ihre Wut an (in der Regel) körperlich unterlegenen Personen zu tilgen versuchen. Die Eindäm-

945 Vgl. *Yazgan*, Mord ohne Ehre, S. 22.
946 *Schiffauer*, Die Gewalt der Ehre, S. 138.
947 *Elyafi-Schulz*, Das Phänomen des „Ehrenmordes“, S. 145; *Schiffauer*, Die Gewalt der Ehre, S. 65.
948 *Elyafi-Schulz*, Das Phänomen des „Ehrenmordes“, S. 146.
949 *Elyafi-Schulz*, Das Phänomen des „Ehrenmordes“, S. 245 f.

mungsabsicht gegenüber emanzipierungswilligen Frauen, die einem Ehrenmord innenwohnt, hat jedenfalls im Fall Sürücü das Gegenteil bewirkt. Spätestens seit dem Fall Sürücü ist die Gesellschaft auf die Missstände aufmerksam geworden und solidarisiert sich mit den betroffenen Frauen. Zusammenfassend hat der Fall Sürücü einen wichtigen Beitrag für die Integrationsfrage in unserer Gesellschaft geleistet.

Zusammenfassung

Die Ermordung von Hatun Sürücü ist der bekannteste Ehrenmord in Deutschland. Sie wurde auf offener Straße von ihrem jüngeren Bruder Ayhan durch drei Kopfschüsse getötet, weil sie „wie eine Deutsche gelebt hat". Im Alter von sechzehn Jahren musste Hatun ihren Cousin in Istanbul heiraten. Nach einem Jahr trennte sie sich von ihm und lebte fortan mit ihrem neugeborenen Sohn in Berlin. Ihre negativen Erfahrungen aus der Ehe riefen bei Hatun den Wunsch nach einem selbstbestimmten Leben hervor. Folglich legte sie das Kopftuch ab, machte eine Ausbildung zur Elektroinstallateurin, verabredete sich mit Freunden und lebte als emanzipierte Frau. Ihr Lebenswandel interpretierte jedoch unter anderem Ayhan Sürücü als Verletzung der Familienehre, der sich wiederum als Familienoberhaupt definierte sowie seine Schwestern dahingehend kontrollierte, dass sie nach den Regeln der Religion sowie der Sitte und Tradition der Familie leben. Er konnte zum einen Hatuns Lebensweise nicht akzeptieren und zum anderen sah er durch Hatun seine Machtposition in der Familie gefährdet, da sie ihn nicht als Familienoberhaupt anerkannte. Insgesamt lebte die Familie Sürücü in der deutschen Hauptstadt ihren heimatlichen Sitten und Gebräuchen entsprechend.

Vom Landgericht Berlin wurde Ayhan wegen Mordes zu einer Jugendstrafe von neun Jahren und drei Monaten verurteilt. Die wegen einer Tatbeteiligung Mitangeklagten Brüder Mutlu und Alpaslan Sürücü wurden zunächst aus Mangel an Beweisen vom Landgericht freigesprochen. Der Bundesgerichtshof hob indes das Urteil in Bezug auf die Freisprüche wegen fehlerhafter Beweiswürdigung auf und verwies zur neuen Verhandlung und Entscheidung an das Landgericht zurück. Ein neuer Prozess konnte nicht stattfinden, da sich die Brüder in der Zwischenzeit in die Türkei abgesetzt haben. Es folgte ein weiterer Prozess in der Türkei, allerdings wurden die Brüder erneut aufgrund mangelnder Beweise von allen Anklagepunkten freigesprochen. Ayhan Sürücü wurde nach seiner Haftstrafe wegen fehlender plausibler Reue in die Türkei abgeschoben.

Hatuns Ermordung ist kein Fall einfacher Kriminalität unter Familienangehörigen, sondern löste bundesweite Debatten über die Lebensumstände von Personen mit Migrationsgeschichte aus. Von der Gesellschaft wird die Tat der gesamten Familie Sürücü zur Last gelegt, sodass teilweise eine Abschiebung aller Familienmitglieder gefordert wurde. Die Familie

Sürücü wurde ferner als Repräsentantin für Personen mit Migrationsgeschichte intepretiert, die einen Ehrenmord billigen und sich nicht in die hiesige Gesellschaft integrieren, sondern in einer Parallelgesellschaft leben. Hatun Sürücüs Geschichte ist ein deutsches Schicksal, welches stellvertretend für viele junge Frauen mit Migrationsgeschichte ist, die sich aus den patriarchalischen Familienstrukturen lösen wollen. Insgesamt zeigt sich, dass Hatuns Biografie für die Integrationsfrage vieler junger Frauen in Deutschland beispielhaft ist.

Gemäß den patriarchalischen Ehrvorstellungen wird zwischen der Männer- und Frauenehre differenziert. Demzufolge impliziert die Männerehre zum einen das Ansehen in der Gesellschaft sowie Verantwortungsbewusstsein, Stärke und Zugehörigkeit zu bestimmten Gruppen. Zudem müssen Männer entschlossen sein, ihre Ehre zu verteidigen. Für die Ehre der Frau ist es von Bedeutung, dass sie bis zur Ehe ihre Jungfräulichkeit bewahrt und während der Ehe ihrem Mann gegenüber treu ist sowie sich nicht von ihm trennt. Darüber hinaus hat nach den spezifischen Ehrvorstellungen die Familie als Kollektiv eine Ehre, welche als soziales Kapital erachtet wird. Die Frauenehre ist für die Ehre des Mannes und für die Familienehre substanziell. Wenn die Frau ihre Reputation verliert, so wird dadurch die Familienehre bzw. die Ehre des Mannes verletzt. Deshalb werden die Frauen von den Männern sehr stark reglementiert, damit die (Familien-)Ehre nicht gefährdet wird. In diesem Zusammenhang wurde gezielt zu zeigen versucht, dass eine faktische Ehrverletzung nicht entscheidend ist, sondern die damit einhergehende Auswirkung auf das Familienansehen. Somit ist bereits ein Gerücht in Bezug auf die Keuschheit der Frau ausreichend, um Sanktionen hervorzurufen.

Das kulturelle Phänomen der Ehrenmorde ist sehr facettenreich, sodass eine prägnante Definition Gefahr läuft, die Komplexität der Tat zu verschleiern. Deshalb ist die von *Oberwittler* und *Kasselt* vorgeschlagene ausführliche Definition hierfür geeignet. Demnach sind Ehrenmorde *„vorsätzlich begangene versuchte oder vollendete Tötungsdelikte, die im Kontext patriarchalisch geprägter Familienverbände oder Gesellschaften vorrangig von Männern an Frauen verübt werden, um die aus Tätersicht verletzte Ehre der Familie oder des Mannes wiederherzustellen. Die Verletzung der Ehre erfolgt durch einen wahrgenommenen Verstoß einer Frau gegen auf die weibliche Sexualität bezogene Verhaltensnorm.“*[950] Auf dieser Grundlage sind Ehrenmorde wie folgt zu differenzieren. Ein Ehrenmord im engeren Sinne liegt vor, wenn eine Frau von ihren Familienangehörigen zur Wiederherstellung

950 *Oberwittler/Kasselt*, Ehrenmorde in Deutschland 1996-2005, S. 23.

der Familienehre getötet wird. Dagegen ist die Tat als Ehrenmord im weiteren Sinne einzustufen, wenn die Frau von ihrem (Ex-)Partner aufgrund einer Ehrverletzung getötet wird. Darüber hinaus ist in beiden Fällen die Bezeichnung der Tat als „Ehrenmord" adäquat, weil darin keine positive Konnotation enthalten ist. Ehrenmorde sind von Blutrache zu unterscheiden, die eine über mehrere Generationen anhaltende Blutfehde nach sich zieht. Blutrache ist die selbstauferlegte Pflicht des Täters, die verletzte Familienehre durch die Tötung des männlichen Verursachers der Ehrverletzung oder einer seiner männlichen Angehörigen, welche nicht dem eigenen Kollektiv angehören, wiederherzustellen.

Insgesamt hat sich gezeigt, dass Ehrvorstellungen dynamisch sind und sich den Lebensumständen anpassen. Durch die zunehmende gesellschaftliche Pluralisierung befinden sich in der Gesellschaft divergierende Ehrvorstellungen. Daher ist es erforderlich, die Grenzen des Ehrschutzes aufzuzeigen. Denn die Ehre ist auf der einen Seite ein strafrechtlich geschütztes Rechtsgut, wird aber auf der anderen Seite insbesondere von patriarchalischen Kreisen als Rechtfertigung zur Rechtsgutsverletzung Dritter herangezogen. Hierfür ist ein Ehrenmord exemplarisch heranzuziehen, welcher infolge eines Ehrverständnisses die Tötung einer Frau legitimiert und deshalb in einer freiheitlich-demokratischen Grundordnung nicht schützenswert ist. Es sind jedoch auch Fälle möglich, in denen die spezifischen Ehrvorstellungen nicht unmittelbar zu einer Rechtsgutsverletzung führen. So ist die Familie als solche nach der herrschenden Strafrechtsdogmatik nicht beleidigungsfähig, während dies nach den spezifischen Ehrvorstellungen ohne Weiteres der Fall ist. Deshalb ist es vorzugswürdig den Inhalt und Umfang der Ehre durch die Fiktion eines homogenen Ehrbegriffs zu präzisieren. In diesem Zusammenhang sind divergierende Ehrvorstellungen von der hiesigen Rechtsordnung schützenswert, wenn sie nicht eklatant gegen die Grundwerte der Verfassung verstoßen. Daher ist unter anderem die Familienehre nicht als beleidigungsfähiges Rechtsgut zu interpretieren, weil das Konzept der Familienehre impliziert, dass den Geschlechtern nur aufgrund ihres Geschlechts ein unterschiedlicher Achtungsanspruch zusteht.

De lege lata ist ein Ehrenmord regelmäßig als Mord aus sonst niedrigen Beweggründen einzustufen. Die aktuelle rechtliche Auslegung der sonst niedrigen Beweggründe rekurriert auf allgemein sittliche Werte, die insbesondere in einer zunehmend pluralistischen Gesellschaft mangels Bestimmbarkeit zu kritisieren ist. Aus den Ergebnissen lässt sich schließen, dass die Auslegung der Motivgeneralklausel mittels einer Zweck-Mittel-Relation vorzugswürdig ist. Demzufolge muss im Einzelfall zwischen Anlass und Tat ein unerträgliches Missverständnis bestehen, wodurch die Tat als besonders verachtenswert einzustufen ist. Dies sei am Ehrenmord konkretisiert, wonach zur vermeintlichen Wiederherstellung der Ehre die Tötung einer Frau legitimiert und das höchste Rechtsgut Leben zulasten der Ehre abgewogen wird. Zudem spricht der Täter aufgrund der spezifischen Ehrvorstellungen dem Opfer das Selbstbestimmungsrecht ab und räumt sich selbst ein Bestimmungsrecht ein. Mithin steht die verletzte Ehre des Täters als Anlass in einem eklatanten Missverhältnis zur Tat. Die Auslegung der Zweck-Mittel-Relation ist im Einzelfall unter Zugrundelegung der objektiven Wertentscheidung des Gesetzgebers vorzunehmen. De lege ferenda ist es opportun, die „bewusste Missachtung des personalen Eigenwerts des Opfers" in den Kanon der subjektiven Mordmerkmale aufzunehmen.

Aus einer faktischen und rechtlichen Gegenüberstellung von Ehrenmorden und Intimpartnertötungen wurde ersichtlich, dass beide Taten einen auf patriarchalischen Werten beruhenden Besitzanspruch des Täters gegenüber der Partnerin zum Ausdruck bringen. Ein wesentlicher Unterschied zwischen den beiden Delikten ist der kollektive Rückhalt der Tat, welcher bei Intimpartnertötungen regelmäßig nicht vorliegt. In Anbetracht der skizzierten Gemeinsamkeiten sind beide Taten grundsätzlich als Mord aus sonst niedrigen Beweggründen einzustufen, wenn intentionale Beweggründe maßgeblich gewesen sind.

Eine Zwangsheirat liegt vor, wenn mindestens einer der Eheschließenden durch Willensbeugung oder Druck zur Ehe gezwungen wird. Die Zwangsheirat ist auf die patriarchalischen Ehrvorstellungen der Beteiligten zurückzuführen, die den Schutz der Familienehre gewährleisten wollen, indem sie die minderjährige Frau als Jungfrau verheiraten. Die Abgrenzung zu einer arrangierten Ehe ist im Einzelfall nicht eindeutig, weil die Grenzen fließend sind. Eine arrangierte Ehe liegt vor, wenn dem künftigen Paar ein tatsächliches Mitbestimmungsrecht eingeräumt wird. Die Ablehnung einer Zwangsheirat kann einen Ehrenmord nach sich ziehen, sodass beide Taten nicht isoliert voneinander zu betrachten sind. Auch im Fall Sürücü ist Hatuns Zwangsheirat der Ausgangspunkt ihrer späteren Ermordung.

Die Doppelmoral der Ehre hat insgesamt aufgezeigt, dass Ehrenmorde nicht mit Ehrenhaftigkeit in Verbindung gebracht werden können. Die Beteiligten fordern die bedingungslose Achtung ihrer Ehre ein, verletzen zugleich jedoch nach ihrer Ehrauffassung die Ehre anderer. Es wurde ersichtlich, dass das spezifische Ehrkonzept vielmehr Kontrolle, Machtdemonstration und Stärke impliziert. Für die Beteiligten ist die Ehre somit ein Parameter, um ihre niedrige Gesinnung in ein hehres Ziel zu transformieren. In der Gegenwart ist die Identitätsdiffusion der Jugendlichen mit Migrationsgeschichte für die Doppelmoral der Ehre maßgeblich, die aus der Diskrepanz zwischen den traditionellen Wertvorstellungen der Eltern einerseits und der westlichen Lebensweise andererseits resultiert.

Der Fall Sürücü vergegenwärtigt, dass interkulturelle Kompetenzen in einer pluralisierten Gesellschaft besonders wichtig sind. Die Behörden sind seit dem Fall für Themen wie Ehrenmord und Zwangsheirat sensibilisiert und haben Handlungsmaximen entwickelt, um den betroffenen Opfern eine adäquate Hilfeleistung anzubieten. Darüber hinaus ist es notwendig, interkulturelle Kompetenzen in die Juristenausbildung zu integrieren, um eine unvoreingenommene juristische Würdigung von Konflikten mit interkulturellem Hintergrund durchzuführen. Das GSiK-Jura[951] Projekt an der Juristischen Fakultät Würzburg versucht dies zu erreichen. Das Strafrecht ist kein „Allheilmittel" für gesellschaftliche Konflikte mit interkulturellem Hintergrund. Vielmehr ist Ethik als Regelfach in Schulen einzuführen, um eine dialogische Gesprächskultur bei Schülerinnen und Schüler zu etablieren. Insgesamt führt eine religiös und weltanschaulich neutrale Wertevermittlung längerfristig dazu, dass Konsens entwickelt und Dissens ausgehalten sowie akzeptiert wird. Schließlich ist der obligatorische Ethikunterricht zudem eine geeignete Grundlage, um einen gemeinsamen Wertekanon in einer pluralisierten Gesellschaft zu entwickeln.

951 www.gsik.de (21.11.2021).

Literaturverzeichnis

Agel, Carina
(Ehren-)Mord in Deutschland. Eine empirische Untersuchung zu Phänomenologie und Ursachen von „Ehrenmorden“ sowie deren Erledigung durch die Justiz, Lengerich 2013.

Akkuş, Umut / *Toprak*, Ahmet / *Yılmaz*, Deniz / *Götting*, Vera
Zusammengehörigkeit, Genderaspekte und Jugendkultur im Salafismus, Wiesbaden 2020.

Altvater, Gerhard
– Rechtsprechung des BGH zu den „Tötungsdelikten“, NStZ 2002, 20 – 27.
– Rechtsprechungsübersicht Tötungsdelikte, NStZ 2006, 86 – 93.

Amelung, Knut
Die Ehre als Kommunikationsvoraussetzung. Studien zum Wirklichkeitsbezug des Ehrbegriffs und seiner Bedeutung im Strafrecht, Baden-Baden 2002.

Arzt, Gunther / *Weber*, Ulrich / *Heinrich*, Bernd / *Hilgendorf*, Eric
Strafrecht Besonderer Teil. Lehrbuch, 4. Aufl., Bielefeld 2021 (zit.: A/W/H/H/*Bearbeiter*, BT).

Bader, Johann
Zur Verfassungsmäßigkeit des obligatorischen Ethikunterrichts, NVwZ 1998, 256 – 258.

Balci, Güner Yasemin
Aliyahs Flucht oder Die gefährliche Reise in ein neues Leben, Frankfurt am Main 2014 (zit.: *Balci*, Aliyahs Flucht).

Barskanmaz, Cengiz
Recht und Rassismus. Das menschenrechtliche Verbot der Diskriminierung aufgrund der Rasse, Berlin 2019.

Baumeister, Werner
Ehrenmorde. Blutrache und ähnliche Delinquenzen in der Praxis bundesdeutscher Strafjustiz, Münster 2007.

Beck-Gernsheim, Elisabeth
„Ein Türke geht nicht in die Oper“ – was Deutsche über Türken wissen, in: Robertson-von Trothe, Caroline Y. (Hrsg.), Kultur und Gerechtigkeit, 1. Aufl., Baden-Baden 2007 (zit.: *Beck-Gernsheim*, „Ein Türke geht nicht in die Oper“).

Beck'scher Online-Kommentar GG
Epping, Volker / Hillgruber, Christian (Hrsg.), 48. Edition, Stand 15.08.2021, München 2021 (zit.: BeckOK GG/*Bearbeiter*).

Beck'scher Online-Kommentar StGB
von Heintschel-Heinegg, Bernd (Hrsg.), 50. Edition, Stand 01.05.2021, München 2021 (zit.: BeckOK StGB/*Bearbeiter*).

Bodendieck-Engels, Hildegard
„Ehrenmord“ vor deutschen Gerichten: eine ethnologische Untersuchung von Strafprozessen, Hamburg 2013.

Bosch, Nikolaus
Niedrige Beweggründe, JURA 2015, 803 – 812.

Bülte, Jens / *Becker*, Raymond
Der Begriff der Ehe in § 237 StGB, ZIS 2012, 61 – 67.

Bundeskriminalamt (Hrsg.)
Partnerschaftsgewalt. Kriminalstatistische Auswertung – Berichtsjahr 2019.

Bundesministerium der Justiz und für Verbraucherschutz (Hrsg.)
Abschlussbericht der Expertengruppe zur Reform der Tötungsdelikte (§§ 211 – 213, 57a StGB), Juni 2015 (zit.: *Bearbeiter*, in: Abschlussbericht der Expertengruppe zur Reform der Tötungsdelikte).

Burmeister, Jonathan
Die schuldangemessene Bewertung von Ehrenmorden im deutschen Strafrecht: differenzierte Schuldmerkmale auf Tatbestandsebene bei sonstigen niedrigen Beweggründen, Frankfurt am Main 2011.

Çakıl, Büşra
Rehabilitierung des Ehrbegriffs, Baden-Baden 2018.

Çakir-Ceylan, Esma
Gewalt im Namen der Ehre. Eine Untersuchung über Gewalttaten in Deutschland und in der Türkei, Frankfurt am Main 2011.

Cöster, Anna Caroline
Ehrenmorde in Deutschland, Marburg 2009.

Deckers, Rüdiger / *Fischer*, Thomas / *König*, Stefan / *Bernsmann*, Klaus
Zur Reform der Tötungsdelikte Mord und Totschlag – Überblick und eigener Vorschlag, NStZ 2014, 9 – 17.

Deiß, Matthias / *Goll*, Jo
Ehrenmord. Ein deutsches Schicksal, Hamburg 2011.

Dienstbühl, Dorothee
Ehrgewalt in Deutschland. Ein fremdes Phänomen zwischen Generalverdacht und Verharmlosung, Frankfurt 2015.

Dietz, Andreas
„Ehrenmord“ als Ausweisungsgrund, NJW 2006, 1385 – 1389.

Dreier, Horst (Hrsg.)
Grundgesetz Kommentar, Band 1, 3. Aufl., Tübingen 2013 (zit.: Dreier/*Bearbeiter*).

Eisele, Jörg
Strafrecht – Besonderer Teil I. Straftaten gegen die Person und die Allgemeinheit, 6. Aufl., Stuttgart 2021 (zit.: *Eisele*, BT I).

Eisele, Jörg / *Majer*, Christian F.
Strafbarkeit der Zwangsheirat nach § 237 StGB im Lichte des Internationalen Straf- und Privatrechts, NStZ 2011, 546 – 552.

El-Mafaalani, Aladin
Das Integrationsparadox. Warum gelungene Integration zu mehr Konflikten führt, 1. Aufl., Köln 2020.

El-Mafaalani, Aladin / *Toprak*, Ahmet
Muslimische Kinder und Jugendliche in Deutschland. Lebenswelten, Denkmuster, Herausforderungen, 3. Aufl., Sankt Augustin, Berlin 2017.

Elyafi-Schulz, Senan
Das Phänomen des „Ehrenmordes“. Eine rechtliche Untersuchung unter Berücksichtigung der Täter- und Opferperspektive, Marburg 2012.

Ensenbach, Kai
– Die Zwangsheirat gemäß § 237 StGB, JURA 2012, 507 – 513.
– Verfassungsrechtliche Fragen der Einführung von Ethikunterricht in den öffentlichen Schulen des Landes Berlin, RdJB 2006, 362 – 376.

Erben, Sayime
Gewalt und Ehre. Ehrbezogene Gewalt aus Täterperspektive, Freiburg 2012.

Erbil, Bahar
Toleranz für Ehrenmörder? Soziokulturelle Motive im Strafrecht unter besonderer Berücksichtigung des türkischen Ehrbegriffs, Berlin 2008.

Eser, Albin
Empfiehlt es sich, die Straftatbestände des Mordes, des Totschlags und der Kindestötung (§§ 211 bis 213, 217 StGB) neu abzugrenzen?, Gutachten D für den 53. Deutschen Juristentag, München 1980 (zit.: *Eser*, Gutachten D für den 53. Deutschen Juristentag).

Fadlalla, Mohamed
Zwangsheirat – die Änderung des Personenstandsgesetzes und das neue Gesetz zur Bekämpfung der Zwangsheirat, FPR 2011, 449 – 451.

Fischer, Thomas
Strafgesetzbuch und Nebengesetze, 68. Aufl., München 2021 (zit.: *Fischer*, StGB).

Foljanty, Lena / *Lembke*, Ulrike
Die Konstruktion des Anderen in der „Ehrenmord“-Rechtsprechung, KJ 2014, 298 – 315.

Frisch, Michael
Grundsätzliche und aktuelle Aspekte der grundgesetzlichen Garantie des Religionsunterrichts, DÖV 2004, 462 – 471.

Fuß, Werner
Ethik-Unterricht in der Schule. Ziele, Begründungen, Methoden und Hoffnungen, ZEE 2009, 286 – 289.

Göbel-Zimmermann, Ralph / *Born*, Manuela
Zwangsverheiratung – Integratives Gesamtkonzept zum Schutz Betroffener, ZAR 2007, 54 – 61.

Greco, Luís
Ehrenmorde im deutschen Strafrecht, ZIS 2014, 309 – 319.

Grünewald, Anette
– Das vorsätzliche Tötungsdelikt, Tübingen 2010.
– Reform der Tötungsdelikte. Plädoyer für ein Privilegierungskonzept, Tübingen 2016.
– Die geplante Reform der Tötungsdelikte – Zwischenbilanz, AnwBl 2016, 608 – 611.
– Tötungen aus Gründen der Ehre, NStZ 2010, 1 – 9.
– Niedrige Beweggründe bei Tötung des Intimpartners, Anmerkung zu BGH, 07.05.2019 – 1 StR 150/19, NStZ 2019, 518 – 520 (zit.: *Grünewald*, NStZ 2019, 518).

Haas, Volker
Der neue Straftatbestand der Zwangsheirat (§ 237 StGB) – eine kriminalpolitische Bewertung, JZ 2013, 72 – 81.

Heinrich, Bernd
Strafrecht Allgemeiner Teil, 6. Aufl., Stuttgart 2019 (zit.: *Heinrich*, AT).

Helmers, Gunnar
Zum Mordmerkmal der niedrigen Beweggründe (§ 211 Abs. 2 StGB). Der Maßstab der Bewertung; zugleich ein Vorschlag zur geplanten Reform des Mordtatbestandes, HRRS 2016, 91 – 101.

Hildebrand, Lena
Die Bekämpfung der Zwangsheirat in Deutschland. Eine juristische Betrachtung der gesetzgeberischen Maßnahmen im Lichte des Opferschutzes, Baden-Baden 2015.

Hilgendorf, Eric
– Das Recht und die weltanschaulich pluralisierte Gesellschaft. Zur Notwendigkeit eines gemeinsamen Werteunterrichts in den Schulen, in: Kirste, Stephan / Sprenger, Gerhard (Hrsg.): Menschliche Existenz und Würde im Rechtsstaat. Ergebnisse eines Kolloquiums für und mit Werner Maihofer aus Anlass seines 90. Geburtstags, Berlin 2010, S. 121 – 132.
– Strafrecht und Interkulturalität. Plädoyer für eine kulturelle Sensibilisierung der deutschen Strafrechtsdogmatik, JZ 2009, 139 – 144.
– Das Eigene und das Fremde I: Die deutsche Strafgesetzgebung und Strafrechtspraxis vor den Herausforderungen kultureller Pluralisierung, StV 2014, 555 – 563.
– Recht durch Unrecht? Interkulturelle Perspektiven, JuS 2008, 761 – 767.
– Kulturelle Pluralisierung und Gerichtsverfahren: Anforderungen an eine interkulturell aufgeklärte Justiz – eine Skizze unter besonderer Berücksichtigung der Strafjustiz, in: Hilgendorf, Eric / Rengier, Rudolf (Hrsg.), Festschrift für Wolfgang Heinz zum 70. Geburtstag, Baden-Baden 2012, S. 857 – 869.

Hilgendorf, Eric / *Kudlich*, Hans / *Valerius*, Brain (Hrsg.)
– Handbuch des Strafrechts, Band 2, Strafrecht Allgemeiner Teil I, Heidelberg 2020 (zit.: *Bearbeiter*, in: Hdb. des Strafrechts Bd. 2).
– Handbuch des Strafrechts, Band 4, Strafrecht Besonderer Teil I, Heidelberg 2019 (zit.: *Bearbeiter*, in: Hdb. des Strafrechts Bd. 4).

Hilgendorf, Eric / *Valerius*, Brain
Strafrecht Allgemeiner Teil, 2. Aufl., München 2018 (zit.: *Hilgendorf/Valerius*, AT).

Hill, Miriam
Migrationsfamilien und Rassismus. Zwischen Ausschließungspraxen und Neuorientierung, Wiesbaden 2020.

Hill, Marc / *Yıldız*, Erol (Hrsg.)
Postmigrantische Visionen: Erfahrungen – Ideen – Reflexionen Band 1, Bielefeld 2018 (zit.: *Bearbeiter*, in: Hill/Yıldız, Postmigrantische Visionen Bd. 1).

Hillgruber, Christian
Mindestalter und sprachliche Integrationsvorleistung – verfassungsgemäße Voraussetzungen des Ehegattennachzugs?, ZAR 2006, 304 – 317.

Hirsch, Hans Joachim
Ehre und Beleidigung. Grundfragen des strafrechtlichen Ehrenschutzes, Karlsruhe 1967.

Hörnle, Tatjana
Kultur, Religion, Strafrecht – Neue Herausforderungen in einer pluralistischen Gesellschaft, Gutachten C für den 70. Deutschen Juristentag, München 2014 (zit.: *Hörnle*, Gutachten C für den 70. Deutschen Juristentag).

Hund, Wulf D.
Rassismus, Bielefeld 2007.

Jakobs, Günther
– Die Aufgabe des strafrechtlichen Ehrenschutzes, in: Vogler, Theo (Hrsg.), Festschrift für Hans-Heinrich Jescheck zum 70. Geburtstag Band 1, Berlin 1985, S. 627 – 644.
– Beleidigung, in: Bloy, René / Böse, Martin / Hillenkamp, Thomas / Momsen, Carsten / Rackow, Peter (Hrsg.), Festschrift für Manfred Maiwald zum 75. Geburtstag, Berlin 2010, S. 365 – 378.

Jung, Heike
Pluralismus und Strafrecht – ein unauflösbarer Widerspruch?, JZ 2012, 926 – 932.

Karakaşoğlu, Yasemin
Lebensrealitäten von Mädchen mit Migrationshintergrund – jenseits von Zwangsverheiratung und Ehrenmorden –, ZAR 2006, 22 – 27.

Kaspar, Johannes
– Strafrecht – Allgemeiner Teil. Einführung, 3. Aufl., Baden-Baden 2020.
– Das Mordmerkmal der Heimtücke, JA 2007, 699 – 704.

Kasselt, Julia
Ehre im Spiegel der Justiz: eine Untersuchung zur Praxis deutscher Schwurgerichte im Umgang mit dem Phänomen der Ehrenmorde, Berlin 2016.

Kelek, Necla
– Heirat ist keine Frage, in: Bundesministerium für Familie, Senioren, Frauen und Jugend (Hrsg.), Zwangsverheiratung in Deutschland, Band 1, Baden-Baden 2007, S. 83 – 98 (zit.: *Kelek*, Heirat ist keine Frage).
– Heirat ist keine Frage oder Kann durch die Einführung eines Mindestalters für den Nachzug von Ehegatten auf 21 Jahre die „Zwangsehe" verhindert werden?, ZAR 2006, 232 – 237.

Kindhäuser, Urs / *Schramm*, Edward
Strafrecht Besonderer Teil 1. Straftaten gegen Persönlichkeitsrechte, Staat und Gesellschaft, 10. Aufl., Baden-Baden 2022 (zit.: *Kindhäuser/Schramm*, BT I).

Kindhäuser, Urs / *Hilgendorf*, Eric
Strafgesetzbuch. Lehr- und Praxiskommentar, 9. Aufl., Baden-Baden 2022 (zit.: *Kindhäuser/Hilgendorf*, LPK-StGB).

Kindhäuser, Urs / *Zimmermann*, Till
Strafrecht Allgemeiner Teil, 9. Aufl., Baden-Baden 2020 (zit.: *Kindhäuser/Zimmermann*, AT).

Kizilhan, Ilhan
„Ehrenmorde". Der unmögliche Versuch einer Erklärung, Berlin 2006.

Krais, Julia
Blutrache und Strafrecht: Einfluss des Blutrachemotivs auf Unrecht, Schuld und Strafzumessung, Hamburg 2009.

Kreß, Hartmut
Konfessioneller Religionsunterricht oder pluralismusadäquater Ethikunterricht? Notwendigkeit einer rechtspolitischen Weichenstellung, ZRP 2019, 22 – 25.

Kretschmer, Bernhard
Blutrache: Selbstjustiz als Mordmerkmal?, in: Barton, Stephan / Eschelbach, Ralf / Hettinger, Michael / Kempf, Eberhard / Krehl, Christoph / Salditt, Franz (Hrsg.), Festschrift für Thomas Fischer, München 2018, S. 415 – 429.

Krey, Volker / *Esser*, Robert
Deutsches Strafrecht Allgemeiner Teil. Studienbuch in systematischer-induktiver Darstellung, 6. Aufl., Stuttgart 2016 (zit.: *Krey/Esser*, AT).

Krey, Volker / *Hellmann*, Uwe / *Heinrich*, Manfred
Strafrecht Besonderer Teil, Band 1, Besonderer Teil ohne Vermögensdelikte, 17. Aufl., Stuttgart 2021 (zit.: *Krey/Hellmann/Heinrich*, BT I).

Kubiciel, Michael / *Winter*, Thomas
Globalisierungsfluten und Strafbarkeitsinseln – Ein Plädoyer für die Abschaffung des strafrechtlichen Ehrenschutzes, ZStW 2001, 305 – 333.

Kudlich, Hans
Wenn ich sie nicht habe, soll sie keiner haben, Anmerkung zum Urteil des BGH vom 07.05.2019 – 1 StR 150/19, JA 2019, 794 – 796 (zit.: *Kudlich*, JA 2019, 794).

Kudlich, Hans / *Tepe*, Ilker
Das Tötungsmotiv „Blutrache" im deutschen und im türkischen Strafrecht, GA 2008, 92 – 103.

Kühl, Kristian
– Strafrecht – Allgemeiner Teil, 8. Aufl., München 2017 (zit.: *Kühl*, AT).
– Die sonst niedrigen Beweggründe des § 211 II StGB, JuS 2010, 1041 – 1047.

Lackner, Karl / *Kühl*, Kristian / *Heger*, Martin
Strafgesetzbuch Kommentar, 29. Aufl., München 2018 (zit.: Lackner/Kühl/*Bearbeiter*, StGB).

Laubenthal, Klaus / *Baier*, Helmut
Durch die Ausländereigenschaft bedingte Verbotsirrtümer und die Perspektiven europäischer Rechtsvereinheitlichung, GA 2000, 205 – 223.

Leipziger Kommentar zum Strafgesetzbuch
– Laufhütte, Heinrich Wilhelm / Rissing-van Saan, Ruth / Tiedemann, Klaus (Hrsg.), Band 2: §§ 32 bis 55, 12. Aufl., Berlin 2006 (zit.: LK-*Bearbeiter*).
– Laufhütte, Heinrich Wilhelm / Rissing-van Saan, Ruth / Tiedemann, Klaus (Hrsg.), Band 6: §§ 146 bis 210, 12. Aufl., Berlin 2010 (zit.: LK-*Bearbeiter*).
– Rissing-van Saan, Ruth / Grünewald, Anette / Kröger, Predita / Krüger, Matthias (Hrsg.), Band 7/1: §§ 211 bis 231, 12. Aufl., Berlin 2018 (zit.: LK-*Bearbeiter*).

Lembke, Ulrike
Das Recht des Stärkeren. Zur schwierigen dogmatischen Beziehung von Heimtückemord, Trennungstötung und Gewaltschutzgesetz, NK 2009, 109 – 114.

Letzgus, Klaus
Der neue Straftatbestand der Zwangsheirat, FPR 2011, 451 – 456.

Levin, Phyllis
Ehrenmorde: Kulturelle, religiöse, ethische und politische Aspekte, Diss. iur. Hamburg 2017 (zit.: *Levin*, Ehrenmorde).

Lieberknecht, Hans Christian
Der Angriff auf die Familienehre, München 1959.

Majer, Christian F.
Die Strafbarkeit der Zwangsheirat nach § 237 StGB. Bilanz und Reformfragen, JSE 2015, 241 – 244.

Marschelke, Jan-Christoph
– Interkulturelle Kompetenz in der universitären Juristenausbildung. Zum Würzburger Projekt „Globale Systeme und interkulturelle Kompetenz“ (GSiK), in: Hilgendorf, Eric / Eckert, Frank (Hrsg.), Festgabe für Franz-Ludwig Knemeyer zum 75. Geburtstag, Würzburg 2012, S. 617 – 632.
– Interkulturalität, in: Hilgendorf, Eric / Joerden, Jan C. (Hrsg.), Handbuch Rechtsphilosophie, Stuttgart 2017, S. 447 – 452 (zit.: *Marschelke*, in: Hdb. Rechtsphilosophie).

Maunz, Theodor / *Dürig*, Günter
Grundgesetz. Kommentar: Herzog, Roman / Herdegen, Matthias / Scholz, Rupert / Klein, Hans H. (Hrsg.), Loseblattsammlung, 95. Lieferung Juli 2021, München 2021 (zit.: Maunz/Dürig/*Bearbeiter*, GG).

Merz, Susanne
Strafrechtlicher Ehrenschutz und Meinungsfreiheit, Frankfurt am Main 1998.

Münchener Kommentar zum Strafgesetzbuch
– Joecks, Wolfgang / Miebach, Klaus (Hrsg.), Bandredakteur: von Heintschel-Heinegg, Bernd, Band 1 §§ 1-37, 4. Aufl. 2020, München 2020 (zit.: MüKoStGB/*Bearbeiter*).
– Joecks, Wolfgang / Miebach, Klaus (Hrsg.), Bandredakteur: Sander, Günther M., Band 4, §§ 185-262, 4. Aufl., München 2021 (zit.: MüKoStGB/*Bearbeiter*).

Nehm, Kay
Blutrache – ein niedriger Beweggrund?, in: Arnold, Jörg / Burkhardt, Björn / Gropp, Walter u.a. (Hrsg.), Menschengerechtes Strafrecht. Festschrift für Albin Eser zum 70. Geburtstag, München 2005, S. 419 – 429.

Neubacher, Frank
Kriminologie, 4. Aufl., Baden-Baden 2020.

Nida-Rümelin, Julian / *Weidenfeld*, Nathalie
Digitaler Humanismus: Eine Ethik für das Zeitalter der Künstlichen Intelligenz, München 2018.

Nieke, Wolfgang
Interkulturelle Erziehung und Bildung. Wertorientierungen im Alltag, 3. Aufl., Wiesbaden 2008.

Nomos Kommentar Strafgesetzbuch
Kindhäuser, Urs / Neumann, Ulfrid / Paeffgen, Hans-Ulrich (Hrsg.), 5. Aufl., Baden-Baden 2017 (zit.: NK-*Bearbeiter*).

Oberwittler, Dietrich / *Kasselt*, Julia
– Ehrenmorde in Deutschland 1996-2005. Eine Untersuchung auf der Basis von Prozessakten, Köln 2011.
– Die richterliche Bewertung von Ehrenmorden in Deutschland: Eine empirische Analyse der Sanktionspraxis im Zeitraum 1996 bis 2005, MschKrim 2014, 203 – 223.

Pohlreich, Erol Rudolf
„Ehrenmorde“ im Wandel des Strafrechts. Eine vergleichende Untersuchung unter Berücksichtigung des römischen, französischen, türkischen und deutschen Rechts, Berlin 2009.

Renck, Ludwig
– Der Ethikunterricht im Land Berlin, NJ 2006, 493 – 495.
– Ethik- und staatlicher Bekenntnisunterricht in Berlin, LKV 2006, 210 – 212.

Rengier, Rudolf
– Strafrecht Allgemeiner Teil, 13. Aufl., München 2021 (zit.: *Rengier*, AT).
– Strafrecht Besonderer Teil II. Delikte gegen die Person und die Allgemeinheit, 22. Aufl., München 2021 (zit.: *Rengier*, BT II).

Renzikowski, Joachim
Strafrecht in einer multikulturellen Gesellschaft, NJW 2014, 2539 – 2542.

Roxin, Claus
Die strafrechtliche Beurteilung der elterlichen Züchtigung, JuS 2004, 177 – 180.

Roxin, Claus / *Greco*, Luís
Strafrecht. Allgemeiner Teil, Band 1 (Grundlagen. Der Aufbau der Verbrechenslehre), 5. Aufl., München 2020 (zit.: *Roxin/Greco*, AT Bd. I).

Rüttgers, Peter
Männlichkeitskonzepte im Migrationskontext – zum Konzept der „Ehre“, NDV 2017, 305 – 310.

Sachs, Michael (Hrsg.)
Grundgesetz Kommentar, 9. Aufl., München 2021 (zit.: Sachs/*Bearbeiter*, GG).

Saliger, Frank
Mordmerkmal der niedrigen Beweggründe bei kulturell abweichenden Moralvorstellungen, Anmerkung zu BGH, Urteil vom 20. Februar 2002 – 5 StR 538/01, in: StV 2003, 22 – 25 (zit.: *Saliger*, StV 2003).

Saric, Emina
Ehre, Scham und Schande. Warum wird Frauen Gewalt angetan?, Wien 2021 (zit.: *Saric*, Ehre, Scham und Schande).

Satzger, Helmut / *Schmitt*, Bertram / *Widmaier*, Gunter
Strafgesetzbuch Kommentar, 5. Aufl., Hürth 2021 (zit.: SSW-*Bearbeiter*).

Schauf, Julius
Der Zeitpunkt für die Beurteilung der Heimtücke – Zugleich Besprechung von BGH 5 StR 296/18 –, NStZ 2019, 585 – 593.

Schiffauer, Werner
– Die Gewalt der Ehre. Erklärungen zu einem türkisch-deutschen Sexualkonflikt, Frankfurt am Main 1983.
– Migration und kulturelle Differenz. Studie für das Büro der Ausländerbeauftragten des Senats von Berlin, Berlin 2002.

Schirrmacher, Christine
– Mord im „Namen der Ehre“ zwischen Migration und Tradition, Trier 2007.
– Die Frage der Freiwilligkeit der islamischen Eheschließung. Schariarechtliche Vorgaben und gesellschaftliche Praxis unter Berücksichtigung des Phänomens der Zwangsheirat, Trier 2012.

Schlink, Bernhard
Das Duell im 19. Jahrhundert - Realität und literarisches Bild einer adeligen Institution in der bürgerlichen Gesellschaft, NJW 2002, 537 – 544.

Schneider, Ursula
Der Haustyrann und die Reform der Tötungsdelikte – Ein Diskussionsbeitrag aus geschlechtsspezifischer Sicht –, djbZ 2015, 20 – 26.

Schorn, Martin
Mord aus niedrigen Beweggründen bei fremden soziokulturellen Wertvorstellungen, Baden-Baden 2014.

Schröder, Bernd / *Emmelmann*, Moritz (Hrsg.)
Religions- und Ethikunterricht zwischen Konkurrenz und Kooperation, Göttingen 2018 (zit.: *Bearbeiter*, in: Schröder/Emmelmann (Hrsg.), Religions- und Ethikunterricht zwischen Konkurrenz und Kooperation).

Schütz, Christoph
„Niedrige Beweggründe“ beim Mordtatbestand, JA 2007, 23 – 25.

Schubert, Karin / *Moebius*, Isabella
Zwangsheirat - Mehr als nur ein Straftatbestand: Neue Wege zum Schutz der Opfer, ZRP 2006, 33 – 37.

Schulz, Uwe
Gabriel García Márquez' „Chronik eines angekündigten Todes“ – Totschlag oder Mord?, NJW 2005, 551–554.

Schumann, Kay H.
Der neue Straftatbestand der Zwangsheirat (§ 237 StGB), JuS 2011, 789 – 794.

Seesko, Friederike
Die Strafbarkeit von Zwangsverheiratungen nach dem StGB und dem VStGB. Strafbarkeit und Verfolgbarkeit von Zwangsverheiratungen im häuslichen und makrokriminellen Kontext unter besonderer Berücksichtigung des deutschen Strafanwendungs- und Völkerstrafrechts – Zugleich ein Beitrag zur Auslegung des lex loci in § 7 StGB –, Berlin 2017.

Seiferlein, Alfred
Ethikunterricht. Religionspädagogische Studien zum außerordentlichen Schulfach, Göttingen 2000.

Sering, Christian
Das neue „Zwangsheirat-Bekämpfungsgesetz“, NJW 2011, 2161 – 2165.

Sinn, Arndt
Die Nötigung, JuS 2009, 577 – 584.

Sotiriadis, Georgios
Die Strafbarkeit der Zwangsheirat nach § 237 StGB: Ein Beitrag zum besseren Schutz von Frauenrechten?, NK 2015, 62 – 80.

Stam, Fabian
Die „feindliche Willensrichtung“ als Element der Heimtücke im Sinne des § 211 Abs. 2 StGB, ZIS 2020, 336 – 342.

Steffen, Franziska Antonia
Strafrecht in einer multikulturellen Gesellschaft. Eine Erörterung anhand von Fallgestaltungen, Baden-Baden 2015.

Strafgesetzbuch Kommentar
Schönke, Adolf / Schröder, Horst (Begr.), 30. Aufl., München 2019 (zit.: Sch/Sch/*Bearbeiter*).

Straßburger, Gaby
Zwangsheirat und arrangierte Ehe – zur Schwierigkeit der Abgrenzung, in: Bundesministerium für Familie, Senioren, Frauen und Jugend (Hrsg.), Zwangsverheiratung in Deutschland, Band 1, Baden-Baden 2007, S. 68 – 82 (zit.: *Straßburger*, Zwangsheirat und arrangierte Ehe).

Strobl, Rainer / *Lobermeier*, Olaf
Zwangsverheiratung: Risikofaktoren und Ansatzpunkte zur Intervention, in: Bundesministerium für Familie, Senioren, Frauen und Jugend (Hrsg.), Zwangsverheiratung in Deutschland, Band 1, Baden-Baden 2007, S. 23 – 67 (zit.: *Strobl/Lobermeier*, Zwangsverheiratung).

Sütçü, Filiz
Zwangsheirat und Zwangsehe. Falllagen, rechtliche Beurteilung und Prävention, Frankfurt am Main 2009.

Systematischer Kommentar zum Strafgesetzbuch
– Wolter, Jürgen (Hrsg.), Band I, §§ 1-37 StGB, 9. Aufl., Köln 2017 (zit.: SK-*Bearbeiter*).
– Wolter, Jürgen (Hrsg.), Band IV, §§ 174-241a StGB, 9. Aufl., Köln 2017 (zit.: SK-*Bearbeiter*).

Tellenbach, Silvia (Hrsg.)
Die Rolle der Ehre im Strafrecht, Berlin 2008 (zit.: *Bearbeiter*, in: Tellenbach (Hrsg.), Die Rolle der Ehre im Strafrecht).

Terkessidis, Mark
Die Banalität des Rassismus. Migranten zweiter Generation entwickeln eine neue Perspektive, Bielefeld 2004.

Terre des Femmes (Hrsg.)
Im Namen der Ehre, misshandelt, zwangsverheiratet, ermordet (zit.: *Terre des Femmes*, Im Namen der Ehre).

Toprak, Ahmet
– Unsere Ehre ist uns heilig, Freiburg im Breisgau, 2012.
– Das schwache Geschlecht – die türkischen Männer. Zwangsheirat, häusliche Gewalt, Doppelmoral der Ehre, 2. Aufl., Freiburg im Breisgau 2007.
– Jungen und Gewalt. Die Anwendung der Konfrontativen Pädagogik mit türkeistämmigen Jungen, 3. Aufl., Wiesbaden 2016.
– Muslimisch, Männlich, Desintegriert. Was bei der Erziehung muslimischer Jungen schiefläuft, Berlin 2019.

Traub, Thomas / *Staufenbiel*, Alexandra
Ethikunterricht zwischen elterlichem Erziehungsauftrag und staatlichem Bildungsauftrag, NVwZ 2014, 1142 – 1145.

Trück, Thomas
Niedrige Beweggründe - Subjektive Komponente, Anmerkung zu BGH, 10.09.2003 – 5 StR 373/03, NStZ 2004, 497 – 499 (zit.: *Trück*, NStZ 2004).

Unruh, Peter
Zur Verfassungsmäßigkeit des obligatorischen Ethikunterrichts, DÖV 2007, 625 – 636.

Valerius, Brain
– Kultur und Strafrecht. Die Berücksichtigung kultureller Wertvorstellungen in der deutschen Strafrechtsdogmatik, Berlin 2011.
– Der sogenannte Ehrenmord: Abweichende kulturelle Wertvorstellungen als niedrige Beweggründe?, JZ 2008, 912 – 919.
– Zwangsheirat und symbolisches Strafrecht, JR 2011, 430 – 434.
– Die Berücksichtigung kultureller Wertvorstellungen im Strafrecht, JA 2010, 481 – 486.

Vogelgsang, Hermann
Ehrenmorde, Fürstenfeldbruck 2010.

Von Mangoldt, Hermann / *Klein*, Friedrich / *Starck*, Christian
Grundgesetz. Kommentar, Band 1, 7. Aufl., München 2018 (zit.: v. Mangoldt/Klein/Starck/*Bearbeiter*, GG).

Votteler, Verena
Das Mordmerkmal der „sonst niedrigen Beweggründe" gem. § 211 Abs. 2, 1. Gruppe 4. Variante StGB – im Spiegel gesellschaftlicher Moralvorstellungen, Heidelberg, München, Landsberg, Frechen, Hamburg 2014 (zit.: *Votteler*, Das Mordmerkmal der „sonst niedrigen Beweggründe").

Walter, Tonio
Kleine Stilkunde für Juristen, 3. Aufl., München 2017.

Werner, Gitta
Ethik als Ersatzfach, NVwZ 1998, 816 – 818.

Weis-Dalal, Martina
Rechtspraxis in einer globalisierten Lebenswelt. Interkulturelle Kompetenz als Schlüsselqualifikation für Juristen, Wiesbaden 2021 (zit.: *Weis-Dalal*, Rechtspraxis in einer globalisierten Lebenswelt).

Wessels, Johannes / *Beulke*, Werner / *Satzger*, Helmut
Strafrecht Allgemeiner Teil. Die Straftat und ihr Aufbau. 50. Aufl., Heidelberg 2020 (zit.: *Wessels/Beulke/Satzger*, AT).

Wessels, Johannes / *Hettinger*, Michael / *Engländer*, Armin
Strafrecht Besonderer Teil I. Straftaten gegen die Persönlichkeits- und Gemeinschaftswerte, 45. Aufl., Heidelberg 2021 (zit.: *Wessels/Hettinger/Engländer*, BT I).

Willms, Yvonne
Ehre, Männlichkeit und Kriminalität, Berlin 2009.

Yalçin, Ünal
Interkulturelle Kommunikation im Gerichtssaal, BJ 2011, 112 – 117.

Yazgan, Ayfer
Mord ohne Ehre. Der Ehrenmord in der modernen Türkei. Erklärungsansätze und Gegenstrategien, Bielefeld 2011.

Yazıcı, Oğuzhan
Jung, männlich, türkisch – gewalttätig? Eine Studie über gewalttätige Männlichkeitsinszenierungen türkischstämmiger Jugendlicher im Kontext von Ausgrenzung und Kriminalisierung, Freiburg 2011.

Yerlikaya, Hayriye
Zwangsehen. Eine kriminologisch-strafrechtliche Untersuchung, Baden-Baden 2012.

Yerlikaya, Hayriye / *Çakir-Ceylan*, Esma
Zwangs- und Scheinehen im Fokus staatlicher Kontrolle. Eine Betrachtung des jüngsten Gesetzentwurfes zur Bekämpfung der Zwangsheirat und Verhinderung von Scheinehen im Lichte des Opferschutzes, ZIS 2011, 205 – 213.

Zieschang, Frank
Strafrecht Allgemeiner Teil, 6. Aufl., Stuttgart 2020.

Zorn, Alexandra
Die Heimtücke im Sinne des § 211 Abs. 2 StGB – ein das vortatliche Opferverhalten berücksichtigendes Tatbestandsmerkmal?, Berlin 2013.

Internetquellen:

Beikler, Sabine
Frauenverachtende Kommentare. Mörder von Hatun Sürücü wird auf Facebook auffallend, in: Der Tagesspiegel vom 09.02.2016, abrufbar unter https://www.tagesspiegel.de/berlin/frauenverachtende-kommentare-moerder-von-hatun-suerucue-wird-auf-facebook-ausfallend/12935972.html (21.11.2021).

Czermak, Gerhard
Ethikunterricht, in: https://weltanschauungsrecht.de/Ethikunterricht (21.11.2021).

Fischer, Thomas
– Politische und andere „Ehrenmorde“, in: Spiegel Online vom 07.06.2019, abrufbar unter https://www.spiegel.de/panorama/justiz/ehrenmorde-kolumne-von-thomas-fischer-a-1271310.html (21.11.2021).
– Ehre, Würde und Integration, in: Zeit Online vom 21.04.2015, abrufbar unter https://www.zeit.de/gesellschaft/zeitgeschehen/2015-04/beleidigung-ehre-justiz-fischer-im-recht?utm_referrer (21.11.2021).

Frigelj, Kristian
„Eine Schande für alle Türken“, in: Die Welt vom 22.04.2006, abrufbar unter https://www.welt.de/print-welt/article212035/Eine-Schande-fuer-alle-Tuerken.html (21.11.2021).

Gehrke, Kerstin
"Hatun und Can"-Chef zu knapp fünf Jahren Gefängnis verurteilt, in: Der Tagesspiegel vom 21.09.2011, abrufbar unter https://www.tagesspiegel.de/berlin/polizei-justiz/prozess-hatun-und-can-chef-zu-knapp-fuenf-jahren-gefaengnis-verurteilt-/4632324.html (21.11.2021).

Geithe, Britta
15. Todestag von Hatun Sürücü. Der Nachhall der Schüsse: Der Fall Hatun Sürücü, in: Tip Berlin vom 01.09.2020, abrufbar unter https://www.tip-berlin.de/stadtleben/politik/der-nachhall-der-schusse-der-fall-hatun-surucu/ (21.11.2021).

Goldmann, Fabian
„Auch Deutsche töten ihre Frauen“, in: der Tagesspiegel vom 07.02.2020, abrufbar unter https://www.tagesspiegel.de/wissen/forschung-zu-ehrenmorden-auch-deutsche-toeten-ihre-frauen/25519340.html (21.11.2021).

Günther, Anna
Miese Noten für den Ethikunterricht, in: Süddeutsche Zeitung vom 28.11.2019, abrufbar unter https://www.sueddeutsche.de/bayern/bayern-bildung-ethik-unterricht-lehrer-ausbildung-1.4699554 (21.11.2021).

Haarbach, Madlen / *Ringelstein*, Ronja
„Ehrenmord“ jährt sich zum 15. Mal. Hatun Sürücüs Vermächtnis, in: Der Tagesspiegel vom 07.02.2020, abrufbar unter https://www.tagesspiegel.de/berlin/ehrenmord-jaehrt-sich-zum-15-mal-hatun-sueruecues-vermaechtnis/25520314.html (21.11.2021).

Haneke, Alexander / *Hermann*, Rainer
Freispruch im Mordprozess für Brüder von Hatun Sürücü, in: Frankfurter Allgemeine Online vom 30.05.2017, abrufbar unter https://www.faz.net/aktuell/gesellschaft/mangel-an-beweisen-freispruch-im-mordprozess-fuer-brueder-von-hatun-sueruecue-15039377.html (21.11.2021).

Heise, Marcel / *Tiz*, Enis
Partnertötungs-Fall, famos 10/2019, S. 1 – 6, www.fall-des-monats.de (21.11.2021)

Honsell, Johannes / *Das Gupta*, Oliver
„Heute gehen wir einen trinken“, in: Süddeutsche Zeitung vom 13.04.2006, abrufbar unter https://www.sueddeutsche.de/panorama/ehrenmord-prozess-heute-gehen-wir-einen-trinken-1.856055 (21.11.2021).

Kazim, Hasnain
„Wo kommst du eigentlich richtig her?“, in: Spiegel Online vom 11.08.2018, abrufbar unter https://www.spiegel.de/kultur/gesellschaft/metwo-wo-kommst-du-eigentlich-her-darf-man-das-fragen-a-1222620.html (21.11.2021).

Keller, Claudia
Ethikunterricht. Qualitätskriterien für die „Laberstunde“, in: Der Tagesspiegel vom 01.06.2010, abrufbar unter https://www.tagesspiegel.de/berlin/schule/ethikunterricht-qualitaetskriterien-fuer-die-laberstunde-/1848932.html (21.11.2021).

Kögel, Annette
„Ihr seid nicht allein“. Junge Deutschtürkinnen helfen anonym Opfern von Gewalt und Zwangsehen, in: Der Tagesspiegel vom 14.02.2007, abrufbar unter https://www.tagesspiegel.de/berlin/ihr-seid-nicht-allein/810786.html (21.11.2021).

Küpper, Mechthild
Integration: Eine schrecklich böse Familie, in: Frankfurter Allgemeine vom 21.04.2006, abrufbar unter https://www.faz.net/aktuell/feuilleton/debatten/integration-eine-schrecklich-boese-familie-1330646.html (21.11.2021).

Marten, Swaantje
Neue Imam-Ausbildung in Deutschland, in: Frankfurter Allgemeine vom 27.10.2020, abrufbar unter https://www.faz.net/aktuell/politik/inland/islam-neue-imam-ausbildung-in-deutschland-17022455.html (21.11.2021).

Richter, Nicolas
Eine Frage, die stigmatisieren kann, in: Süddeutsche Zeitung vom: 01.03.2019, abrufbar unter https://www.sueddeutsche.de/politik/herkunft-diskriminierung-bohlen-1.4350327 (21.11.2021).

Schäfers, Burkhard
Für besseren Ethik-Unterricht, in: Deutschlandfunk vom 19.05.2017, abrufbar unter https://www.deutschlandfunk.de/schule-in-bayern-fuer-besseren-ethik-unterricht.886.de.html?dram:article_id=386316 (21.11.2021).

Schiffauer, Werner
Schlachtfeld Frau, in: Süddeutsche Zeitung vom 25.02.2005, abrufbar unter https://www.sueddeutsche.de/kultur/deutsche-auslaender-schlachtfeld-frau-1.804443-0 (21.11.2021).

Senyurt, Sinan
Hatuns Killer verhöhnt die deutsche Justiz, in: BZ-Berlin vom 16.09.2014, abrufbar unter https://www.bz-berlin.de/berlin/hatuns-killer-verhoehnt-die-deutsche-justiz (21.11.2021).

Türkisch Islamische Union der Anstalt für Religion e.V. (Ditib)
Zwangsheirat ist mit der Menschenwürde nicht vereinbar, Freitagspredigt vom 28.06.2019, abrufbar unter https://www.ditib.de/detail_predigt1.php?id=469&lang=de (21.11.2021).

FSC
www.fsc.org
MIX
Papier | Fördert
gute Waldnutzung
FSC® C083411

Kolibri 360 GmbH
Ferdinand-Jühlke-Straße 7
99095 Erfurt, Deutschland
produktsicherheit@kolibri360.de